中国图书馆事业发展报告 2009

中国图书馆学会
国 家 图 书 馆 编

國家圖書舘出版社

图书在版编目(CIP)数据

中国图书馆事业发展报告 2009/中国图书馆学会,国家图书馆编.—北京:国家图书馆出版社,2010.7

ISBN 978-7-5013-3456-8

Ⅰ.①中… Ⅱ.①中… ②国… Ⅲ.①图书馆事业-研究报告-中国-2009 Ⅳ.G259.2

中国版本图书馆 CIP 数据核字(2010)第 136015 号

责任编辑:金丽萍 王涛

书名 中国图书馆事业发展报告 2009

著者 中国图书馆学会 国家图书馆 编

出版 国家图书馆出版社(原北京图书馆出版社)
(100034 北京市西城区文津街 7 号)

发行 010-66139745 66151313 66175620 66126153
66174391(传真) 66126156(门市部)

E-mail cbs@nlc.gov.cn(投稿) btsfxb@nlc.gov.cn(邮购)

Website www.nlcpress.com→投稿中心

经销 新华书店

印刷 北京联兴盛业印刷股份有限公司

开本 880×1230(毫米) 1/32

印张 7.75

版次 2010 年 7 月第 1 版 2010 年 7 月第 1 次印刷

字数 180 千字

书号 ISBN 978-7-5013-3456-8

定价 25.00 元

编写说明

本《报告》反映2008年度中国图书馆事业发展基本情况。

本《报告》由国家图书馆资助、中国图书馆学会组织编纂，得到学会各分支机构、首都图书馆及有关专家学者鼎力支持，谨致谢忱！

项目负责：汤更生

项目统筹：孙学雷

执 笔 人：

综合报告：柯　平　陈昊琳　李　健　赵益民

分报告一（国家图书馆）：张　彦　谢万幸　朱彦荣

分报告二（公共图书馆）：陈　坚　张　娟

分报告三（高校图书馆）：王　波

分报告四（专业图书馆）：刘细文　赵树宜

分报告五：

党校图书馆：秦　虹

团校图书馆：郑丹娘

军队图书馆：刘家坤　丁立平

医院图书馆：张文举

中小学图书馆：骆桂明

工会图书馆：阎　伟

分报告六（图书馆学教育）：肖希明　曹　淼　杨小玲　郭以正

分报告七（图书馆学研究）：刘兹恒

分报告八（中国图书馆学会）：孙学雷

目　录

综合报告

2008年是中国社会经历众多重大考验的一年,汶川地震、北京奥运会、全球性金融危机等重大事件产生广泛深刻影响,各种机遇与挑战促使政府在公共文化服务方面的投入明显增加,改革更加深入。2008年注定将成为中国图书馆事业发展历史上不能忘却的一年,在这一年我们与国家一起经历了各种考验,也收获了喜悦与光荣。

一、发展概况

(一)图书馆系统与基本数据

2008年全年国内生产总值300 670亿元,比上年增长9.0%。第三产业增加值120 487亿元,增幅9.5%。[①] 宏观经济增长为全社会公共文化建设的投入提供坚实的物质基础,国民经济的平稳提升为图书馆事业的发展提供了良好环境。

1.总体规模

目前,我国图书馆事业已形成以国家图书馆为龙头,公共、高校和专业三大类型图书馆为支柱,其他类型图书馆为骨干的图书馆体系。

---

① 国家统计局. 中华人民共和国2008年国民经济和社会发展统计公报. [2009-12-06]http://www.stats.gov.cn/tjgb/ndtjgb/qgndtjgb/t20090226_402540710.htm

国家图书馆

是国家总书库，履行着搜集、加工、存储、研究、利用和传播知识信息的职责，是我国最大的图书馆，也是馆舍总面积位列全球第三位的大型国家级藏书机构。

三大类型图书馆

公共图书馆：以省、市（地区）、县三级图书馆为主体，以向社会大众提供平等、免费的文献信息服务为己任，在公共文献信息的传承与服务中成为主干力量。截至 2008 年年底，全国县级以上（含县级）公共图书馆共 2819 个，比 2007 年增加 21 个，增幅 0.75%。其中，县级图书馆 2444 个，独立建制的少年儿童图书馆 88 个，均有小幅增长。

高校图书馆：主要有普通高等学校图书馆和成人高等学校图书馆两大类，是高等院校教育教学与人才培养、科研与学科建设以及社会服务的坚强支柱。我国各类院校均设置有不同规模的图书馆（室）。2008 年的全国普通高等学校和成人高等学校共计 2663 所，与 2007 年的 2321 所相比，增长了 14.7%，其中，普通高等学校 2263 所，比上年增加 355 所。

专业图书馆：在追求文献资源保障率的基础上为科研工作提供专业信息保障。在科学技术领域，中国科学院图书馆是我国最大的专业图书馆，由文献情报中心、资源环境科学信息中心、成都文献情报中心和武汉文献情报中心四个机构整合而成。其他重要的专业图书馆有：工程技术图书馆（中国科学技术信息研究所、机械工业信息研究院、冶金工业信息标准研究院、中国化工信息中心）、中国农业科学院图书馆、中国医学科学院图书馆等，它们共同组成国家科技图书文献中心（NSTL）。在人文社会科学领域，中国社会科学院图书馆及各地方社会科学院图书馆形成全国人文社会科学的文献信息保障体系。

其他类型图书馆

医院图书馆:2008 年全国共有约278 337个医疗机构,其中二级(含二级)以上医疗卫生机构 7972 个(三级医院 1192 个、二级医院 6780 个),[①]与 2007 年的 7790 相比,增长了 1.43%。各医疗机构基本都配有了图书馆或信息科室,为卫生工作人员提供信息服务。

中小学图书馆:截至 2008 年年底,全国共有小学校300 854所,图书馆总面积 1315 万平方米;普通初中学校57 701所,图书馆总面积 774 万平方米;普通高中学校15 206所,图书馆总面积 1095 万平方米。[②]与 2007 年的数据(小学校320 061所,图书馆总面积 1340 万平方米;普通初中学校59 109所,图书馆总面积 726 万平方米;普通高中学校15 618所,图书馆总面积 1023 万平方米)相比,均有所减少。

工会图书馆:截至 2008 年,全国共有工会直属的工人文化宫、俱乐部 3.9 万个,专职工作人员81 874人;工会图书馆 2 万个,藏书 34 992万册,专职工作人员67 900余人。[③]

军队院校图书馆:截至 2008 年,军队院校现有图书馆 90 个,馆舍总面积 57 万平方米,阅览座位 6 万多个,电子阅览机位 1.3 万个。[④]

此外,党校图书馆和团校图书馆系统也具有相当规模。

总体来说,各类型图书馆在 2008 年实现了平稳发展。各类型图书馆在各自的领域中承担着重要的社会职责,不断完善自己建设,共同推动整个图书馆体系的全面发展。

2. 经费投入

① 中央政府门户网. 2008 年全国卫生事业发展统计公报. [2009 - 12 - 06]. http://www.gov.cn/gzdt/2009 - 04/29/content_1299547.htm

② 中国教育统计网 2008 年基础教育的全国数据. [2009 - 12 - 22]. http://www.stats.edu.cn/sjcx.aspx#

③ 中国工会维护职工合法权益蓝皮书. [2009 - 12 - 22]. http://www.hb - n - tax.gov.cn/art/2008/3/7/art_135_34329_9.html

④ 军队院校图书馆建设 20 年来成果丰硕. [2009 - 12 - 22]. http://chn.chinamil.com.cn/jsyx/2009 - 12/09/content_4093023.htm

2008年各类图书馆的经费投入并不均衡。公共图书馆投入力度较大,总收入和总支出分别为487 793万元和474 659万元,与上年相比增幅均超过20%,其中财政拨款440 578万元,增幅24.0%,新增藏量购置费78 962万元,比上年增长7.1%。

其他类型图书馆经费也有不同程度的增加。各级医院图书馆文献资源购置费为17 688.6万元,比上年增长5%,经费使用比例为期刊66.9%、图书10.8%、电子资源17.4%、其他4.9%。各级工会图书馆(以“职工书屋”为主要形式)2008年资金总额约1.86亿元(含全国总工会总投入的2000万元)。[①] 社科院图书馆图书购置经费为2000万元,农业科学院图书馆集团采购数据库经费344万元。高校图书馆经费投入有所下降,根据“教育部高校图书馆事实数据库”中各馆自报的数据,2008年度,511所高校图书馆的文献资源购置费总计约为15.5亿元,馆均约304万元,低于2007年的327万元和2006年的388万元。

3.资源建设

纸质文献资源方面,馆藏数量递增最快的是公共图书馆,全国各省市公共馆的总藏量达52 366.8万册(件),年度新增藏量2775.7万册(件),增幅5.6%。医院图书馆的藏量累计达到9000万册(件),增幅4.4%,其中三级医院图书馆平均纸本馆藏约3万册,二级医院图书馆平均纸本馆藏0.8万册。国家图书馆的总藏量则达到2696.7万册(件),年度新增藏量75.2万册(件),增幅2.87%。此外,高校图书馆169 205.03万册,新增13 739.10万册。[②] 社科院图书馆订购中文图书15 677种,订购外文图书5458种,收集学位论文28 189册,订阅外文期刊951种,订购中文期刊1527种,订购中文报

① 全民阅读活动优秀项目:全国总工会“职工书屋”.[2009-12-21].http://wenming.cn/zt/2009-11/13/content_18225561.htm

② 2008年高等教育的全国数据·资产.[2009-12-21].http://www.stats.edu.cn/data/2008/p060b.htm

纸 124 种；农业科学院图书馆新增遴选外文期刊和会议录、科技报告等文献品种数达 266 种，增订了 262 种；医科院图书馆 2008 年订购外刊总量 3277 种，新增 508 种；国家标准馆共采购印本标准22 837件，国内外标准目录 24 个品种近 200 册，国内外标准化期刊 196 种共 1512 册，为咨询部门代购国内期刊 15 种 145 册，其他类型标准文献 313 件。全国中小学图书总藏量3 017 753 179册（其中，小学1 478 784 325册，普通初中939 017 372册，普通高中599 951 482册），与 2007 年的2 985 181 063册（其中，小学1 487 034 984册，普通初中911 098 066册，普通高中587 048 013册）相比，增长了 1.1%。①

电子文献资源方面，2008 年数字馆藏增加迅速。国家图书馆数字资源总量 250TB，其中自建资源 180TB；高校图书馆拥有电子图书（刊）72 453.79万册，新增13 621.67万册；国家科学图书馆外文电子期刊从 7867 种到 9668 种，增加 23%，外文电子图书从33 000余种到38 011种，增加 15%，中文电子图书从 10 万种到 12.4 万种，增加 24%，中文电子期刊从10 995种到11 968种，增加 9%；国家社科院图书馆开展数据库试用 36 批次，目前订购的数据库 84 种；农业科学院图书馆 2008 年共采集书刊、电子出版物31 621册（张），集团采购数据库品种共 10 种，参加机构为 28 家；国家标准馆截至 2008 年年底有电子版标准36 296件，光盘 360 张（约含标准 20 万件）；医院图书馆数字化资源增幅较大，与 2007 年度相比，涨幅达 10%。全国中小学电子图书总藏量335 558 717册（片）［其中，小学119 167 339册（片），普通初中90 507 433册（片），普通高中125 883 945册（片）］。②与 2007 年的347 109 589册（片）（其中，小学169 574 005册（片），通初中68 907 771册（片），普通高中108 627 813册（片）相比，总量降低

---

① 2008 年基础教育的全国数据，中国教育统计网.［2009 - 12 - 22］. http://www.stats.edu.cn/sjcx.aspx#

② 2008 年基础教育的全国数据，中国教育统计网.［2009 - 12 - 22］. http://www.stats.edu.cn/sjcx.aspx#

了3.3%，其中小学藏量减少，而初中和高中藏量均增加。①

4.建筑设备

2008 年我国图书馆建筑设备的亮点首推国家图书馆二期工程的完成以及新馆开放。国家图书馆二期新馆面积64 766平方米，新增读者座位 2900 个，新设电子阅览席位 500 个。

馆舍面积增长最快的是高校图书馆，627 所高校馆的现有建筑面积总计约为 1118.8 万平方米，馆均约 1.78 万平方米，比 2007 年的 1.68 万平方米上涨约 6.0%。在建图书馆的建筑面积总和约 315.7 万平方米，馆均约 2 万平方米，与 2007 年的平均数持平。公共图书馆的建筑面积已达 763 万平方米，新增面积 38 万平方米，与 2007 年相比增幅 2.7%。公共图书馆电子阅览室的终端数量52 767个，比 2007 年增长 18.3%，其中县级图书馆电子阅览室的终端数量达到 22.9% 的增长速度。

其他类型图书馆的硬件设施建设也有不同程度的增长，如全国医院图书馆面积约为 138.9 万平方米，与 2007 年度相比，现有馆舍的面积新增 2.3%。

5.读者服务

2008 年，国家图书馆接待到馆读者总计 327.99 万人次；全馆流通书刊 1578.75 万册次，与 2007 年相比，上升 11.06%；办理读者证卡 15.14 万个，年增长 48.43%。国家图书馆还在中央和国家领导机关提供信息服务的专业能力和水平方面取得较大的业绩提升，全年优质、高效地完成立法决策咨询 9224 件，是自 1998 年以来立法决策咨询服务量的最高点。

公共图书馆流通总人次27 813万人次，与 2007 年相比，上升 7.9%；书刊外借22 964万册次，上升 8.9%；发放图书借阅证 1439 万

① 中华人民共和国教育部 2007 年教育统计数据.[2009-12-25].http://www.moe.edu.cn/

个,上升 13.8%;举办读者活动87 695次,上升 4.3%;参加读者活动 3284 万人次,上升 23.9%。

专业图书馆方面,国家科学图书馆总分馆坚持全年 365 天开放,2008 年,总分馆共接待到馆读者和参观者近 33 万人次;提供原文传递 11 万余篇,增长 25%,满足率达到 95%。农科院图书馆,完成文献全文传递约24 000篇,文摘题录12 000余条,文献全文提供量较上年增长 50%;完成网上参考咨询服务 598 项,完成定题服务 52 项,向农业部提交“农产品质量安全动态信息摘编”237 期。医学院图书馆为 NSTL 用户提供全文传递服务84 916篇,约占 NSTL 服务总量的 23%;为企业用户提供全文传递服务 16 万篇,委托检索 1600 题,定题服务 37 题;为 NSTL 用户提供外借文献服务 6000 余篇。中国科技信息所为各类读者提供印本文献39 970册,比去年同期增长了 53.5%;提供原文 79 万余页,完成 NSTL 原文传递95 000份,比去年同期增长 28.96%;代查代借服务总计完成12 732份,与去年同期相比增长 14.45%。

(二)图书馆职业与行业组织

图书馆作为一种社会公平的制度安排与保障,其实践活动充满着历久不衰的生命力。如果组织机构象征事业发展的基石,职业行为则无疑是事业拓延的动力。学科教育、理论研究、功能创新等都受到图书馆职业活动的直接影响,图书馆的工作实践也与行业组织的运行和管理密不可分。

1. 图书馆从业人员

2008 年各类型图书馆从业人员在数量和结构上都有了一定的改善。国家图书馆现有正式工作人员 1357 人(其中正副高级专业技术人员 187 人,中级专业技术人员 619 人),比 2007 年的 1330 人增加 27 人。公共图书馆从业人员50 190人(其中少儿馆 1730 人),比 2007 年增加 447 人。

高学历人员在图书馆增长明显。据 2008 年统计,627 所高校图书馆共有正式职工 2.9 万人,馆均 46.5 人;147 所高校图书馆中拥有获得博士学位的职工共 243 人,馆均 1.65 人;473 所高校图书馆拥有获得硕士学位的职工共 3335 人,馆均 7 人;109 所高校图书馆的正馆长拥有博士学位;150 所高校图书馆的正馆长拥有硕士学位。与 2007 年的统计数据(532 所高校图书馆的正式职工总人数约为 2.55 万人,馆均约 48 人;102 所高校图书馆拥有获得博士学位的职工 166 人,馆均 1.6 人;393 所高校图书馆拥有获得硕士学位的职工 2424 人,馆均 6.17 人)相比,博士学历人员增长快。

2. 图书馆行政和业务管理机构

由于机构建制的原因,我国图书馆事业的管理以条块多头管理为特征,各类型图书馆拥有不同的行政主管部门和业务管理体系。

全国公共图书馆系统在行政上归属文化部社会文化司(下设图书馆处)管辖。省、市、县各级公共图书馆由当地文化行政管理部门统一管辖。文化部社会文化司的主要职责包括:拟订社会文化事业发展规划和政策,起草有关法规草案;指导群众文化、少数民族文化、未成年人文化和老年文化工作;指导图书馆和文化馆(站)事业;指导文化信息资源共享工程建设和古籍保护工作;指导基层群众文化活动,指导村文化活动室和社区文化活动中心建设。①

高校图书馆在行政上直属所在高校,教育部高等学校图书情报工作指导委员会以及各省市图工委具有业务指导和管理的职能。教育部高等学校图书情报工作指导委员会现设信息素质教育、文献资源建设、信息技术应用、服务创新、高职高专、队伍建设和期刊研究等工作组。图工委发挥协调、咨询、研究和指导作用。

专业图书馆及其他各类型图书馆一般附属于所在机构,受所在

---

① 中华人民共和国文化部. [2009.12.6]. http://www.ccnt.gov.cn/xxfb/jgsz/bjg/200504/t20050407_4765.html

机构的统一领导与管理,同时在业务上接受行业组织的指导与协调。

3. 图书馆联盟与合作组织

我国的图书馆组织有全国性的图书馆协作网络联盟、地区性的图书馆协作网络联盟组成。①

全国性的图书馆协作网络有中国数字图书馆联盟(CDLP)、中国高等教育文献保障系统(CALIS)、国家科技图书文献中心(NSTL)等。

近年来地区性图书馆联盟发展较快,比较著名的地区图书馆联盟包括上海市文献资源共建共享协作网、北京市公共图书馆信息服务网络、天津高校数字图书馆、珠江三角洲数字图书馆联盟、北京市北三环学院路地区高校图书馆联合体等。2008 年新成立的联盟有吉林省图书馆联盟等。

4. 图书馆学会和协会

中国图书馆学会是全国图书馆行业最重要的学术团体,下设学术研究、编译出版、图书馆交流与合作、科普与阅读等 4 个专门工作委员会。学术研究委员会下设 15 个专业委员会;编译出版委员会下设 3 个专业委员会;科普与阅读委员会下设 6 个委员会;学会编辑出版会刊《中国图书馆学报》(双月刊)和《中国图书馆学会工作通讯》(双月刊)。2008 年,中国图书馆学会在内部协作、对外交流、法制建设、人员培训等诸多方面做出了不懈的努力,取得了显著的成绩。年度发展个人会员 946 人,发展事业团体会员 36 个,发展企业团体会员 10 个。截至 2008 年年底,学会拥有全国个人会员 10 714 人,团体会员 261 个。比 2007 年的数据(个人会员 9768 人,团体会员 215 家)有明显增长。

---

① 黄长著,周文骏,袁名敦. 中国图书情报网络化研究. 北京:北京图书馆出版社,2002

除全国范围内具有业务指导职能的中国图书馆学会外，还有全国性与地方性的各类图书馆学会与协会。全国性分系统图书馆学会与协会遍布文化、教育等领域。文化领域如全国中小型公共图书馆联合会；教育领域如中国图书馆学会高校图书馆分会、全国党校文献信息学会等。地方性的学会和协会，有地方图书馆学会以及地方性图书馆协会，如上海图书馆行业协会、常州市中小学图书馆协会、湖北省职教图书馆协会、十堰图书馆协会等。这些协会在图书馆事业及与外界联系中起到重要作用。

5. 图书馆学教育

我国图书馆学教育分为学历教育与非学历教育两类。非学历教育主要为针对图书馆工作人员的各类培训、继续教育等项目。学历教育已形成一个包括本科生、硕士研究生、博士研究生以及博士后流动站的层次较为完整的图书馆学教育体系。截至 2008 年 12 月，我国图书馆学专业本科教育点为 26 个，与 2007 年数量持平。图书馆学专业本科教育点，较为均衡地分布在我国东北、华北、华东、华南、华中、西北、西南的各个地区。我国图书馆学硕士生教育正处于一个迅猛发展的时期，并逐渐成为整个图书馆学教育体系的主流。图书馆学硕士学位授予点则由 2001 年的 18 个发展到 43 个；图书馆也开始参与图书馆学硕士的培养工作，截至 2008 年，全国共有 22 所高校图书馆拥有图书馆学或情报学硕士点。图书馆学博士学位授予点增加至 8 个，分布于北京大学、武汉大学、中国科学院文献情报中心、南京大学、南京政治学院上海分院、南开大学、中山大学和吉林大学。图书馆、情报与档案管理博士后流动站 4 个，分别为北京大学、武汉大学、中国人民大学和南京大学。

教育部高等学校图书馆学学科教学指导委员会是专门指导全国图书馆学专业本科教学的教学指导专家组织，2008 年提出《中国图书馆学教育发展战略报告》和《高等学校图书馆学本科指导性专业规范》；“图书馆、情报与档案管理”学科评议组是国务院学位委员会下设的专家组织，专门负责研究生教育的有关工作，包括硕士、博士的授权点的审核评议等；中国图书馆学会图书馆学培训与教育专业委员会，在指导图书馆学教育方面也起着重要作用。

6. 图书馆学研究与出版

当前，我国图书馆学研究已经形成了以图书馆、高校、科研院所等为研究主体，以各级各类科研项目为支撑的研究体系。

研究机构方面，除高校图书馆学院系、图书情报研究所等承担大量的科研任务，高校图书馆已经成为图书馆学研究的新生力量，通过拓展原有部门职能或者组建专门研究部门、研究团队的方式，开展教学科研实践。如清华大学科技史暨古文献研究所、北京大学数字图书馆研究所、上海交通大学图书馆情报科学技术研究所、海南大学历史文化研究所等。

国家图书馆发展研究院除担负全国图书馆标准化技术委员会秘书处等职责外，又下设研究生教育办公室、图书馆学研究所、数字图书馆研究所、古文献研究所、期刊编辑部等部门，为国家图书馆及有关组织机构的重大决策开展广泛而深入的调查论证。

除了教育、研究机构，相关的杂志社和出版社也为图书馆事业的学术发展道路铺就了坚实的平台。截至2008年年底，共有图书馆、情报与文献学期刊近百种，其中2008至2009年CSSCI来源期刊20种，2008年版的北大中文核心期刊19种。据CNKI统计，2008年的图书馆相关学术论文达14 934篇，比2007年增加2053篇。在国家图书馆的馆藏记录中，2008年出版图书馆相关著作达251种。①

各级各类的科研项目为图书馆学研究提供了有力支持。2008年，国家社会科学基金确立图书馆学研究重点项目2项，一般项目42项，青年项目17项，超过2007年的47项。教育部人文社会科学

① 国家图书馆. 馆藏书目（2008年出版）. http://opac. nlc. gov. cn/F/4CGXM6EUMIUBQ4TL7NJY4BXUUGNHG178JUE792I33XDPM9L6IK - 25789? func = short - 0&set_number = 492511

研究项目“图书情报文献学”立项,一般项目 29 个,其中规划项目 16 个,青年项目 12 个,专项任务 1 项。另外尚有大量的课题在中国图书馆学会、各地文化部门和教育部门等的研究项目中立项。

二、发展成就

2008 年,图书馆事业对社会环境变化的敏感度增强,在图书馆社会形象、基础设施、服务体系、服务理念、图书馆法制化和标准化、数字图书馆、古籍保护、交流与合作等八个方面取得了令人注目的成就。

(一)图书馆社会形象迅速提升

2008 年图书馆事业与社会联系得更加紧密,在科学发展观的指导下,图书馆逐步树立和营造公众形象。通过自身服务与恰当的公关,在重大社会事件中及时反应,改变公众的刻板印象,加大图书馆的社会影响,争取更多支持,提升公共文化权益保障的能力。

“5·12”地震给四川、甘肃、陕西、重庆等省市受灾地区的图书馆事业造成巨大损失,受灾地区公众享受图书馆服务的权利受到影响。据统计,震中的北川、汶川、青川、茂县 4 个县市图书馆整体坍塌,26 个县市图书馆严重损毁,27 个严重破坏,损毁图书逾 182.24 万册、设备 1.3 万台(套),大量珍贵文献遭受重大损毁。四川共有 34 所高校图书馆在震灾中受到不同程度损伤,阿坝师专等十余所高校图书馆损毁严重。① 灾难面前,全国图书馆界表现出极高的人道主义精神和行业凝聚力,以各种方式帮助灾区图书馆重建工作。政

① 中国图书馆学会主编,程焕文编. 不朽的图书馆精神:汶川地震与家园重建[M],北京:国家图书馆出版社,2009:1

府有关部门、中国图书馆学会及其他各种图书馆行业组织在震灾活动中发挥了重要作用。由中山大学图书馆程焕文馆长和超星数字图书馆史超董事长发起的“图书馆家园”志愿者援助图书馆人行动、重庆大学杨新涯发起的“蒲公英行动”等行动为灾区重建提供了重要支持。灾区图书馆积极自救,保护读者的安全,保护和转移珍贵馆藏,在灾后重建的过渡阶段图书馆以“帐篷图书馆”、图书角、数字图书馆(共享工程)等形式保障图书馆服务在灾区正常进行。地震灾害中图书馆人所体现的互助与坚韧自强的精神,受到群众的广泛欢迎和好评。

“图书馆志愿者行动”作为我国图书馆界的一项创举,秉承奉献、友爱、互助、进步的精神,奉行无偿、公益、利他的准则,传播智慧与服务的图书馆理念,发挥图书馆学专家人才的资源优势,连续三年为基层图书馆提供支援服务,促进图书馆事业的全面和谐发展。2008 年,“志愿者行动”项目由 16 位志愿者分别对安徽、贵州、河南、湖北、吉林和山东的 708 名基层馆长进行培训。项目首次纳入国家图书馆“基层图书馆服务行动”和中国科协“继续教育示范项目”,获得政府财力支持,为志愿者活动的成功实施奠定基础。项目的实施,是建设公共文化服务体系,促进基层图书馆管理与服务的必然要求,激发了基层图书馆工作者的职业使命感和社会责任感,促使其以科学发展观和图书馆学新理念为工作指导,提高基层图书馆服务水平。志愿者行动产生了巨大的社会效益和良好的社会反响,引起各级主管部门的高度重视,获得“2008 年度文化部服务创新奖”,树立了图书馆面向基层、公益惠民、合作发展的社会形象。

图书馆工作与奥运结合是 2008 年图书馆事业发展和公众形象塑造的亮点之一。各地图书馆也纷纷紧扣奥运主题,开展讲座、文化沙龙等形式多样的服务活动,扮演奥运文化和中华文明的传承者角色,突出图书馆在资源、服务等方面的优势,扩大图书馆影响力,树立了图书馆良好的社会责任形象。北京地区的图书馆以服务奥运为宗旨,承担奥运宣传服务工作和部分文化保障职能。首都图书馆设立和设置1个专题阅览室、1个英文网站、1个专项数据库、3个图书专架,举办12场知识讲座和设立40位外文翻译等措施,为海内外读者查阅奥运文献和信息提供了方便。

政府信息首次成为图书馆提供给公众共享的信息资源。《中华人民共和国政府信息公开条例》(简称《条例》)自2008年5月1日起正式实施。在《条例》中,公共图书馆被赋予了为公众提供政府公开信息的职责,成为政府信息发布的重要渠道之一。全国各地图书馆对于增加的这项新职能多数采取积极争取的态度。首都图书馆北京市政府信息查询中心、河北省图书馆政府信息公开查阅室、天津市图书馆政府信息公开阅览室等政府信息公开服务部门相继面向公众开放,截至2008年年底,全国地市级以上图书馆大多增加了专门的政府信息公开服务部门,他们主动与当地政府沟通,也得到了政府的支持。政府信息公开是拓展图书馆服务领域的一项工作,是提高图书馆社会影响的契机,也是图书馆争取政府更多重视、改善保障条件的契机。

图书馆还积极参与"学习和实践科学发展观"、"回顾改革开放三十年的成果"等活动,以图书馆实体资源、网站、展板等为基础,充分发挥现有资源的价值,作为各级主管部门的宣传展示窗口,打造与时俱进的图书馆社会形象。

(二)基础设施建设再创新高

2008年,金融危机的阴影并没有对我国图书馆发展造成实质影响,各级政府继续加大文化事业的投入,全国文化事业费用达248.04亿元,比2007年增加49.08亿元,同比增长24.67%。各省(区、市)文化事业费较2007年都有较大幅度的增长,有22个省份的增幅超过了20%。[①] 各级财政加大了对欠发达地区的财政支持，以“共享工程”、“农家书屋”等重大文化项目实施为依托，加大文化投入。2008年国家对高校图书馆的经费投入稳定，均值低于2007年和2006年，但差距不大。高校图书馆在经费的使用方面，用于采购纸质文献的经费约是采购电子资源的2.5倍，但采购纸质文献的经费是连年走低，而采购电子资源的经费是连年走高。其他图书馆方面，全国总工会及各地工会计划用3年时间在各地扶持援建3000个“职工书屋”示范点，为此，全国总工会将连续3年投入6000万元专项资金支持各地工会“职工书屋”示范点的建设。[②] 2008年全国总工会向845个首批全国工会“职工书屋”示范点配送图书，首批配送的图书总册数达100余万册，总价值3000余万元。

资金的投入促使图书馆建筑规模不断扩大。9月9日，总投资12.23亿元的国家图书馆二期工程暨国家数字图书馆开馆，国家图书馆馆舍总面积增至25万平方米，仅次于法国国家图书馆和美国国会图书馆而居世界第三位。1月18日，国内第一个由政府主导建设的城市综合性数字图书馆在宁波高教园区图书馆启动建设。江苏金陵图书馆、东莞少儿图书馆等新馆正式开放，四川、宁夏、郑州、东莞等地图书馆新馆建设破土动工。随着一批新建图书馆的投入使用，高校图书馆的总建筑面积持续增长，在建新馆建筑面积的平均值和2007年持平。新建或在建图书馆外形壮观、功能完善、科技含量高，提高了图书馆的服务功能，为读者打造便捷、舒适、人性化的共享空间。如RFID智能管理系统在图书馆开始应用，手机图书馆平台逐步成为各馆的重要服务形式，网络图书馆、24小时自助还书系统、图书馆ATM机等技术设备的应用，为图书馆的人性化服务开

① 中华人民共和国文化部网站.[2009-12-14].2008年全国文化事业费同比增长24.67%——2008年全国文化统计数据分析报告之一. http://www.ccnt.gov.cn/sjzz/jhcws/cwswhtj/200906/t20090616_71146.html

② 新雪. 2008工会新闻览要. 工会博览,2009(1):14-17

启新的局面。

(三)公共图书馆服务体系逐渐成熟

2008 年是《国家“十一五”时期文化发展规划纲要》颁布的第三年,“中国图书馆学会 2008 新年峰会”在新年伊始就开始深入研讨在构建覆盖全社会的公共文化服务体系过程中我国图书馆界的理论准备、制度准备。2008 年 8 月,中办、国办下发《关于加强公共文化服务体系建设的若干意见》,进一步明确覆盖全社会的公共文化服务体系建设问题。各级公共图书馆在政府的支持下,因地制宜地打造和维护服务网络,不断完善公共图书馆服务体系,取得了丰硕的成果。

总分馆建设以及公共图书馆延伸服务仍是图书馆服务体系的建设重点。在各级政府的支持下,以苏州模式、佛山市禅城区模式、嘉兴模式等为代表的总分馆体制进一步发展完善,以县级图书馆为中心的总分馆建设模式在各地试点,形成管理体制更加科学、布局更加合理、覆盖范围更加广泛、服务更加统一多样、资源共享率高的局面。2008 年 4 月 15 至 18 日“构建公共图书馆服务体系嘉兴高层论坛”在浙江嘉兴举行,总结总分馆制的经验,探讨未来发展思路。同时“一卡通”、图书馆集群式发展、流动图书馆、ATM 自助图书馆等形式的延伸服务已经成为各地公共图书馆延伸服务的常态模式。

2008 年区域性图书馆网络进一步发展,新形式的图书馆联盟在一些地区开始试点。1 月起,在公共图书馆资源共享“一码通”的基础上,天津市科技信息研究所文献馆与公共图书馆参考咨询服务中心合作,通过“联合参考咨询网”平台,为广大读者提供公益性网上参考咨询和文献传递服务。4 月,吉林省长春地区的 13 家公共、高校、军队和科研图书馆共同发起成立了吉林省图书馆联盟,探索合作开放、资源共享的新模式。同时,省内吉林、延边、通化、白城等地也建立了图书馆联盟。11 月,湖南省图书馆与湖南大学图书馆正式签署联盟建设合作协议,采取战略性资源分配方案,从资源建设、资源利用、流程管理、科学研究、人才培养等多个维度进行合作。同时,广东、江苏等省在探索数字图书馆联盟的道路上迈出了坚实的一步。

2008年,"全民共享"是图书馆体系建设的根本宗旨,农村文化建设、城市社区文化建设、特殊人群的文化保障都是图书馆工作的中心之一。图书馆在大力建设农村分馆与社区分馆的同时,注意为"农家书屋"提供资源与人力支持。截至2008年年底,全国已自建、合建文化共享工程各级中心和基层服务点67.3万个,工程惠民服务覆盖了全国61.2万个行政村的65%。

(四)"全民共享"的服务理念强化

图书馆事业的公益性得到了图书馆界社会的广泛认同。2008年中国图书馆学会年会的主题为"图书馆服务:全民共享",将图书馆的使命和职责延伸到全民共享图书馆服务的层面。

2008年中国图书馆学年会经过代表磋商,正式发布《图书馆服务宣言》(2008)(经卜简称《宣言》),强调"图书馆向读者提供平等服务。图书馆在服务与管理中体现人文关怀。图书馆致力于消除弱势群体利用图书馆的困难,为全体读者提供人性化、便利化的服务"。《宣言》首次向社会宣示现代图书馆基本理念和服务原则,是我国图书馆行业对服务行为提出职业道德自律要求的公约。《宣言》增强了图书馆的社会责任感与职业使命感,各馆纷纷在服务中宣传、践行《宣言》的服务精神。

免费服务在2008年得到推进,图书馆免费服务成为社会的热门话题。2月7日开始,国家图书馆全面减免收费项目,取消读者卡工本费、自习室使用费。南京图书馆、浙江宁波市图书馆、浙江嘉兴市图书馆、山东济南市图书馆等大中型图书馆加入免费服务的行列,河南省图书馆宣布对进城务工人员实行免费服务,另有许多图书馆准备实施免费服务。北京交通大学图书馆等高校图书馆也开始向校外人士免费发放阅读卡。图书馆免费服务的快速推进，降低了图书馆服务的门槛，让所有人平等、无障碍地走进图书馆。

弱势群体的服务保障得到加强。上海逐步形成专为残疾人免费送书的长效服务网络；南京图书馆为残障人群营造无障碍空间；山东临沂图书馆、江西省景德镇市图书馆特辟盲人综合阅览室；威海图书馆新增特殊教育阅览室；中山市图书馆建成信息无障碍阅览区。10 月 14 日中国盲人数字图书馆正式开通，践行图书馆全民共享的服务理念。

大众阅读是提高公民素质，促进社会和谐发展的重要手段，也是图书馆事业赖以生存的塑造自身文化形象的重要基础。2008 年 3 月，中国图书馆学会发出《关于开展 2008 年全民阅读活动的通知》，活动主题为“图书馆：公民讲堂”。配合全民阅读活动，各地公共图书馆以免费服务为手段，通过传统展示、有奖问答、图书漂流、阅读接力、咏读比赛、专家讲座等形式开展图书导读推荐服务，营造社会阅读氛围。高校图书馆也以各种方式倡导学生的经典阅读，提升导读的服务水平。

全民共享的理念下，个性化、学科化服务是图书馆服务的重点。中国国家科学图书馆开展学科馆员服务多年形成了一定的经验，2008 年学科馆员在保证普遍服务的基础上，积极深化服务内容、创新服务形式。与研究所图书馆员合作，开展研究所资源需求与保障能力分析；协助研究所完成和正在建设的所级与课题组信息平台 45 个；4 名学科馆员建立了自己的服务博客。清华大学、北京大学、同济大学等高校的学科馆员制度也不断发展，学科化服务由传统的资源为中心开始转向用户需求为中心，依靠图书馆资源和现代技术，深入挖掘用户知识单元，为用户提高实际问题的解决方案。2008 年 10 月 14 日—15 日，“图书馆：学科化、个性化服务的发展”国际学术研讨会在首都师范大学召开，约 100 多位海内外专家出席了会议。

此次会议的分主题包括:学科馆员与学科化服务、学科资源建设、信息素质教育、图书馆管理、个性化信息服务研究系统和模式、信息共享中心、学习共享空间、多媒体服务共享空间的理念及构建。

(五)图书馆法制化和标准化有所突破

2008 年,伴随一系列法律法规出台,图书馆各项业务活动朝着规范化、标准化、法制化的方向迈进。

图书馆立法历经近十年的准备后,2008 年 11 月正式启动《公共图书馆法》立法工作,组织专家学者进行法律条文的制定。同时各地方为规范本地区图书馆的行为,也相继出台了一些地方法规。如乌鲁木齐出台了西北地区第一部公共图书馆地方政府规章《乌鲁木齐市公共图书馆管理办法》。法律法规的制定,可以规范图书馆行为,解决公共图书馆事业发展中的各种突出问题和矛盾,促进和保障公共图书馆事业的发展。

图书馆各项业务的标准化工作进展喜人。《中国标准书号条码》(GBT 12906—2008)于 2008 年 8 月 1 日起正式实施。《公共图书馆建设标准》《公共图书馆建设用地指标》《文化馆建设用地指标》等公共文化设施建设国家标准的出台和施行。三个国家标准的陆续实施,标志着我国公共文化设施建设进入了一个新的发展阶段。以《江西省公共图书馆服务标准》为代表的地区服务标准颁布。2008 年 12 月 9 日,全国图书馆标准化技术委员会成立,标志着我国图书馆行业的标准化工作进入到一个新的发展阶段,为图书馆行业的标准化发展,乃至整个文化行业的标准化体系构建迈出了坚实的一步。

(六)数字图书馆建设进一步发展

数字图书馆经过十多年的发展,在建设理念、服务标准、实际工程建设、数字资源采集与维护等方面,实现了跨越式发展。国家图书馆等约40家单位共同签署了《数字文献资源长期保存行动宣言》,呼吁社会各界支持并参与我国数字文献资源长期保存体系建设。

2008年国家数字图书馆工程(NDL)开始全面履行国家图书馆的职能,有重点地收藏、建设和长期保存中文数字信息,在互联网上形成超大规模的、高质量的中文数字资源库群,建构数字资源采集、加工、保存的技术支撑平台,并通过国家骨干通信网向全国以及全球提供中文数字信息服务,使国家数字图书馆成为世界最大的中文数字信息保存基地与服务基地。中国高等院校数字图书馆(CADLIS)建成了以数字化学术信息资源为基础、以先进的数字图书馆技术为手段、以中国教育和科研计算机网为依托的具有国际先进水平的开放式高等教育数字化图书馆的框架,为推动教育信息化、促进教育现代化发挥了重要的支撑作用。国家科学数字图书馆(CSDL)、国家科技图书馆文献中心(NSTL)、中共中央党校数字图书馆工程、全军院校及数字图书馆工程等重大数字图书馆项目继续在资源数字化、服务个性化等方面努力,为其他行业和地方数字图书馆建设提供实践基础。

目前,许多地方也将数字图书馆建设作为文化发展的重点,青岛、成都、宁波等地纷纷开工建设数字图书馆,山东省拟整合省内现有的数字图书馆资源,建设山东数字图书馆集群工程。辽宁、上海等地加快本馆资源数字化脚步,地区数字图书馆系统对于促进本地区数字图书馆建设,加强地方特色数字资源建设与服务具有重要意义。为解决数字图书馆建设遇到的具体问题,2008年1月、4月、7月、10月,四次召开全国数字图书馆建设与服务联席会议,探讨数字图书馆标准规范推荐机制、数字图书馆服务政策,开通了“数字图书馆标准规范推荐网站示范系统”。该系统的推出,为各单位推荐数字图书馆技术标准规范,并逐步在全行业形成统一的标准规范体系,提供了工作平台,对促进联席会议成员单位及全国数字图书馆的共建共享将起到积极的推动作用。

国际合作也成为数字图书馆发展的新趋势，2008 年 11 月 16 日，中国国家图书馆与美国国会图书馆共同签署了《中国国家图书馆与美国国会图书馆世界数字图书馆合作协议》。根据协议中方将本馆所拥有的、能够代表中国文化特色的数字资源上传给世界数字图书馆网站。

2008 年数字图书馆在发展上更加理性，从盲目追求数字图书馆数量建设，回归到数字图书馆建设的标准化与可持续，重视数字图书馆的服务效益。

（七）古籍保护工作取得突破

根据国务院办公厅 2007 年颁发的《关于进一步加强古籍保护工作的意见》的文件精神，古籍保护工作在 2008 年取得重大突破。3 月，首批《国家珍贵古籍名录》及“全国古籍重点保护单位”由国务院批准公布。进入首批《国家珍贵古籍名录》的共有 2392 种古籍。首都图书馆、重庆图书馆、无锡市图书馆等公共图书馆都有不同数量的馆藏古籍入选。列入首批全国古籍重点保护单位的 51 家中，包括国家图书馆、26 家省市公共图书馆、12 家高校图书馆、5 家专业图书馆，图书馆的文献资源保存功能已经得到了国家的重视。同时，《中国古籍总目》完成初稿，它是我国首次对古籍总量进行清理取得的成果，集品种、重要版本、主要馆藏于一体，相当于现存古籍的身份证，其作用是为古籍整理出版工作建立一个资料完备、检索便捷的数据库。

以此为契机，以广东、江苏、山东等为代表的各地古籍保护中心纷纷在图书馆挂牌成立。国家图书馆古籍馆与地方图书馆合作，举办全国古籍修复技术培训活动，指导古籍中心工作。各古籍保护中心从本地区实际情况出发，开展古籍摸底调查、修复保护等活动。如浙江省图书馆不仅将对古籍进行修复保护，还通过拍摄微缩胶片、制作电子版和影印出版等方式，让这些历史文献与普通读者见面；广东在广东省立中山图书馆文德分馆成立广东古籍保护中心，在保护现有馆藏古籍的同时，鼓励民间古籍捐赠集中管理。吉林省为古籍“办户口”，摸底民间古籍收藏情况，编写数据标识号，建立书目信息档案，输入国家古籍综合信息数据库。

在保护的同时，图书馆还积极开展馆藏古籍的加工和数字化工作。2008 年 9 月 9 日，中华再造善本工程二期在国家图书馆二期新馆正式启动，以明清两朝学术代表人物的代表性著作的珍稀版本为主，并针对一期选目所遗漏的珍贵古籍查缺补漏。首都图书馆大力发展书目数据库和古籍插图库的建设工作。为了满足读者的阅读需求和实现历史文献的再生性保护。上海图书馆在近代文献阅览室开通了馆藏民国图书全文数据库；在古籍阅览室开通了馆藏古籍稿抄本全文数据库，可查阅珍稀古籍达 3200 余种。江西古籍保护网也正式开通，读者可直接上网查阅珍本善本的赏析。高校图书馆也十分重视古籍的保护与利用工作，CALIS 古籍联合编目数据库已发展到 16 个成员馆提交古籍数据。CALIS 古籍联合编目系统功能设计较为完备，具有一定的通用性和扩展性，经过几年的实际运行，效果良好，它的出现为实现全国乃至海内外的“古籍联合编目”提供了一个良好的组织模式及技术系统。

（八）交流与合作更加广泛

积极开展横向和纵向的交流合作，加强国内不同系统图书馆的沟通与合作；积极开展与国际间的交流，签署合作协议，营造出和谐发展的国际环境。

积极参与国际图联事务，加大国际图书馆界的话语权。由公共馆、高校馆和专业图书馆组成的代表团参加了在加拿大魁北克召开的第 73 届国际图联大会。10 月 13—14 日，国家科学图书馆参加了在德国汉诺威举行中德图书情报合作会议，就数字资源保存问题进行探讨。

国家图书馆与澳门基金会合办"第七次中文文献资源共建共享合作会议",吸引海内外的中文文献信息领域专家、学者应邀与会,围绕古文献、民国书刊资源建设与数字化讨论,为全面实现跨地域的中文文献资源达到共建共享目标而努力。2008 年 11 月 26 日—29 日,由东南大学图书馆、台湾大学图书馆、中国图书馆学会高等学校图书馆分会、中国图书馆学会建筑与设备专业委员会共同主办的"第二届海峡两岸大学图书馆建筑学术研讨会"召开。会议围绕"图书馆建筑的未来发展:多元、生态、和谐"这一主题就信息环境与服务理念对图书馆建筑的影响、图书馆建筑的品质与价值、图书馆的空间组织与布局、生态图书馆建筑、图书馆建筑个案研究、图书馆环境设计与人性化服务等问题展开研讨。

受文化部委托,中国图书馆学会与伊力诺依大学厄本那香槟校区图书馆、美国华人图书馆员协会签订了《中美图书馆员专业交流项目协议书》,并作为承办单位负责项目的实施。

国内图书馆界交流频繁,不同类型图书馆在资源、服务等领域密切合作。中国图书馆学会、中国高校图书馆委员会发挥优势,积极组织各类全国性的学术会议和交流研究活动。"中国图书馆学会 2008 年会"、"中国图书馆学会青年论坛"、"中国图书馆学会新年峰会"、"教育部高校图书馆工作委员会二届五次会议"等活动总结回顾改革开放三十年图书馆发展历程,讨论当前图书馆发展的新特点,提出全民共享的图书馆工作原则,探索支援地震灾区图书馆工作,促进图书馆界的合作与交流。

三、发展思考

2008 年,在"推动社会主义文化大发展大繁荣"的春风吹拂下,我国图书馆事业取得了一系列成绩。在为 2008 年我国图书馆事业所取得的成就欢欣的同时,也必须站在新的起点上审视 2008 年中未能很好认识或解决的问题,为今后事业的发展提供借鉴。

(一)图书馆建设与发展仍不平衡

从统计数字上看,我国各级各类图书馆数量与发达国家尚有一定差距,且从人均拥有图书馆量和人均藏书量等指标衡量差距更大,2008 年我国内地人均购书经费仅为 0.794 元。随着我国进入社会经济、文化全面发展的新时期,人民群众的信息需求量不断加大,还需要建设更多的图书馆为社会服务。

从图书馆事业的整体布局上来看,也还存在着地域上、类型间发展不平衡的问题。西部地区与东部地区的经济、文化、教育发展均存在较大差异,各项基础设施建设普遍落后,图书馆建设与发展亦不平衡,东西部地区之间公共图书馆房屋建筑面积增长率的差异巨大。2008 年统计显示:全国各地的人均购书经费投入很不均衡,上海的人均购书经费达到了 7.612 元,而河南只有 0.158 元;上海的人均藏书是 3.39 册,而最少的三个地方安徽、河南、西藏都只有 0.17 册。在老少边穷地区,图书馆不仅数量少,而且办馆条件差,连基本业务工作都难以维持。根据西部大开发的国家发展战略,加快西部地区图书馆的建设与发展势在必行。

国家信息中心于 2005—2008 年间连续发布《中国数字鸿沟调查报告》,反映出城市和农村的信息建设和发展极不平衡。公共图书馆的房屋建筑面积增长率为 5.2%,而县级馆则为 2.7%;公共图书馆的阅览坐席增长幅度为 5.02%,县级馆仅为 2% 左右;公共图书馆的读者活动次数增长速度超过 4%,县级图书馆则呈现负增长。城乡信息分化已成为解决“三农”问题中的突出现象。在这样的形势下,图书馆业界更应加强对农村图书馆事业的指导,加大农村图书馆数量和质量建设,通过与“村通工程”、“文化信息资源共享工程”等举措配合，共同努力逐步消弭城乡信息鸿沟。

统计显示，2008 年，我国的公共、高校、科研三大类型图书馆数量较多，发展形势较好，而另外一些类型的图书馆，如工会图书馆、少儿图书馆、中小学图书馆的发展形势则相比较弱，还需要加强建设。高校图书馆经费在最近 3 年呈连年下降走势，究其原因应该是受到国际经济走势、高校评估周期、基建投入均衡等因素的直接或间接影响，这对高校图书馆的发展也造成一定的影响。

此外，图书馆建设也存在投入与利用的不平衡问题。一方面是国家投入的图书馆发展资金连年大幅增加，另一方面是图书馆新增藏量购置费增幅有所下降。如 2008 年公共图书馆新增藏量购置费增幅仅为 7.1%，比 2007 年的 21.47% 有大幅下降。

图书馆建设和发展要逐步走向平衡，既有赖于国家对图书馆予以更多政策上的支持，投入更多的资金与关注，也需要学会对其加强指导和行业内部的互助。图书馆界应通过参与构建社会主义公共文化服务体系，尽力消除东西部差距、城乡差距，真正实现“普遍均等、全民共享”。

（二）服务的整体水平与质量有待提高

图书馆建设与发展的不平衡势必造成图书馆服务的不均衡，不利于图书馆服务的广泛推广。目前，我国大部分图书馆的基础设施已基本健全，但为人民群众提供的内容仍不丰富，服务方式还没有完全实现多样化、灵活化。在图书馆服务的深度方面也还欠缺更进一步的深入挖掘，图书馆创新服务还需加强。数字图书馆耗资大，但服务还较薄弱，功能未能完全体现，数字资源还需进一步开发利用。应积极思考如何利用技术开发多种形式的服务，改变当前数字图书馆投入多而产出少的服务水平。现有的一些高水平的品牌服务则应积极创造条件，更广泛地推广。

在图书馆服务的质量控制方面，2008 年首次颁布施行的《公共图书馆用地指标》《公共图书馆建设标准》对保障图书馆服务开展具有一定的开创意义，但它们主要侧重于对图书馆硬环境的把握，而在相对偏软的方面，则欠缺相应的规范，仅靠《图书馆服务宣言》《国家图书馆服务规范》等个别规章制度还不能解决服务质量的全部问题。现有的图书馆评估标准与细则对图书馆服务的评价还显得不足。

图书馆事业作为一项社会公共文化服务事业，其倡导的普遍均等、全民共享等职业理念在 2008 年基本已成为业界共识。然而，业界对公共文化服务中的图书馆定位及其功能还没有完全认识清楚。《中国公共文化服务发展报告》[①]指出公共文化服务提供的效率不够高，为此，图书馆业界必须在公共文化服务体系转型的形势下准确界定自身功能，加快服务的提升。

（三）图书馆业务管理和行业合作有待加强

我国图书馆的业务管理水平与国外相比还显得较为落后。目前为止，我国图书馆管理普遍缺乏先进的管理理念、严格的管理制度、有效的管理工具及手段。缺乏规范的连续性的业务统计，很难真实记录和如实反映图书馆工作。图书馆的资金、经费划拨与使用亦缺乏财务规范，人员队伍建设还未能普遍地按人力资源管理的要求开展，资源统筹、服务宣传等方面欠缺科学的管理指导，管理水平整体还有待于提高。

数字图书馆的标准规范还处于商议阶段，未有实质性成果。ISO 质量体系还处于初期引进阶段，在积极倡导图书馆实施绩效评估及成效评估方面作出了初步的尝试，但总的来说图书馆管理缺乏公认的质量考量机制。缺乏管理评价既不利于用户获取应有的服务，妨碍了图书馆社会效益的彰显，也不利于督促政府根据图书馆

---

① 李景源等. 中国公共文化服务发展报告. 北京：社会科学文献出版社，2009

绩效对图书馆给予应有的投入,影响了图书馆的科学发展。

作为应对图书馆内外环境剧烈变化的策略,合作成为共识。我国图书馆行业内联盟,包括官方组织的或自主缔结的,数量不多,规模较小。在联盟运作中,联盟成员的资源、能力的整合与充分利用还受到多种因素的制约,联盟应有的协同运作、优势互补效应还不突出。在集团采购、资源规划与建设、资源揭示与提供、合作服务等方面其联合效益还有待加强。为应对激烈的市场竞争,图书馆也与其他组织机构联合,参与社会合作联盟,但这方面的行动还不够成熟。商业性的利益分享模式如何向竞合模式发展,与政府间的监管关系如何向支持联盟迈进都是值得深思和探索的问题。除此之外,中国图书馆事业必须与世界图书馆事业的发展保持一致,参与国际合作势在必行。但这方面的举措还比较少。如参加 ICOLC(国际图书馆联盟联合会)的中国图书馆仅有 4 个。①

(四)学术研究、专业教育还不完全适应事业发展需要

学术研究为事业的发展起着领航导向的作用,专业教育为事业发展保障人才输送,二者对图书馆事业的健康发展起着重要的作用。2008 年我国图书馆学的学术研究与专业教育还不完全适应事业发展的需要。

学术研究的主要目标是为事业发展提供理论依据并指导图书馆的各项实践活动。图书馆学研究还存在理论与实践脱节的现象,学术研究方法体系还不完善,具有创新性和突破性的研究成果不多,学术研究的持续性还待加强,这些都对事业发展造成一定影响。另外,也还存在一定的学术失范现象,阻碍了图书馆学研究与创新。今后,图书馆学的学术研究应更加紧密地结合实践,提升学术成果的质量,加快应用转化,提高其应用价值。

---

① 孟广均等. 国外图书馆学情报学最新理论与实践进展. 北京:科学出版社,2009

随着经济全球化,知识经济社会的发展,社会对毕业生的就业能力和职业竞争力提出了更高的要求,图书馆教育面临严峻的考验,突出地表现在招生和就业两难,学生掌握的理论和技能落后于职业需求等方面。究其原因,一是因为我国迄今为止还没有规范的图书馆职业认证制度,对图书馆从业人员所应具备的素质和知识技能缺乏指导,导致学科教育不易把握方向。二是专业教育与职业领域之间缺乏沟通,人才培养难以及时适应职业需求的变革。学科教育在确立专业的培养目标、培养模式、教学计划、课程体系等方面,必须考虑社会和行业对人才的需求,并加紧制定学科教育质量规范。

此外,人才培养层次仍不完善,职前、职后教育的体系还不平衡,重职前教育轻职后教育,从业人员的职业生涯规划与发展不被重视,这与多元化、快节奏的社会生活方式不协调,与职场形势的演变、与用户需求的变化不适应。因此,对图书馆从业人员的继续教育还需加快步伐,尽快提升其素质和能力,不断更新其知识与技能,最终将这种能力转化为高水准的服务,提高用户、社会对图书馆工作的满意和认同,促进图书馆学教育与职业的良性互动,实现我国图书馆事业的良好发展。

四、未来展望

近年来,政府部门日益重视文化事业,图书馆事业发展的社会环境、经济环境、政策环境、保障制度等都出现了很大转变,图书馆事业已经迎来了快速发展的良好契机。未来,图书馆事业将在战略规划、图书馆体系建设、大众阅读服务、事业发展保障机制等方面将加强建设。

（一）重视图书馆的战略规划

对比国内外图书馆事业发展，以美国为代表的国外图书馆重视科学管理和战略规划，从单个图书馆到行业协会均制订了战略发展规划，并在其指导下组织业务工作；而目前我国的图书馆战略规划研究尚处于起步阶段，制定科学的战略规划的图书馆也较少。

图书馆战略规划，应体现我国图书馆的核心特点，以规范、简洁的语言表达图书馆发展目的、发展环境、具体措施、实施保障等，对图书馆管理者、普通工作人员以及用户表明图书馆的发展方向和计划。当前，发展条件较好的图书馆可考虑结合“十二五”规划，制定本馆的战略规划；尚不具备独立制定战略规划条件的图书馆，可在行业或地区联盟中试行战略规划。战略规划重在落实，应严格按照规划开展业务工作，根据环境变化适时修订战略目标，使图书馆事业更加趋于理性发展。

（二）深化多元协同的图书馆体系建设

图书馆事业拓展服务网络，提高服务辐射能力，延伸服务空间，需要在现有公共图书馆体系建设的基础上深化图书馆体系建设。图书馆事业发展应适应社会的需求变化，及时调整图书馆的功能定位、职责范围，扩大各类型图书馆的合作，建设图书馆联盟，形成各类型图书馆共同参与的图书馆体系，以公共图书馆体系为基础，高校图书馆、科学图书馆、中小学图书馆等为有益补充，着手解决管理体制障碍问题，发挥资源、布局、服务等领域的优势，减少资源重复，加大服务的利用范围。

图书馆体系建设，应以缩短信息服务的地区差距、城乡差距为目标，突出各类图书馆的服务特点，合理设置分馆、服务流动站等，抓住共享工程等服务项目平台，增加各类型图书馆的合作广度与深度，密切与其他文化服务提供部门的业务交流，综合建设图书馆事业。

(三)拓展阅读服务与信息服务,提高全民信息素养

引领大众阅读和提高公民信息素养是社会文化建设的重要内容,是图书馆体现其核心价值的职业使命所在,也是图书馆赢得公众支持,树立良好机构形象的机遇。图书馆信息素养教育应以更为灵活的形式,寓教于乐,吸引更多大众参与。高校图书馆需继续巩固"大学生信息素养教育的第一课堂"的地位,在传统的信息检索课程不能满足学生需要的情况下,如何通过品牌讲座、院系合作、网站推送的方式拓展信息素养教育,是需要迫切解决的问题。

目前,各级各类图书馆开展阅读推广活动蔚然成风,但尚未设立专门机构或部门来进行阅读活动的策划、实施与控制。图书馆阅读服务,首先需加强与社会各界合作,增强图书馆的社会影响;其次,需更多的专业人士加入到阅读推广活动策划和阅读指导的实际工作中,形成专业的长效机制,促进阅读活动的开展;第三,大众阅读服务,注重多媒体的服务方式,传统经典阅读与数字阅读并重;最后,需针对不同的对象,适时采取不同的方式进行指导,开展针对性的服务活动。

(四)健全图书馆事业可持续发展的保障机制

在科学发展观的指导下,图书馆事业的可持续发展成为重要任务,必须面向图书馆和图书馆事业的未来,建立健全图书馆事业的保障机制。

一是法律政策保障,要加快《公共图书馆法》立法步伐,发挥政府在公共图书馆事业中的主导地位,加强中央和各级政府图书馆政策的指导作用,进一步提高图书馆与图书馆职业的社会地位,促进图书馆事业的宏观调控和整体发展。

二是行业组织保障。要充分发展各类图书馆学会协会在行业

中的协调指导作用。2009 年是中国图书馆学会和教育部高校图书情报工作指导委员会的换届年,新一届组织将进一步发挥学会特色与优势,发扬学会优良传统,开拓创新。地方学会和其他各类行业组织也要与时俱进,搭建多元化学术与行业平台,加强协调与合作。

三是科研与教育保障。根据图书馆学研究与图书馆学专业教育存在的问题,面向事业发展,加强应用研究,加强学术研究对图书馆工作的指导。加强高校图书馆学专业建设与学科建设,培养高层次的复合型应用专门人才。根据职业发展需要,尽快启动专业学位教育,为图书馆职业认证奠定基础。加强多种形式、多种层次的图书馆业务培训,不断提高图书馆管理者的管理水平和图书馆工作者的专业素质,改善与优化图书馆专业队伍的整体结构。

分报告一：国家图书馆

国家图书馆是国家总书库，国家书目中心，国家古籍保护中心。履行国内外图书文献收藏和保护的职责，指导协调全国的文献保护工作；为中央和国家领导机关、社会组织及社会公众提供文献信息及参考咨询服务；开展图书馆学理论与图书馆事业发展研究，指导全国图书馆业务工作；对外履行有关文化交流职能，参加国际图联及相关国际组织，开展与国内外图书馆的交流与合作。

随着2008年9月9日二期新馆（总馆北区）的开馆，国家图书馆三个馆区（总馆南区、北区，古籍馆）总建筑面积达25万平方米，跃居世界国家图书馆第三位。现有正式工作人员1357人，其中正副高级专业技术人员187人，中级专业技术人员619人。

2008年，国家图书馆接待到馆读者总计327.99万人次；全馆流通书刊为1578.75万册次，与2007年相比，上升11.06%；办理读者证卡15.14万个，与2007年相比，上升48.43%；各类咨询总量29.82万件。此外，还通过讲座、培训、参观、展览等形式服务公众，其中全年开办公益性讲座165场，组织业界培训27期，接待参观197场，举办各类展览64场，举办其他活动340场。截至2008年年底，国家图书馆馆藏文献总量为2696.7万册（件），数字资源总量达250TB，其中自建资源达180TB。

作为我国文化事业的重要组成部分，国家图书馆在促进社会全面进步和人的全面发展中发挥着越来越重要的作用。2008年是国家图书馆发展历程中具有里程碑意义的一年，在文化部党组的正确领导下，国家图书馆以科学发展观为统领，抓主题、谋全局、促发展，上下同心，艰苦奋斗，完成了二期新馆暨国家数字图书馆建设和开馆等任务，实现了公益性服务目标，国家图书馆历史翻开了新的一页。

一、深入开展学习实践科学发展观活动，促进事业的可持续发展

按照中央的统一部署和文化部党组的具体要求，国家图书馆开展了学习实践科学发展观活动，成立了馆学习实践活动领导小组及领导小组办公室，制订了实施方案，坚持边学边改，取得了明显成效。

第一，认真做好学习培训，提高认识。召开中层干部会议，对照工作实际认真学习科学发展观。开展各层面的学习培训活动，加强理论宣传，丰富宣传载体，通过一系列的学习，深化了全体党员对科学发展观的重大意义、科学内涵、精神实质和根本要求的认识，并以此为重要机遇和强大动力扎实推进各项工作。

第二，深入调研，找准问题，摸清和掌握发展状况。馆领导班子成员分别带队深入20个部处进行专题调研，全馆各层面代表近300人参与了调研活动。此外，通过召开各类座谈会、发放征求意见表等形式，广泛征求意见建议，并对意见进行认真研究、细致分析，查找问题，形成了调研报告。

第三，开展解放思想大讨论，凝聚发展共识。举办由馆领导分别作专题报告的解放思想动员大会、党员代表座谈会和以党支部为单位的研讨活动，进一步明确了推动事业科学发展的新理念和新认识。

第四，认真开展批评与自我批评，边学边改，努力突出实践特色。召开了馆领导班子专题民主生活会，实事求是地分析了我馆工作与科学发展观存在的不相符、不适应的突出问题和原因，形成《分

析检查报告》。同时边学边改，努力解决工作中的突出问题。

通过开展学习实践活动，广大党员干部接受了一次完整的、全面的科学发展观主题教育，贯彻落实科学发展观的自觉性和坚定性进一步增强，明晰了国家图书馆事业发展的方向和未来一段时间的发展思路。

二、二期新馆暨国家数字图书馆落成开放，向现代化国际强馆迈进

精心组织，周密安排，统筹兼顾，严格管理，规范运作，全力做好二期新馆暨国家数字图书馆建设和开馆的各项工作，确保二期新馆暨国家数字图书馆如期开馆。

第一，狠抓工程进度，确保土建工程按时竣工。精心制定工程竣工和开馆倒计时表，组建现场技术组多方解决施工难题和重大技术问题，组织为期 40 天的大会战，在各方的努力下，最终克服了时间紧、任务重、难度大以及因南方雨雪冰冻灾害期间建设工人不足、因奥运期间运输车辆禁行等情况造成的重重困难，确保了土建工程的顺利完成。

第二，加快国家数字图书馆工程建设步伐，完成机房装修、网络与安全建设、RFID 系统、光纤外连机房环境改造（一期）、无线接入网、一卡通等数字图书馆工程子项目 20 余个，形成国家数字图书馆服务的诸多新亮点。

第三，在保证正常开馆的前提下，各部门通力合作，统一筹划，完成了《四库全书》及近百万册文献的核查、搬迁等工作，形成一个文献丰富、内容精致、布局合理的开放式阅览新格局。

9 月 9 日，二期新馆暨国家数字图书馆隆重开馆，极大地提高了国家图书馆公共文化服务能力，满足了读者对于良好阅览环境的需

要。新馆简洁、现代的建筑风格，开放、平等、人性化的服务理念，优雅、通透的阅览环境，传统与数字服务相融合的全新服务手段，使读者真正共享到改革开放的发展成果。

二期新馆暨国家数字图书馆开馆，不仅在国家图书馆事业发展长卷上又书写了浓墨重彩的一章，也是我国文化建设取得的又一标志性成果，赢得了社会各界的广泛赞誉。国际图联主席克劳迪亚·卢克斯表示，中国国家图书馆是世界上最好的图书馆之一。

三、以创新服务为动力，全方位拓展服务空间，服务工作呈现新亮点

坚持以读者和用户为本、需求需要为先的服务理念，努力探索建立适应新时代读者需求，适应图书馆发展潮流的服务体系，服务工作取得突出成绩。

第一，实现公益性服务目标，公共文化服务能力不断提高。在国家财政的大力支持下，期盼了几十年的公益性服务目标得以实现，在全国图书馆界起到了引领和示范作用，成效明显。

第二，国家数字图书馆阶段性成果得到展示。面向社会公众推出的 RFID 自动借还系统、触摸屏电子报纸、虚拟导航、基于手机移动阅读的“掌上国图”、中国盲人数字图书馆、无线网连接等 10 余项创新服务方式，拓展了服务空间，受到社会各界的广泛关注和好评，特别是建设和开通了中国盲人数字图书馆，使视障人士无障碍获得数字资源，在为弱势群体服务方面起到了示范作用。另一方面，加大了数字资源的建设和发布数量，已在互联网上发布 72 万册（件）、在局域网上发布超过百万册件的电子书。同时对网站进行改版，建设新的服务形式和栏目内容，并实现馆内外资源和服务的整合。

第三，为中央和国家领导机关提供信息服务的专业能力和水

平，得到较大提升。全年优质、高效地完成了立法决策咨询9224件，是自1998年以来立法决策咨询服务量的最高点。其中仅《汶川地震灾后重建信息专报》就以每周2—3期的频率，直接发送到154位中央、国务院领导手中，以及参与灾后重建的各部委领导案头，至2008年年底已完成53期，完成咨询8106件，该专报得到温家宝总理的重要批示；开通了“国家图书馆立法决策服务平台”，标志着立法决策服务职能更加专业化；“两会”服务再次获得人大领导机关的充分肯定和好评；增设国家图书馆民政部分馆，有效地服务于该单位的国家大政方针决策工作；承办的“部级领导干部历史文化讲座”，全年举办了20期。

第四，为重点科研、教育和企业组织服务取得新进展。参与科技创新，为中国科学院研究所、中国原子能研究院等多家机构提供及时有效的文献信息咨询服务；设立了博士后信息服务专用快速通道，提供“一站式”服务；召开了第四届国家图书馆企业信息服务年会，发挥了信息平台作用，缩短了信息资源及服务提供机构和企业之间的距离，共同促进社会经济的发展。

第五，举办多彩的文化活动，社会教育职能进一步强化。文津讲坛、世界图书馆馆长论坛等特色系列讲座影响日益广泛，全年共举办165场讲座，听众达3万余人次；承办或主办了颇具特色的“汶川抗震救灾大型纪实图片展”、“国家珍贵古籍特展”、“英国藏中国老照片展”等展览20余场，反响热烈。其中，国家图书馆历史上规模最大、规格最高的“国家珍贵古籍特展”，进一步提高了社会公众对文化遗产保护重要性的认识；“洁白的丰碑——傅雷百年诞辰纪念展”、“英国藏中国老照片展”等展览还在各地巡展，产生较大影响；“国家图书馆文津图书奖”已成功举办四届，被誉为“公众阅读的风向标”，社会影响日益扩大。

第六，业界服务不断深化和拓展，龙头地位进一步突显。联合建立国家数字图书馆东莞、吉林、广西等分馆，使国家数字图书馆资源得到更广泛的利用；继续推进西部援助计划，向广西壮族自治区、宁夏回族自治区等图书馆援助下架图书28万册，特别是汶川地震后，立即组织向四川、陕西等灾区赠送下架图书35万册和电子书光盘500套，为灾后图书馆重建提供了有力支援；与中国图书馆学会联合组织志愿者行动，有6个省的708名基层图书馆馆长参加了培训，在业界产生了重要影响，并得到了国际图联主席的赞赏；成功举办了第11届“全国省、自治区、直辖市、较大城市图书馆馆长联席会议”，通过研讨与合作，推动了公共文化服务体系建设以及对口支援灾区图书馆重建工作；与文化部全国文化信息资源建设管理中心合作，将总量达2.62TB的数字资源通过网络、光盘、卫星等多渠道，向全国基层百姓提供服务；全国联合编目中心工作得到进一步发展，截至2008年年底，新发展成员馆38家，直接数据用户累计达1119家，成员馆684家，并拓展至德国国家图书馆和俄罗斯国立图书馆。

四、基础业务建设得到加强，进一步夯实发展根基

基础业务工作取得长足进步。加强文献资源建设，圆满完成本年度文献的采集、加工、编目和典藏。至2008年年底，馆藏总量达2696.7万册（件）；面向社会广泛征集非正式出版中文资料，共征集到705种共计1570册，取得初步成果；古籍特藏、名家手稿、地方文献采访获得新收获，一批徽州文书以及启功、傅雷、罗常培等名家藏书和手稿入藏国家图书馆，丰富了珍贵馆藏；加大与全国音像、电子出版社的联系和催缴力度，有25家极少甚至从未缴送的出版社开始缴送样品；向OCLC提供中文书目数据，在国内外产生了良好的反响。

信息化水平全面提升。在总馆北区，实现了万兆主干、千兆桌

面的接入和无线网的全面覆盖;建立了海量数字资源存储管理系统;全面升级了图书馆自动化集成管理系统,提高系统对基础业务工作与读者服务工作的保障能力;完成了网站改版,开辟了新的栏目,并实现馆内外资源和服务的整合。

五、员工队伍建设、人才培养取得实效,为事业发展提供原动力

坚持以提高素质,优化结构为重点,进一步加强员工队伍建设和人才培养,并取得实效。通过轮岗交流以及挂职锻炼的方式,提高干部的管理能力;面向社会延揽高级人才,接收了 77 名大学应届毕业生补充专业人才;设立博士后科研工作站,为人才培养提供更高的平台;贯彻落实"创新人才"计划,召开中期学术成果汇报会,加强动态管理;鼓励和选派优秀人才参与国际交流,由国家图书馆人员组成的中文语言工作组,在第 74 届国际图联大会期间,出色完成中文快报编印和同声传译服务,受到与会代表的好评;全员继续教育力度进一步加强,共举办各类员工培训 96 场,约 5000 余人次参加了培训。

六、科研工作迈上新台阶,以科研工作推动事业发展

坚持业务工作与科技工作并举与协调发展,全馆科研工作取得新进展。国家社科基金项目"数字资源老化机理和生命周期测度的理论与实证研究"、"知识组织系统构建与知识服务研究"获得立项,表明国家图书馆科研能力进一步提高;馆级科研项目立项 23 项;首

次召开全国图书馆科研工作研讨会，促进了图书馆界科研领域的交流和合作；承担全国图书馆标准化技术委员会秘书处工作，积极牵头组织标准化研究，为图书馆业务规范与可持续发展提供保障。

七、继续深化改革，增强发展活力，为事业发展保驾护航

根据事业需要和图书馆发展趋势，完成了全馆格局调整和机构重组，并对机构运行情况进行跟踪和微调，使管理更加顺畅；实现了收支两条线，解决了重要业务部门创收的压力，集中精力做好服务工作和基础业务工作。

后勤服务社会化迈出了关键的一步，由总务部统筹总馆南区、北区和古籍馆的运行保障，完成了全馆车辆管理、馆区保卫及部分后勤保障工作交由物业公司管理等外包工作，实现专业化管理。

进一步优化馆属企业股权结构，培养企业新的盈利增长点，提高竞争能力。目前，馆属企业全面超额完成任务，运转良好。

八、国家图书馆所承担的国家重点文化工程和工作扎实推进

发挥国家图书馆在保护和弘扬中华民族文化中的重要作用，有力地促进了全国古籍保护工作的开展。中华古籍保护计划取得重要成就，完成首批“国家珍贵古籍名录”、“全国古籍重点保护单位”的评审、上报工作，获得国务院批准颁布；以人才培养为重点，为全国古籍收藏单位培养基本的古籍修复和鉴定人员，举办各类培训班20余期，收到良好效果；启动“中华再造善本工程”二期工程，初步确

定并完成选目工作共500余种;积极推动“送书下乡工程”,已完成2008年度选书工作;配合国务院新闻办继续实施“中国之窗”赠书计划。

九、贯彻国家“文化走出去”战略,国内外交流与合作取得新进展

以开放的姿态,积极拓展国内外交流新领域。深化与世界先进图书馆的交流合作,与美国国会图书馆签署了“世界数字图书馆项目合作协议”,标志着国家图书馆国际化进程迈出实质性一步;成功举办了“第七次中文文献资源共建共享合作会议”,确立了中国国家图书馆在这个社会组织的领导地位;夯实与国际图联的合作,拟在国家图书馆成立中文语言中心,国家图书馆在国际图联的地位进一步加强;与澳门社会基金会开展实质性合作,共同建立“全球华人寻根网”,推动了中华文化的融合与凝聚;经充分调研,已做好启动国际访问学者项目的各项准备,力争通过此项目推进学术研究国际化。

十、党政工团工作立体推进,营造团结和谐的文化氛围

基层党组织建设不断加强,开展主题明确、方式活泼的党日活动,提高党员干部的理论水平、思想觉悟和政策水平。在全馆党员干部中开展了违纪违法案例集中警示教育,提高反腐倡廉能力。

召开了国家图书馆职工代表大会第四次会议,广大员工的民主参与、民主管理意识进一步增强;组织员工积极向汶川地震灾区捐

款，奉献爱心，三次捐款共计1 402 499元，捐款人数1451人；积极开展各种生动活泼、喜闻乐见的群众性文体活动，丰富广大员工精神文化生活。馆工会委员会获得中华全国总工会授予的“全国模范职工之家”光荣称号，这是中华全国总工会授予基层工会组织的最高荣誉称号。

精神文明工作成效显著，在全馆员工的共同努力下，国家图书馆获得文明单位评比最高奖项“全国文明单位”称号，中央国家机关只有4家单位入选。

十一、其他工作成绩显著，各项工作有条不紊开展

中国图书馆学会成功举办“2008中国图书馆学会年会”，发布《图书馆服务宣言》，在业界产生很大影响。同时还通过多种活动，促进各级各类图书馆的发展。

全馆无重大火害事故、无刑事案件、无交通责任事故，确保了安全稳定。后勤工作稳步推进，完成了总馆南区空调机房和终端改造、古籍馆改造项目、古籍馆6号楼展厅改造和门前路面硬化绿化工程等多项工程。圆满完成缩微文献抢救、开发、组织协调任务以及缩微品发行和文献开发工作。国家图书馆出版社顺利完成更名，《国家图书馆藏明代大统历日汇编》获第三届“优秀古籍图书奖”一等奖。

分报告二：公共图书馆

2008年，在中国的社会发展史上，是一个不同寻常的年份。这一年，举世瞩目的第29届奥运会在北京成功举办；也就是在这一年，我国四川发生了震撼世界的"5·12"特大地震。在奥运会成功举办的喜悦中，在全国人民齐心协力抗震救灾的英雄凯歌中，我国的公共图书馆事业在许多方面也取得了实质性的进展。本报告将从基本统计数据、年度发展特点、公共图书馆发展障碍以及发展趋势四方面进行分析。

一、2008年基本统计数据

数字最能直观地说明图书馆的发展情况，根据《中国文化文物统计年鉴2009》的数据统计情况，将2008年与公共图书馆事业发展有关的数据摘录出来与2007年数据进行对比分析。本文的公共图书馆不包括国家图书馆在内，因此文中所列数字已将国家图书馆的相关数据进行删减。

1. 机构和从业人员数量

项目＼年度	2008数据	2007数据	增幅(%)
公共图书馆数量(个)	2819	2798	0.75
县级图书馆数量(个)	2444	2414	2.4

续表

项目＼年度	2008 数据	2007 数据	增幅(%)
少儿图书馆数量(个)	88	84	4.8
从业人员数量(人)	50 637	50 190	0.9

截止到 2008 年年底，全国县级以上公共图书馆共有 2819 个，比 2007 年增加 21 个。其中，县级图书馆 2444 个，独立建制的少年儿童图书馆 88 个，均有小幅增长。2008 年全国公共图书馆从业人员 50 637名，比 2007 年增加 447 人。可以看出我国公共图书馆的数量和人员呈稳步上升趋势。

2. 文献藏量

项目＼年度	2008 数据	2007 数据	增幅(%)
文献总藏量(万册)	52 367	49 422	6.0
书刊藏量	46 053	43 694	5.4
县级图书馆文献总藏量(万册)	22 170	21 200	4.6
县级图书馆书刊藏量(万册)	21 153	20 288	4.3
本年新购藏量(万册)	2776	2290	21.2
县级新购藏量(万册)	1163	1045	11.3

文献藏量反映图书馆的资源配置水平和文献服务能力。2008 年全国公共图书馆文献总藏量52 367万册(件)，比上年增 6.0%；县级图书馆文献总藏量22 170万册(件)，比上年增加 4.6%。本年新购藏量 2776 万册，比上年增长 21.2%；县级图书馆本年新购藏量 1163 万册(件)，比上年增长 11.3%。

从数据看出，公共图书馆的文献藏量逐步增加，尤其新购藏量增长幅度较大。而县级图书馆的新购藏量仅占全部公共图书馆的 40.8%，增长幅度也低于全国总体水平，说明县级图书馆的文献资源配置水平仍然较低。

3. 文献流通与读者活动

项目＼年度	2008 数据	2007 数据	增幅(%)
流通总人次(万人次)	27 813	25 777	7.9
县级流通总人次(万人次)	15 447	14 806	4.3
书刊外借册次(万人次)	22 964	21 080	8.9
县级图书馆县级外借册次	12 898	12 137	6.3
发放图书借阅证(万个)	1439	1263	13.8
县级图书馆发放借阅证(万个)	735	663	10.9
全年举办读者活动(次)	87 695	84 049	4.3
参加活动人次(万人次)	3284	2650	23.9
县级图书馆举办读者活动(次)	53 760	55 842	-3.7
县级图书馆参加活动人次(万人次)	1691	1206	40.2

文献流通和读者活动反映图书馆的服务效益。从以上数据可以看出，2008 年我国公共图书馆的总流通人次、书刊外借册次和读者活动均有小幅度上升，而参加读者活动人次则增长幅度较大。另外，借书证发放数量增长幅度较大，这与 2008 年图书馆免费制度的推行有一定关系，但持证率仍然较低。

4. 经费收支

项目＼年度	2008 数据	2007 数据	增幅(%)
公共图书馆总收入(万元)	487 793	403 689	20.8
公共图书馆财政拨款(万元)	440 578	355 185	24.0
县级图书馆总收入(万元)	195 808	167 275	17.1
县级图书馆财政拨款(万元)	177 274	147 944	19.8
公共图书馆总支出(万元)	474 659	394 440	20.3
县级图书馆总支出(万元)	193 624	162 263	19.3
新增藏量购置费(万元)	78 962	73 698	7.1
图书购置费(万元)	69 040	64 492	7.1
县级图书馆新增藏量购置费(万元)	23 085	20 506	12.6
县级图书馆图书购置费(万元)	19 939	18 548	7.5

经费是图书馆事业发展的重要保障。从经费收支情况来看，2008 年公共图书馆总收入和总支出均有较大幅度增长，其中财政拨款增长 24.0%，说明国家对公共图书馆事业的重视程度有所增加，但新增藏量的购置费增长幅度远低于财政拨款增长幅度，说明图书馆文献资源的配置水平仍有待加强。

5. 建筑设备

项目＼年度	2008 数据	2007 数据	增幅(%)
房屋建筑面积(万平方米)	763	725	5.2
县级图书馆房屋建筑面积(万平方米)	413	402	2.7

续表

项目 \ 年度	2008 数据	2007 数据	增幅(%)
阅览坐席(万个)	54.8	52.4	4.6
县级图书馆阅览坐席(万个)	35.8	35	2.3
少儿阅览坐席(万个)	14.6	14.3	2.1
县级图书馆少儿阅览坐席(万个)	11	10.8	1.9
电子阅览室终端数(个)	52 767	44 607	18.3
县级图书馆电子阅览室终端数(个)	35 865	29 171	22.9

建筑设备设施是图书馆服务的基础。从数据中看出,2008 年公共图书馆的房屋建筑面积和阅览坐席增加不多,尤其是县级图书馆增长幅度较小,说明基层图书馆基础设施建设仍需加强。而电子阅览室终端数增长幅度较大,这与近几年公共图书馆的自动化建设迅速发展以及全国文献信息资源共享工程的大力推行有关。

二、公共图书馆 2008 年发展特点

2008 年,我国公共图书馆在服务体系建设、图书馆服务、古籍保护、图书馆立法等均有可喜表现。

1. 全民共享:公共图书馆服务体系建设不断深入

党的十七大把“建设覆盖全社会的公共文化服务体系”作为实现全面建设小康社会的重要目标之一。公共图书馆服务体系作为公共文化服务体系的一部分,它的建设与完善也同时被提上发展日程。而公共图书馆服务体系的目标便是保障公民享有普遍均等的

服务。2008 年 10 月中国图书馆学会年会将“图书馆服务：全民共享”作为会议的主题，首次提出将图书馆的使命和职责延伸到全民共享图书馆服务的层面，体现了图书馆事业与时俱进、科学发展的前进轨迹。10 月 28 日，中国图书馆学会正式发布了《图书馆服务宣言》。这个中国图书馆界的第一个行业宣言，重申了建设公共图书馆服务体系的核心理念——普遍均等与全民共享。

近几年来，在全国各地，新一轮公共图书馆服务体系建设工作正在展开，许多地区在基层图书馆建设与图书馆服务方面已经开始了内容的拓展和模式的创新。比如岭南模式，包括中山图书馆创立的“流动图书馆”模式；深圳图书馆创立的“图书馆之城”模式；广州市创立的由政府主导的图书馆发展模式；东莞图书馆创立的“集群图书馆”模式；佛山市禅城区创立的“联合图书馆模式”；北京市公共图书馆服务网络系统，天津的“延伸服务”，上海中心图书馆一卡通，杭州的一证通工程，哈尔滨、厦门、嘉兴和苏州的总分馆制等。2008 年，在普遍均等与全民共享的理念之下，覆盖全社会的公共图书馆服务体系建设不断深入。这具体表现在以下几个方面：

（一）总分馆体系建设，原有模式不断取得新的成果。总分馆制以统一采购、统一编目、统一配送为主要特征。国内外的经验证明，它是公共图书馆服务体系的较好形式。正如南开大学于良芝教授研究证实，目前，苏州图书馆、广东省佛山市禅城区图书馆、浙江省嘉兴市图书馆所实行的服务模式已接近真正意义上的总分馆制。2008 年苏州的总分馆建设取得了较好的成绩。在两年多的时间里，增加了 10 所社区分馆，形成了管理统一、资源统一、服务统一的紧密型总分馆，读者免证阅览和上网，外借图书可以通借通还。佛山市禅城区联合图书馆起步于 2002 年，到目前已初具规模，形成了 1 个主馆、4 个分馆的联合图书馆体系。按照《佛山市禅城区建设文化名城实施意见》的要求，禅城区将在 2010 年建成主馆 1 个，分馆 8 个的联合图书馆体系，每 10 万人口拥有一座公共图书馆，全区常住人口人均拥有公共图书馆藏书 1.6 册。2007 年以来,浙江省嘉兴市构建城乡一体化的公共图书馆服务体系,实现各级图书馆"人、财、物"统一管理,统一采购、统一编目、统一配送、通借通还,其做法被誉为"嘉兴模式"。2008 年 7 月,嘉兴市所属的桐乡市出台了相关的实施意见,显示"嘉兴模式"已经由市本级向所辖县(市)辐射延伸。目前,嘉兴已经建成了以市图书馆为总馆,包括 5 所乡镇分馆在内的总分馆体系,按市政府规划,到 2009 年年底将实现市本级范围内乡镇分馆的全覆盖。

(二)图书馆联盟不断涌现,区域性图书馆服务网络不断延伸。2008 年 4 月,长春 13 家公共系统、高校系统和科研系统图书馆共同发起成立了吉林省图书馆联盟,探索合作开放、资源共享的新模式。横向上,图书馆联盟打破行业壁垒,推动省内 8 所高校图书馆与 10 所公共图书馆结成共建单位,并依托几家大的图书馆建立了公共服务平台和网络平台,实现了"一站式"查询和"一卡通";纵向上,在县级图书馆实行总分馆的管理模式,在每个试点县市设立乡镇分馆,统一配书、统一管理、统一服务标准,让各类文献资源无障碍地流动起来。在湖南,湖南省图书馆与湖南大学图书馆结成知识型联盟;江苏省初步实现公共图书馆数字信息资源共建共享;武汉城市圈将探索创新图书馆服务体系,实施数字图书馆联盟;深港澳三地电子文献年内实现网络互传;天津市公共图书馆实现资源共享,网上阅览"一码通"。同时,天津市图书情报系统强强联合,通过"联合参考咨询网"平台,为广大读者提供公益性网上参考咨询和文献传递服务,这标志着该市公共图书馆和科技情报系统在开展跨系统的网络文献信息服务合作和资源共享共用方面迈出了重要的一步。

而上海则建成全国最大公共图书馆单一集群系统(图书馆一卡通)。上海市中心图书馆自 2000 年底开始筹划,经过八年多的建设,至目前为止,上海市中心图书馆已达 100 家,单一集成系统"一卡通"常年持证读者已达到 20 多万。上海市中心图书馆成为目前全国最大,同时也是全球城市图书馆最大的单一集群系统之一。

深圳"图书馆之城"的"一卡通"服务则实现了在全市七大图书馆之间"通借通还"目标。市民足不出户可借书,建设的网络化社区图书馆规模堪称全国首屈一指。截至2008年12月底深圳拥有各级公共图书馆604家,初步形成了遍布全城的市、区、街道、社区四级图书馆网络。

杭州图书馆实施"图书信息服务一证通"工程,9家公共图书馆整合各类资源,由杭图牵头,以契约的形式,形成了联盟式的总分馆制格局,建立了100个街道(社区)基层点,并分别在每个县(市)区建立了10家乡镇(村)级基层点,总共170个图书馆服务机构。

(三)以图书馆为依托的全国文化信息资源共享工程取得快速进展,"惠及亿万群众"。在中央和地方各级财政的支持下,共享工程网络建设加快推进,数字资源更加丰富。截至2008年年底,全国已自建、合建文化共享工程各级中心和基层服务点67.3万个,包括与农村党员干部现代远程教育工程合作共建村级基层服务点40万个。其中,配备文化共享工程专用设备的有19.7万个,工程惠民服务覆盖了全国61.2万个行政村的65%。同时,文化共享工程资源总量已达73.9TB,比2007增加8.91TB。资源内容丰富多彩,包括地方戏曲、影视作品、专题讲座、农业专题片、文化专题片、农民文艺汇演、农民歌会节目等。在2008年的资源征集工作中,进一步加大了少数民族语言资源翻译支持力度,在完成藏、蒙、维、朝四语种各100小时的译制工作后,又征集到20部藏语电影,同时增加了哈萨克族语言资源翻译。几年来,文化共享工程已经逐步形成了互联网模式、卫星模式、有线/数字电视模式、IPTV模式、VPN模式、无线网模式、电子政务外网模式、光盘/移动硬盘模式等,为更加便捷地服务群众奠定了基础。

2008年是抗震年,共享工程成为地震灾区特需品。"5·12"四川汶川大地震发生后,文化共享工程各级中心在第一时间安排布置抗震救灾工作。国家中心还在第一时间迅速组建了文化共享工程赴川资源服务小组，将 140 部抗震救灾资源光盘、50 套专用设备送到赈灾点，为抗震救灾、灾后重建以及灾区民众的心理安抚做出了不可替代的贡献。此外，国家中心还将 20 套卫星服务设备空运至灾区，同时为重建 1000 个临时文化共享工程服务点制定设备配置方案、进行设备采购。在灾后重建中，国家中心积极策划实施了灾区文化共享工程人员对口智力支持的具体组织工作，25 个受灾区县支中心 47 人全部接受了完整的培训课程。同时，共享工程助力奥运。2008 年是中国的奥运年，也是改革开放 30 周年，国家中心分别策划组织了“文化共享奥运行”“文化繁荣 岁月如歌”等活动，带动全国各省级分中心开展宣传服务活动。全国共计开展专项主题活动 3427 场次，服务群众 390 万人。文化共享工程在各地还结合重大节庆日，使文化共享工程走进农村、走进社区、走进军营、走进学校、走进企业。据不完全统计，有 2 亿多人次享受到文化共享工程服务。通过积极有效的服务，使工程的社会效果日益明显，受到基层群众的广泛欢迎和好评。

2. 人文关怀：图书馆服务重视欠发达地区、未成年人以及特殊群体的阅读权利

《图书馆服务宣言(2008)》指出，“图书馆向读者提供平等服务。各级各类图书馆共同构成图书馆体系，保障全体社会成员普遍均等地享有图书馆服务”。而图书馆服务重视欠发达地区、未成年人以及特殊群体的阅读权利，无疑体现着图书馆事业的人文关怀。2008 年图书馆界在促进欠发达地区尤其是基层图书馆发展、未成年人以及特殊群体的阅读权利等方面，成绩显著。首先，“志愿者行动——基层图书馆馆长培训”项目在 2008 年继续推行。志愿者行动组织全国图书馆界有影响的理论工作者和实际工作者对以县级图书馆管理者为主的基层图书馆工作者进行专业培训。2008 年经中国图

书馆学会组织专家评估遴选，有16人入选志愿者行列，并在安徽、贵州、河南、湖北、吉林和山东6省实施志愿者行动，708名基层图书馆馆长参加了培训。培训内容是：公共文化服务体系建设中的基层图书馆、馆长实务、自愿建设与服务、自动化网络化建设与共享工程、宣传推介5个专题。志愿者们的奉献精神激发了县级特别是西部贫困县和老工业基地欠发达地区的基层图书馆工作者履行图书馆职业使命的强烈的社会责任感，更加坚定了图书馆工作者传播文明、传播知识的职业荣誉感。这无疑会推动基层图书馆事业的发展，维护好老百姓的阅读权利。

其次，为未成年人提供文化信息服务也是公共图书馆的重要职能之一。2008年各地公共图书馆在为未成年人提供文化信息服务方面不断创新工作模式和活动内容，有些馆在这方面举办的活动具有较大的影响力，并逐渐形成品牌。首都图书馆在全国未成年人思想道德建设工作经验交流会被评为全国未成年人思想道德建设先进单位，也是全国文化系统唯一获此殊荣的单位。首都图书馆秉承让孩子们"在活动中学习，在参与中提高"的服务理念，把对未成年人的思想道德教育内容融入到生动活泼的阅读活动中，寓教于读、寓教于学、寓教于乐，深受未成年人喜爱，使图书馆真正成为社会教育的大课堂。作为北京市大型公共图书馆、中国促进阅读示范图书馆和北京市首批中小学生社会大课堂实践教育基地，首都图书馆凭借丰富的少儿文献资源、多样的少儿阅读活动，开创了专门服务未成年人的"立体式"阅读指导；承办的"北京市红领巾读书活动"成为全国青少年阅读活动的"金字招牌"；创立了首个用动漫形式开展未成年人网上阅读指导的服务品牌"首图动漫在线"。首图的各项服务内容丰富、形式活泼，吸引了越来越多的少年儿童走进图书馆。

2008年11月浙江省未成年人读书节举办第四届活动。未成年人读书节已成功举办了三届，开展了一系列富有成效的活动。实践证明，浙江省未成年人读书节活动已成为浙江省加强未成年人思想道德建设的有效形式和创新载体,成为广大未成年人成长提高的学习平台和重要桥梁,成为浙江省图书馆工作的品牌活动和服务窗口,并已在全国产生一定的影响力。今年1月,浙江省未成年人读书节荣获浙江省精神文明建设委员会"浙江省未成年人思想道德建设工作创新案例优秀奖",该活动的成功举办,也被文化部称为公共图书馆发挥社会教育作用的一项创新,是现代公共图书馆转变服务方式的有益探索。

再次,公共图书馆的人文关怀还体现在重视残疾人、军人等特殊群体的阅读权利,通过各种活动方式努力维护并实践公民享有平等使用公共图书馆的基本权利。

2008年10月中国盲人数字图书馆开通。运用盲用读屏软件,轻点电脑键盘,盲人读者很快进入了中国首个盲人数字图书馆网站,并通过语音提示,收听不同栏目的内容。中国盲人数字图书馆的开通,标志着我国盲人文化服务的渠道和空间得到进一步拓展。

同时,上海、南京、威海等地的图书馆创新服务,努力为残疾人无障碍空间。上海在全国图书馆中率先推出创新服务,为残疾人送书上门,覆盖全市。该项服务制作送书上门的专用邮递包,形成送书上门的志愿者队伍,采用热线电话预约的免费送书方式,对肢残读者采取个体结对与集体外借服务的便民模式。从最初的26名特殊服务对象发展到了今天的600名;"视障读者免费邮寄外借"共为近5000人次提供服务,借阅盲文音像图书文献近17 000册(盒)。经过6年的探索与实践,一个专为残疾人免费送书服务的网络在申城逐步形成,并形成了长效服务的机制。这在全国公共图书馆中属创新之举。

山东临沂图书馆、江西省景德镇市图书馆特辟盲人综合阅览室。后者还建立了盲人入馆预约制度。盲人来馆可通过专用电话预约,在指定地点,由图书馆工作人员引导进入阅览室,并根据盲人的要求,为他们提供所需的书籍和工具。南京图书馆为残障人群营造无障碍空间，威海图书馆新增特殊教育阅览室，浙江省首家盲文图书馆落户富阳，中山市图书馆建成信息无障碍阅览区，盲人也可轻松上网。

另外，舟山市普陀区图书馆“图书送军营 滋养子弟兵”，开展送文化拥军活动——送书、办理集体借书证；北京市宣武区图书馆为丰富武警战士的文化生活，为北京武警七中队七支队的近百名干部战士举办了一场“体育中的美”主题报告会；内蒙古开展首届蒙古文图书农牧民阅读接力活动；天津图书馆发展汽车流动图书馆，为广大读者特别是那些行动不便的读者和老年读者的借阅提供了便利，被群众亲切地称为“图书大篷车”。

3. 免费时代到来，在经费有保障的基础上，读者服务花样百出，精彩纷呈

近年来，党和政府对文化事业日益重视，图书馆事业发展的社会环境、政策环境、保障制度不断改善，进入历史上最好发展时期。各地图书馆纷纷抓住这一机遇，积极构建适合本地实际状况和发展需求的公共图书馆服务网络，拓宽了图书馆公益服务的路子和发展空间。

首先，图书馆开始大规模、快速迈入免费时代，服务门槛普遍降低，让读者平等、无障碍地享用图书馆的梦想正在逐步实现。2008年农历新年第一天，国家图书馆开始全面减免服务收费项目，开启我国公共图书馆服务全面减免费的新进程。随之，全国其他省市区级公共图书馆也先后实现了免费办卡等服务举措。与此同时，各级图书馆还针对自身实际情况配套推出了极具特色的免费服务。比如湖南图书馆举办了“赶紧去送图书回家，逾期还书免责活动”；浙江图书馆实现了工本费、年费全免的“零门槛”的图书馆；北京 24 家图书馆取消读者卡工本费；济南市图书馆全省率先免费开放，只需交 50 元押金；嘉兴市总分馆体系内的所有图书馆实现“五免费”：免

费办证、免费借阅、免费查询、免费上网(局域网)、免费参加活动,让图书馆真正变成体现全体人民共享文化科技发展成果的场所。南京图书馆、常州图书馆、成都图书馆等也不断传来各种免费服务的好消息。公共图书馆的减免收费的服务新举措,降低了读者到图书馆借阅的门槛,对于建设学习型社会、促进社会和谐必将产生积极影响。

公共图书馆事业的发展离不开中央及各级地方财政的支持。一直以来经费问题是困扰公共图书馆发展的重要因素之一。随着公共图书馆免费服务的推进,经费问题的重要性日益凸显。可贵的是,党和政府对文化事业日益重视,图书馆事业发展进入历史发展的黄金期。公共图书馆服务体系建设得到中央和地方财政的巨大支持。2008 年中央财政再次下拨 7.3774 亿元支持文化共享工程建设。与此同时,各地也积极筹措资金,落实配套资金 6.0356 亿元。截至目前,中央财政累计投入已达 15.6 亿元,地方累计投入超过 15.3 亿元,为工程建设提供了有力保障。中央财政为国家图书馆加快公益性服务步伐,实施体制和服务创新,切实改善读者服务提供了重要支持和保障。2002 年以来,国家图书馆每年购书经费均保持在亿元以上,并逐年增加。2005 年立项的国家图书馆二期工程暨数字图书馆工程,总投资达 12.23 亿元,一期改造工程投资 1.7 亿元。为解决北京市区县图书馆经费不够问题,北京市从 2005—2007 年每年给区县图书馆拨款 40—120 万元;为了鼓励北京市区县图书馆建设特色资源,2006—2007 年北京市政府每年为区县图书馆拨款 80 万元,2008 年拨款额达到 160 万元。黑龙江省图书馆投资 120 万元购买大量数字文献资源,免费提供全省县级公共图书馆共享;2006 年,“广东省文献资源共建共享协作网”建立。广东省财政厅每年拨出 200 万元专款用于文献资源共享,至今累计达 600 万元。另外,由于地方财政的支持,新馆建设层出不穷,读者阅读环境不断改善。

免费时代到来,在经费有保障的基础上,读者服务花样百出,精彩纷呈。首先，新技术助力图书馆事业发展，服务方式花样百出，服务模式不断创新。东莞图书馆拥有目前国内第一家自助图书馆和国内第一台图书馆 ATM。自助图书馆专为非正常开放时间到馆的读者提供自助借还和阅览服务。新技术、新设备的使用摆脱了开放时间对读者借阅图书的限制，实现了实体图书馆真正意义上的 24 小时开放服务。这样的服务方便了读者，同时也节约了图书馆的人力资源。东莞图书馆如此不断创新服务模式，其成就得到了美国图书馆协会的认可。2008 年 6 月，东莞图书馆获得美国图书馆协会的国际创新奖的荣誉。值得一提的是，在美国图书馆协会的国际创新奖的荣誉证书上这样写道："因为东莞图书馆打造了一个富有创造性、充满生机、以读者为中心、电子资源丰富的图书馆；因为东莞图书馆采取了特有的创新服务来满足读者的需要，包括设立'永不关闭的图书馆'和'图书馆 ATM'供读者自助借还图书；因为东莞图书馆为市民创立了教育培训中心，通过围绕大家感兴趣的热门主题为大众开设固定的课堂和讲座；也因为东莞举办了东莞动漫节，其中 2005 年的东莞动漫节吸引了超过 300 名艺术家和 2 万多名读者的参与；更因为东莞图书馆还通过高质量的服务和丰富的资源每年吸引逾百万的读者走进图书馆。"

2008 年 4 月，深圳图书馆的"城市街区 24 小时自助图书馆系统"正式推向街区。年内这个数目将增为 40 台。海南省图书馆为方便广大读者需求，在"十一"黄金周期间，推出一种新型图书借阅卡——"家庭借阅卡"。一个家庭只要办一张借阅卡，就可以供一家三口共同使用，可代借代还，并可持卡在省图书馆阅览图书，查看电子报刊文献等，极大方便了家庭读者。该项服务在全国省级公共图书馆系统尚属首次推出。上海浦东图书馆开通身份证自助借还书服务，成为国内首个使用二代身份证完成全自助借还书过程的现代化图书馆。

其次，随着图书馆事业的发展，各种特色图书馆、主题图书馆不断涌现。上海图书馆近年来探索国际大都市图书馆的创新发展模式,目前已在全市初步形成了主题图书馆布局的雏形,已建成的有黄浦区文庙“儒家经典展示馆”和黄浦区图书馆的“俄罗斯文化室”、上海生命科学院的“生命科学主题图书馆”、复旦大学上海视觉艺术学院的“视觉艺术主题图书馆”等。各种主题丰富多彩的图书馆不断落成,既具有学术功能,又开阔了普通百姓的眼界,富有趣味性,堪称上海大都市文化建设中的珍奇花卉。

同时,在青岛,全国首家音乐图书馆开放;在上海虹口,上海影视文献图书馆阅览室亮相。

再次,展览、讲座等读者活动精彩纷呈,极大丰富了读者的文化生活。

4. 古籍保护工作取得阶段性成果

我国古籍资源的保护历来受到图书馆界的重视。中华古籍保护计划的实施,带动了全国图书馆古籍工作的开展。“中华古籍保护计划”是以保护中华古籍,传承中华优秀传统文化为目的。从2007 年开始,计划用 3 到 5 年的时间,在全国范围内组织开展古籍普查登记工作,建立中华古籍联合目录、古籍数字资源库和《国家珍贵古籍名录》,命名“全国古籍重点保护单位”,改善古籍收藏条件,培养古籍保护专业人员,加强古籍的整理、出版和研究利用,逐步形成完善的古籍保护工作体系,使我国古籍得到全面、科学、规范地保护和利用。

2008 年古籍保护工作取得阶段性成果。3 月,首批《国家珍贵古籍名录》及“全国古籍重点保护单位”由国务院批准公布。进入首批《国家珍贵古籍名录》(以下简称《名录》)的共有 2392 种古籍。首都图书馆、重庆图书馆、无锡市图书馆等公共图书馆都有不同数量的馆藏古籍入选。《名录》的建立,标志着自清乾隆年间编纂《四库全书》以来中国第一次古籍普查已经启动,而且规模也超过了以往历次。此外,《名录》还在历史上第一次将少数民族文字古籍收录其中。另外,列入首批全国古籍重点保护单位的51家中,有一半以上(26家)属省市公共图书馆,由此可见,公共图书馆在全国古籍保护工作中占据重要地位。2008年8月,51家全国古籍保护重点单位被正式授牌,这标志着全国古籍保护工作第一阶段工作取得了一定的成果。

2002至2007年,由文化部、财政部共同组织实施的“中华再造善本”一期工程已圆满完成,古籍原件因再造善本高水平的制作代替了通常的阅览而得以保护。2008年9月9日,“中华再造善本”二期正式启动,再造善本二期主要涵盖我国明清时期版本珍贵、学术价值、艺术价值高的古籍。首都图书馆等公共图书馆积极参与“中华再造善本”工程,为古籍保护做出应有的贡献。

除国家层面的保护计划之外,各公共图书馆也在用行动为中华古籍的保护献计献策。重庆图书馆为市民免费鉴定并保管古籍;吉林要为民间古籍“办户口”;为防止自然灾害对于古籍的破坏,各级书库按防8级地震标准建设。

同时,公共图书馆也非常重视采取现代技术抢救古籍,积极开展馆藏古籍的数字化工作。首都图书馆从2001年起,就正式启动了书目数据库和古籍插图库的建设工作。为了满足读者的阅读需求和实现历史文献的再生性保护,上海图书馆从1996年起开展了馆藏珍贵文献的全文数据库研究与开发工作,经过10余年的馆藏历史文献数字化工作,目前已完成了馆藏家谱、盛宣怀档案、民国图书以及馆藏古籍稿抄本等一批从书目数据库到全文影像光盘数据库和全文影像网络数据库建设项目,并陆续向读者开放,成为我国自主研发建设馆藏文献全文数据库规模最大的图书馆之一。2008年,上海图书馆在近代文献阅览室开通了馆藏民国图书全文数据库,提供服务的数量已达8000余种;在古籍阅览室开通了馆藏古籍稿抄本全文数据库,可查阅珍稀古籍达3200余种。这一年,江西古籍保护网也正式开通，读者可直接上网查阅珍本善本的赏析。

5. 图书馆事业继续沿着法制化、规范化的轨道前进

科学发展观是统领我国政治、经济、文化和社会发展的指导思想。在图书馆领域实践科学发展观，必须将图书馆工作纳入法制化、规范化的轨道。

首先，法治建设是图书馆事业科学发展的重要保障。国际图联及联合国教科文组织均指出，为了提供永久性和不断发展的国家图书馆事业，每个图书馆都应当制定图书馆法。在我国，《公共图书馆法》是保障人民群众利用图书馆权利、促进公共图书馆事业科学发展的基本法律。2008 年 10 月十一届人大常委会把有关图书馆的立法列入立法规划。11 月 18 日，文化部正式启动"公共图书馆"立法工作，由文化部起草《公共图书馆法》条文，并委托国家图书馆联合中国图书馆学会，负责完成立法的相关支撑性研究。这标志着从 2001 年年初就提出的启动我国《图书馆法》的立法进程，经历了近十年的曲折发展，终于有了实质性的进展。

国家层面的《公共图书馆法》在抓紧制定的同时，近年来，浙江、上海、北京、湖北等十几个省、市都纷纷出台了地方性的图书馆管理条例和规章，以期科学合理地建立和完善当地的公共图书馆服务体系，提高公共图书馆的服务质量和水平。2008 年乌鲁木齐市、江苏省等也在这方面迈出了重要的一步。5 月 1 日《乌鲁木齐市公共图书馆管理办法》开始实施；9 月 2 日江西省文化厅下发了《关于征求〈江西省公共图书馆服务标准（试行）修改意见的通知〉》，要求各级相关部门广泛征求相关意见后反馈至江西省文化厅社会文化处。

其次，图书馆工作的规范化、标准化建设也在逐步推进。建国以来首批文化设施建设标准《公共图书馆建设用地指标》《公共图书馆建设标准》分别于 2008 年 6 月、11 月颁布施行，这两个国家标准的制定和颁行对保障图书馆科学发展有着至关重要的作用。《公共图书馆建设用地指标》和《公共图书馆建设标准》确立了以服务人口为主要依据确定公共图书馆建设规模的原则，根据服务人口为20万以下、20万—150万、150万—1000万的不同，建设小型、中型和大型公共图书馆，分别为800—4500平方米、4500—20 000平方米、20 000—60 000平方米。《公共图书馆建设标准》还第一次确立了未来5—10年我国公共图书馆建设规模控制的主要指标，如人均拥有公共图书馆藏书0.6—1.5册、千人拥有公共图书馆坐席0.3—2个、千人拥有公共图书馆建筑面积6—23平方米等。

目前，许多地方将数字图书馆建设作为文化发展的重点：比如青岛将数字图书馆建设确立为文化发展重点完善“数字图书馆”成为成都信息化重要目标之一；山东省将建设“数字图书馆群”工程作为“十一五”文化发展规划纲要重点项目，国内第一个由政府主导建设的城市综合性数字图书馆——宁波市数字图书馆启动建设，等等。为规范全国数字图书馆的建设，2008年10月在北京召开的全国数字图书馆建设与服务联席会议第六次会议开通了“数字图书馆标准规范推荐网站示范系统”。该系统的推出，为各单位推荐数字图书馆技术标准规范，并逐步在全行业形成统一的标准规范体系，提供了工作平台，对促进联席会议成员单位及全国数字图书馆的共建共享将起到积极的推动作用。

2008年12月，全国图书馆标准化委员会的成立，标志着我国图书馆行业的标准化工作进入了一个新的发展阶段。目前我国的图书馆已发展成为世界上最有活力的图书馆，而与之相对应的是，用以保障图书馆事业健康、有序发展的制度规范储备，尤其是标准规范储备却明显不足。有鉴于此，全国图书馆标准化委员会的成立必将在推动我国图书馆行业标准化工作方面发挥一定的作用。

另外，2007年4月5日，国务院颁布的《中华人民共和国政府信息公开条例》，自2008年5月1日起正式实施。在《中华人民共和国政府信息公开条例》中，公共图书馆被赋予了为公众提供政府公开信息的职责，成为政府信息发布的重要渠道之一。全国各地图书馆对于增加的这项新职能多数采取积极争取的态度。他们主动与当地政府沟通，也得到了政府的支持。目前，越来越多的图书馆意识到政府信息公开是拓展图书馆服务领域的一项工作，是提高图书馆社会影响的契机，也是图书馆争取政府更多重视、改善保障条件的契机。而条例的实施，也确实为公共图书馆提供政府信息服务提供了法律保障。

综上所述，图书馆正在通过各种实践活动规范图书馆行为，拓展服务领域，服务公众，赢得社会认同，争取更大发展空间。

三、公共图书馆发展障碍分析

2008 年我国公共图书馆在免费服务、共享工程、古籍保护、法制建设等方面取得了突破性进展，令人瞩目。但是我国公共图书馆事业在发展过程中仍然存在着一些亟待解决的问题。

1. 经费投入不足，地区发展不平衡

经费不足一直是困扰我国图书馆事业发展的重要瓶颈。根据 2008 年的统计数据，全年公共图书馆财政拨款 44 亿元，虽然与前些年相比投入有所增加，但仅占全国财政收入的 0.07%，与发达国家的财政收入 1% 用于公共图书馆经费支出的比例相差甚远。2008 年人均购书经费 0.59 元，与纽约 8.5 美元，新加坡 7.32 新币相比也相差较多。

此外，在购书经费的投入上，各地也很不均衡，地区差异和城乡差异非常大。上海的人均购书经费达到 7.612 元，而河南只有 0.158 元。在很多发达地区加大对图书馆的投入力度的同时，基层图书馆尤其是欠发达地区、县级以下基层图书馆的经费极度匮乏，

生存状况不容乐观。在中央重视倡导下，虽然有越来越多的地方政府日益重视图书馆事业的发展，但大多数图书馆仍缺乏常态的资金保障。

造成我国图书馆事业经费不足的原因：一是我国总体经济水平仍然偏低。尽管我国 GDP 每年以 8% 的速度增长，但 2008 年人均 GDP 仅 3315 美元，排列世界 106 位。加之我国图书馆事业是在较低的基数上建立的，即使 20 年来我国公共图书馆经费的整体水平有了较大程度的改善，但水平仍然较低。而各地公共图书馆所处的经济环境不同，地区间差异很大，发展处于一种分化的状态。二是我国公共图书馆的单一的经费来源机制的局限。在我国，公共图书馆的经费主要来源于政府而缺少社会力量的赞助，在政府重视程度不够或财力不足的情况下，图书馆经费很难得到保障。应尽快形成法律保障机制，开辟多种形式的经费来源渠道，建立以国家财政拨款为主，多种渠道、多种形式筹资的经费保障体系。①

2. 管理体制落后，难以实现整体网络化效益

我国现行的图书馆事业管理体制是在计划经济体制下，按照图书馆主管机构的行政隶属关系建立起来的。公共图书馆系统内部实行条块分割，按照行政格局安排图书馆建设布局，各级图书馆的拥有权和要素的配置权分属不同层级的文化主管部门，其财政拨款、人员编制、馆舍状况多取决于当地政府的财政状况和领导的重视程度。各馆受行政管理格局的限制，缺乏综合协调，难以形成协同运作、优势互补、高效服务的图书馆体系，不利于图书馆实现整体网络化效益。在资源配置上，公共图书馆之间存在着大量的重复收藏、资源利用率不高，浪费严重等问题。一方面是馆内资金的短缺，

---

① 张红霞，李冠强. 我国公共图书馆运营中的经费保障问题. 情报探索，2008(1)：78－80

另一方面是系统内大量资源的重复配置,阻碍图书馆信息资源的有效传播和利用。

近几年来,许多省市图书馆秉持普遍均等的服务理念,通过增强主体意识,加强行业的协作和协调等,在现有体制框架的许可下,寻求多种途径弥补或缩小现有体制的缺陷,积极推行总分馆制和图书馆联盟,建立起全方位、多层次的知识信息服务体系,取得一定的社会效益。但体制的束缚使得服务体系建设困难重重,为有效推动图书馆事业的整体发展,建设覆盖全社会的服务网络,必须改革现有的行政管理体制,建立政府宏观调控、行业微观管理、社会支持与监督的现代管理体制。

3. 专业人才匮乏,人才流失现象严重

信息技术的应用和知识经济的发展,对图书馆工作人员素质要求越来越高。新形势下的图书馆工作者应该具备能够适应和服务于社会经济发展的知识和能力。数字图书馆的发展需要精通图书情报专业知识,并对计算机和网络技术有一定应用能力的复合型人才。而目前我国公共图书馆的从业人员整体素质偏低,专业人才奇缺,尤其缺乏一专多能的复合型人才。据 2005 年云南省 145 家公共图书馆工作人员调查显示,本科学历者仅占 28% 。① 随着古籍保护工程的启动,目前中国现存古籍约 3000 万册,经历千百年的岁月沧桑,这些古籍中有近三分之一亟待修复,与之相对应的是,目前全国的古籍修复专门人才不足 100 人,分配至图书馆的则少之又少。

与此同时,图书馆界在急需大批专业型、研究型、创新型、复合型和外向型人才的同时,却面临人才的大量流失。在职人员因工作环境条件差,物质待遇低,社会地位不高等原因缺乏工作热情和积

① 李彦华. 云南省公共图书馆从业人员结构素质现状调查. 科技情报开发与经济,2009(13):1 - 3

极性，青年人才流失严重。而图书馆员较低的薪酬待遇，对应届毕业生缺乏吸引力。很多高校图书馆学专业的毕业生在择业时由于利益的驱使纷纷改行流向了公司、信息中心、机关等效益好的单位。据肖希明教授对 15 所图书馆学硕士点调查显示，2002—2006 年图书馆学专业毕业的硕士研究生 548 人，到图书馆就业的比例仅占 48.5%。①

造成公共图书馆人才奇缺、人才流失的原因主要是公共图书馆普遍存在缺乏公平竞争的氛围和机制，奖惩制度尚未健全；对人才结构的优化、业务成果的评定以及人才的培养缺乏科学的管理。②在我国，图书馆人员无需行业规范标准和职业资格认证，而缺乏严格的图书馆员准入标准，却使一些图书馆成为安排冗员的地方，很多工作人员是照顾安排进来的，文化层次普遍偏低，知识老化，难以适应图书馆现代化发展的要求。

4. 监督机制欠缺，服务效益低下

公共图书馆作为政府投资提供公民文化信息权利的公益机构，其经费来源于人民。每年国家投入到图书馆的资金，究竟效益如何？在各地政府对公共图书馆加大投入的同时，图书馆的效益问题成为大家的关注点。长期以来，我国图书馆只注重投入而忽视产出。经济发达地区的图书馆大搞基础设施建设，增加文献购买量，而不关心读者是否需要，以及文献流通率和使用情况。而基层图书馆由于资金短缺，文献更新速度慢，图书常年无人借阅，没有任何效益可谈。

在国家财力不足的情况下，怎样使有限的投入发挥最大的效益，这是图书馆事业中要解决的重要问题。我国图书馆管理体制上

① 肖希明等. 图书馆学专业教育与图书馆员职业竞争力——来自馆长的调查与分析. 图书情报知识，2008(1)：11－16

② 赵燕. 公共图书馆的人才队伍建设与可持续发展. 晋图学刊，2004(5)：49－51

的弊端，使得图书馆内部的活力、效率低下，图书馆能够提供给社会的产品和服务，以及由此创造的经济和社会效益都没有充分地释放和开发①。而作为责任主体的政府对公共图书馆的监督激励机制不健全，难以达到评价、激励、监督的效果。接受图书馆服务的读者因缺乏相应的评价制度化途径和意见表达机制，不能对图书馆的效益作出评价。公共图书馆的服务效果很大程度上依赖于自身的自觉性，而不是取决于读者和政府的约束力。

四、公共图书馆发展趋势展望

1. 倡导现代图书馆理念

图书馆事业的发展需要先进文化理念的指导。几年来，伴随着公民权利和公共图书馆主体意识的觉醒，图书馆界倡导公共图书馆精神的理性回归和图书馆核心价值的塑造，“读者第一、服务至上”，“藏为所用”、“资源共享”等理念在我国图书馆界达成共识，成为推动图书馆持续健康发展的重要动力。公共图书馆服务倡导以人为本、关心弱者、平等服务、消除数字鸿沟，从而建立起一种全社会信息公平和保障的制度。②

近几年，各地公共图书馆秉持自由、平等、知识公平的理念和“以人为本”的人文精神在服务实践中逐步贯彻现代图书馆服务理念，表现在提供平等、免费的服务，关注弱势群体，体现人文关怀，维护和保障公民文化信息权利。

2008 年10 月，我国图书馆界的第一个宣言《图书馆服务宣言》

---

① 黄颖. 我国图书馆体制创新的理论探索和模式选择. 图书情报工作，2002(2)：103－107

② 陈有志，涂湘波. 我国公共图书馆问题研究述评. 图书馆，2009(1)：15－20

颁布,其中提出"图书馆以公益性服务为基本原则,以实现和保障公民基本阅读权利为天职,以读者需求为一切工作的出发点","图书馆向读者提供平等服务","图书馆在服务与管理中体现人文关怀",追求平等自由,保障信息权利,体现人文关怀的现代图书馆理念得到充分表达。

2. 关注基层图书馆发展

构建覆盖全社会的公共图书馆服务体系,重点和难点在于基层。我国现行图书馆的行政管理体制和分灶吃饭的财政机制使得县级以下的基层图书馆经费、人员在制度上缺乏保障,只有县以上城市才有独立建制并由财政保障的公共图书馆,乡镇的图书室只作为综合文化站的一个组成部分存在。而这些图书室既无固定建制,也得不到公共财政支持,经费缺乏、资源匮乏、人员不稳的问题始终难以解决,难以提供有效的文化信息服务。

几年来,各地政府在政策上予以支持,大力推行公共图书馆服务体系建设,各地图书馆在现有体制下探寻多种模式的总分馆体系,力求将服务延伸至街道、社区以及乡镇。与此同时,国家文化部、财政部、宣传部开展的全国文化信息资源共享工程、农村书屋工程、送书下乡工程也在不同程度上促进基层图书馆的发展。在构建和谐社会的大背景下,关注基层、关注农村文化建设,构建覆盖全社会的公共文化服务体系成为新时期公共图书馆发展的新趋势。

3. 注重图书馆服务效益

随着人们信息知识需求的增加和信息技术在图书馆的广泛应用,对图书馆服务提出了更高的要求,全面提高效益成为当今图书馆的基本理念。考察图书馆的效益,就是追求图书馆信息资源投入的最佳效果。在国家财力不足的情况下,怎样使有限的投入发挥最大的效益,是今后图书馆事业需要考虑的问题。

图书馆的高效益依赖于科学的管理体制、高效的运行机制、有效的图书馆效益评价机制和多元化监督制度。建立由政府主导,行业管理,社会监督的管理体制;推行总分馆体制,进行人、财、物的统一协调与配置;推进绩效评估管理和绩效评估制度,建立科学的绩效评估指标体系;建立有效的表达机制,开辟多种渠道让读者参与监督管理。作为政府支持的公益性机构,图书馆的各种开支应接受纳税人的有效监督和读者的评估,并以此作为提高图书馆成本意识和竞争意识的有效途径,促进公共图书馆提高服务质量和水平。

4. 加强图书馆法制建设

图书馆立法是发展图书馆事业的基本保证。法律确定公共图书馆的性质和地位,为公共图书馆的正常运行提供包括经济支持在内的一系列法律保障。公共图书馆作为非营利性的公益事业,其健康运行必然依赖于健全的法律。世界上图书馆事业比较发达的国家,都制定了切实有效的公共图书馆法。我国目前还没有一部具有法律意义的图书馆法。为了推动图书馆事业健康、持续、稳定发展,使之适应社会主义现代化建设的需要,切实发挥其应有的作用,制定图书馆法十分必要而迫切。

随着我国立法环境的完善,我国已经进入全面法治的建设时期。我国现阶段的图书馆法律环境已初步形成,1996 年以来,上海、深圳、内蒙古、北京、湖北、四川、河南等地方性法规相继出台和实施,丰富了图书馆立法工作的经验。2008 年,《公共图书馆建设用地指标》《公共图书馆建设标准》两个国家标准的正式颁布执行,为制定国家的公共图书馆法奠定了良好的基础。而随着 2008 年年底文化部《公共图书馆法》的启动,图书馆法制建设将成为今后几年我国图书馆界关注的焦点。

分报告三：高校图书馆

2008年，在国家一如既往的支持下，高校图书馆持续稳定健康发展。结合国家的两件大事，亦做出了力所能及的贡献，如教育部高校图工委和"图书馆家园计划"从团体和个人两个层面积极展开了面向灾区图书馆和图书馆人的抗震救灾活动；北京大学图书馆等在京高校图书馆，应奥运会组委会的需要，派出业务骨干参加奥组委的工作，切实支持奥运会的举办。

2008年3月1日，国务院公布第一批《国家珍贵古籍名录》和第一批全国古籍重点保护单位名单。第一批全国古籍重点保护单位共有51个，含高校图书馆12个，分别是北京大学图书馆、清华大学图书馆、北京师范大学图书馆、中央民族大学图书馆、东北师范大学图书馆、复旦大学图书馆、南京大学图书馆、南京师范大学图书馆、南京中医药大学图书馆、苏州大学图书馆、中山大学图书馆和河南大学图书馆。这是国家对高校图书馆资源建设工作给予的肯定和表彰。

2008年，党和国家领导人多次访问高校图书馆，给高校图书馆工作者以极大鼓舞。五四青年节期间，为表达党和政府对青年的关怀，胡锦涛总书记和温家宝总理先后视察高校及其图书馆。5月3日，胡锦涛总书记到北京大学考察，走进了北京大学图书馆。5月4日，温家宝总理到中国政法大学考察，来到了中国政法大学图书馆。12月20日，参加了"2008中日青少年友好交流年"闭幕式的温家宝总理，又莅临北京航空航天大学图书馆。党和国家领导人的数度深入高校图书馆，一方面表明，从国家到高校，都十分重视高校图书馆的发展，对高校图书馆的价值、作用和贡献给予了充分肯定，另一方面也表明,经过高校图书馆工作者的精心建设,高校图书馆发展迅速,面貌一新,的确起到了大学的心脏和窗口的作用。

下面从 5 个方面分述 2008 年高校图书馆的发展状况。

一、办馆条件持续改善

1. 经费投入保持平稳

高校图书馆稳定发展的重要条件之一是经费的持续投入。“教育部高校图书馆事实数据库”中各馆自报的数据表明,2008 年国家对高校图书馆的经费投入稳定,均值低于 2007 年和 2006 年,但差距不大。高校图书馆在经费的使用方面,用于采购纸质文献的经费约是采购电子资源的 2.5 倍,但采购纸质文献的经费是连年走低,而采购电子资源的经费是连年走高。

2008 年度,511 所高校图书馆的文献资源购置费总计约为 15.5 亿元,馆均约为 304 万元,低于 2007 年的 327 万元和 2006 年的 388 万元。排在前 5 位的是:中山大学图书馆 3646.7 万元;复旦大学图书馆 3244 万元,高于 2007 年的 3165 万元;上海交通大学图书馆 2635.7 万元;清华大学图书馆 2308 万元;武汉大学图书馆 2216.7 万元。馆际差距大,文献资源购置费最低的是乐山职业技术学院图书馆,只有 1 万元。

623 所高校图书馆的纸质文献采购费总额约为 14.4 亿元,馆均约为 230 万元,低于 2007 年的 257 万元和 2006 年的 288 万元。排在前 5 位的是:中山大学图书馆 2879 万元;复旦大学图书馆 2468 万元,低于 2007 年的 2565 万元;浙江大学图书馆 2020.7 万元;上海交通大学图书馆 1617.4 万元;厦门大学图书馆 1602.4 万元。馆际差距大,排在最后的上海新侨职业技术学院图书馆纸质文献采购费只有7.2万元。

562所高校图书馆的电子资源采购费总额约为5.25亿元,馆均约为93.4万元,超过2007年的82万元,排在前5位的是:浙江大学图书馆1172.3万元;西安交通大学图书馆1071.7万元;上海交通大学图书馆1014.7万元,高于2007年的829万元;华中科技大学图书馆968.9万元;中国人民大学图书馆910.2万元。这些数据表明,国家2007年对高校图书馆的投入,基本和2006年持平,略低于2006年,平均各个馆用于采购电子资源的经费,约是用于采购纸质资源的经费的三分之一。馆际差距大,排在最后的上海医药高等专科学校图书馆的电子资源购置费只有2012元。

2. 馆舍面积持续增长

高校图书馆稳定发展的重要条件之二是独立馆舍的建设。“教育部高校图书馆事实数据库”中各馆自报的数据表明,2008年,随着一批新建图书馆的投入使用,高校图书馆的总建筑面积持续增长,在建新馆建筑面积的平均值和2007年持平,新建高校图书馆的建筑质量高,又有4所获得鲁班奖。

2008年,627所高校图书馆的现有建筑面积总计约为1118.8万平方米,馆均约为1.78万平方米,比2007年的1.68万平方米又有所增加。位居前5名的是:中山大学图书馆12万平方米;浙江大学图书馆8.78万平方米;郑州大学图书馆8.4万平方米;上海交通大学图书馆8.07万平方米;安徽大学图书馆7.44万平方米。但馆与馆之间差距大,馆舍面积最小的是上海欧华职业技术学院图书馆,只有413平方米。

2008年,有157所高校图书馆上报在建新馆的建筑面积,远多于2007年的24所,但少于2006年的300所。在建新馆的建筑面积总和约为315.7万平方米,馆均约为2万平方米,和2007年的平均数持平。排在前5位的是:天津师范大学图书馆6万平方米;南开大学图书馆 5.8 万平方米；电子科技大学图书馆 5.06 万平方米；河北科技大学图书馆 5 万平方米；河北师范大学图书馆 4.5 万平方米。120 所高校图书馆的在建新馆面积超过 1 万平方米，多数是历史比较悠久的本科院校图书馆，但也不乏新兴的高职高专院校图书馆，如金陵科技学院图书馆，在建新馆面积达 3.4 万平方米。在建新馆面积的馆际差距也很大，如排在最后的天津滨海职业学院图书馆，在建新馆面积为 500 平方米。

2008 年，共有 98 座建筑获得中国建筑工程质量最高奖——鲁班奖，其中图书馆类建筑获奖的皆是高校图书馆，共有 4 座，多于 2006 年的 3 座，少于 2007 年的 5 座。浙江师范大学图书馆、山东理工大学图书馆、福州大学新校区图书馆、东南大学新建九龙湖校区图书馆很荣幸地和国家体育场、国家大剧院等国家大型建筑一道获得鲁班奖。由高校图书馆新馆频频获得鲁班奖，可见各高等学校非常重视图书馆的建设，不仅设计面积较大，而且建筑质量上乘，为图书馆的可持续发展创造了很好的条件。

2008 年建成并启用的高校图书馆，具有代表性的是上海交通大学图书馆新馆。2008 年 12 月 15 日，上海交通大学为新图书馆举行了隆重的开馆典礼。新馆位于上海交通大学闵行校区中心位置，定位为主馆兼理工生医农科综合馆，建筑面积为 3.5 万平方米，采用一门式管理，体现大开放、大服务格局，实现“藏、查、借、阅、参”一体化服务，综合阅览空间之外，设置若干小组学习讨论室和小型研讨会议室，使图书馆成为支持不同学习方式、研究习惯和使用需求的信息共享空间和学术交流中心。同时，重点建设以读者为中心的服务主导型数字图书馆，为读者提供各类资源立体覆盖的网络化、数字化集成学习环境。开馆典礼后，15 日—18 日，“馆长创新论坛”和“数字环境下图书馆前沿问题研讨会”先后在新图书馆和陈瑞球楼举行，来自国内外的图书馆业内专家学者围绕新型图书馆的建设、图书馆发展、服务体系、数字技术应用等将进行广泛的交流和研讨。

3. 人力资源减员增效

高校图书馆稳定发展的重要条件之三是职工队伍的建设。“教育部高校图书馆事实数据库”中各馆自报的数据表明，2008年，随着馆舍面积和馆藏数量的持续增长，在临时聘用人员数量略低于2007年的情况下，高校图书馆的馆均正式职工人数却在连年减少，意味工作效率的提高和服务成本的降低。在学历结构上，大专以下学历职工人数逐年减少，本科学历职工成为人力资源的主体，硕士毕业生成为高校图书馆引进人才的主要对象，拥有博士学位的高校图书馆馆长越来越多，高校图书馆的人力资源正在向知识化、专业化、高学历化方向快速发展。在性别结构上，男性职工约占职工总数的三分之一，图书馆工作的女性化特征更趋明显。

627所高校图书馆的正式职工总人数为2.9万人，馆均正式职工人数约为46.5人，少于2007年的48人。正式职工人数排在前5位的是：武汉大学图书馆334人；上海交通大学图书馆258人；中山大学图书馆250人；四川大学图书馆229人；上海大学图书馆226人。馆际差距极大，排在最后一位的是四川华新现代职业学院图书馆，只有正式职工2人。

报送统计数据的629所高校图书馆中，109所的正馆长拥有博士学位，150所的正馆长拥有硕士学位。147所高校图书馆拥有获得博士学位的职工，共243人，馆均1.65人，排在前5位的是：清华大学图书馆8人；北京师范大学图书馆7人；复旦大学图书馆6人；中山大学图书馆6人；四川大学图书馆5人；东华大学图书馆5人。博士职工存在流失现象，如清华大学图书馆和复旦大学图书馆各比2007年少1名博士职工。473所高校图书馆拥有获得硕士学位的职工，共3335人，馆均7人，高于2007年的6.17人。排在前5位的是：武汉大学图书馆71人，比2007年增加13人；中山大学图书馆66人；复旦大学图书馆60人，比2007年增加13人；清华大学图书馆51

人,比 2007 年增加 3 人;四川大学图书馆 49 人。

2008 年,534 所高校图书馆的大专以下学历职工人数为 3928 人,馆均 7.35 人,少于 2007 年的 8.7 人。437 所高校图书馆的临时聘用人员为 5888 人,馆均 13.5 人,略少于 2007 年的馆均 13.7 人,排在前 5 位的是:浙江大学图书馆 120 人;四川大学图书馆 89 人;清华大学图书馆 88 人;中南民族大学图书馆 72 人;同济大学图书馆 70 人。624 所图书馆的馆均男职工人数为 15 人,630 所图书馆的馆均女职工人数是 31.4 人,是馆均男职工数的 2 倍。面对高校图书馆女性职工数量日益增长,在性别比例上已占据优势的现实,在上海市高校图工委的支持下,"上海高校图书馆女馆长、女书记联谊沙龙"在 2008 年 1 月 19 日举办了成立会议并开展了首次活动。

二、资源共享活动稳步推进

中国高等教育文献保障系统(CALIS)和中国高校人文社会科学文献中心(CASHL)是中国高校图书馆资源共享水平的集中体现,它们的年度进展基本上反映了当前高校图书馆资源共享活动的广度、深度、规模、质量。下面分述 2008 年 CALIS 和 CASHL 的发展状况。

1. CALIS 的发展状况

2008 年,中国高等教育文献保障系统(CALIS)项目积极巩固二期建设成果,为三期工作进行各项准备,同时开拓新的工作领域。主要工作有:

其一,举办 CALIS 建设十周年纪念活动。2008 年 12 月 2 日 CALIS 建设十周年纪念暨"数字环境下的图书馆文献资源建设——挑战与对策"研讨会在北京大学图书馆学术报告厅隆重召开。教育部的有关领导及中国科学院、中国社科院、文化部共享工程、国家科技图书文献中心、香港大学的嘉宾和全国高校图书馆界的200余名精英在北京大学图书馆聚集一堂，共同庆祝CALIS建设十周年。纪念活动回顾了CALIS十年取得的成就，感谢各位领导、相关单位对CALIS多年的支持，指出CALIS的十年是我国高等教育长足发展的十年，CALIS有幸为高等教育的发展提供了较为充足的保障，期待CALIS有一个更辉煌的十年，拥有更多的资源、可以以更低廉的成本更好地服务于高等教育。与此同时，为了探讨新形势下图书馆资源建设的新问题、新对策、新思路和新方法，并作为CALIS建设十周年和北京大学110周年校庆活动之一，召开了“数字环境下的图书馆文献资源建设——挑战与对策”研讨会，以促进图书馆文献资源建设的发展。

其二，积极推进省中心工作。制约CALIS服务有四大因素：成员馆数据收集不够完备、维护不够及时；应用系统的完善与普及程度有待提升；应用系统的本地化程度不够；各中心运行服务经费不充裕。为克服这四大因素，CALIS管理中心通过征集各方意见，提出了让各项服务在全国尽快“落地”的工作目标，力争在最短时间内让所有高校图书馆都能够共享CALIS十年的建设成果。因此，2008年CALIS管理中心赋予各省中心的主要任务就是落实六个字：落地、融合、参与，即将CALIS服务“落地”，将本地服务融入CALIS共享服务体系，组织成员馆积极参与CALIS建设与共享。其中“落地”的举措包括：基于SaaS技术的共享版软件开发；各中心应用系统（主要是检索系统）的本地化改造；全面收集各类文献资源信息；对馆员培训。各省中心积极按照上述六个字的要求，完善自身建设，圆满完成了各项任务，服务效益显著提高。

其三，数字图书馆门户改版。在对需求进行重新分析与设计的基础上，CALIS的网站门户在2008年进行了改版，突出了CALIS元数据仓储的数据检索，并做到可嵌入成员馆本地系统，实现了CALIS服务的本地化。

其四,加强联合目录数据库的数据整理和评估工作。2008 年,CALIS 联机编目中心加强了联合目录数据库的数据整理和评估工作,数据整理方面的工作主要包括:数据库中书目记录的人工干预、重复数据合并、数据删除及记录修改共计102 091条;继续研制和完善规范控制系统:本年度修改规范数据37 223条、删除合并规范数据354 条;西文电子刊数据处理:已形成 MARC 数据 4 万余条,电子全文资源的链接以及馆藏信息的匹配等几项工作亦在进行中。数据评估方面,主要对俄文书目数据、中文分类主题整理项目、西文三级编目员书目数据进行了评估。

其五,顺利完成系统软件开发、升级、测试和技术支持工作。2008 年度,除了完成已有软件升级和维护、项目实施、技术支持工作外,CALIS 还开发了一些新的应用系统和平台,力争为 CALIS“十一五”项目奠定坚实的技术基础。完成的工作主要有:新开发了 7 种软件,如馆际互借系统 SaaS 版(共享版)等;完善和升级了 21 种软件,如门户系统、参考咨询系统等;完成了统一认证规范、统一服务接口规范这两项 CALIS 标准;完成了统一检索系统知识库、资源调度知识库的升级和配置工作;完成了 4 类数据的收割、转换和处理工作;完善了 6 个新数字图书馆项目的实施,如南京图书馆数字图书馆项目;完善了 CASHL 门户等 6 个原有项目的维护;完成了 CALIS 的各类软件、子项目软件、实施项目类软件的测试工作和技术支持,包括提高技术咨询、远程和上门技术服务工作、培训工作等。

其六,开通 Frontiers in China 系列期刊的在线访问服务。Frontiers in China 是教育部主办的大型英文学术期刊项目,旨在凝聚国内顶级科研力量,建设一个中国品牌的国际化学术交流平台。系列期刊由高等教育出版社与德国 Springer 公司合作出版,由 CALIS 与高等教育出版社共同负责国内数字化内容服务工作。Frontiers in China 共含 24 种全英文学术期刊,其中自然科学类 17 种,人文社会科学类 7 种,均为季刊,是目前国内规模最大、覆盖学科最广的系列英文学术期刊，其学术质量和规范化运作在国际上得到较高认可。目前，已由CALIS管理中心研制开发系统，面向高校用户提供Frontiers in China系列期刊的在线访问服务。

其七，开展西文图书集中编目的尝试。以教育部文科专款采购图书的集中编目为契机，CALIS开始尝试西文图书的集中编目。在和教育图书进出口公司良好合作的基础上，西文图书集中编目工作进展顺利，完成了所有通过该公司订购的130批专款图书的编目，共22 448种。2008年10月，CALIS又与该公司签订了“非文专西文图书集中编目的合作协议”，到12月底已经为该公司的3个订户完成5批西文图书的编目，共1300种。同时，CALIS对所有编目的西文图书的封面和目次页扫描，共22 000多种。

2. CASHL的发展状况

2008年，CASHL取得了一系列阶段性成果：4月，成功推出集成CASHL资源与服务的新门户主页“开世览文”。4月、5月、6月、10月、11月、12月，CASHL走入黑龙江、江西、广西、山西、西北、云南、安徽，行程数万公里，惠及300多所高校，2万多名师生从中受益。与中国社科院图书馆签署战略合作协议，开创了跨系统联合共赢的新局面。拥有的印本期刊数量达到9148种，期刊目次数据库持续增长；电子资源继续保持高使用率和下载率；成员馆接近400家，文献申请传递总量突破28万篇。“文科专款”图书集中编目进展顺利，借阅服务扩大到17所高校。

三、积极行动，抗震救灾

2008年5月12日，举世震惊的汶川大地震爆发。震区图书馆员的安危、震区图书馆的受损情况始终牵动着所有图书馆工作者的心,教育部高校图工委、四川省高校图工委及时地对震区图书馆的人员伤亡情况和破坏程度进行了调查、汇总和通报,并发起了援助灾区图书馆的倡议,号召各高校图书馆及全体馆员,积极参与面向灾区图书馆和图书馆员的各类援助计划,不仅对灾区高校图书馆,也对灾区所有图书馆的重建工作,给予尽可能的援助。中山大学图书馆程焕文馆长等也以个人名义发起了名为“图书馆家园”的援助计划。各地图书馆人纷纷看望到本地治疗的受伤图书馆员。来自团体和个人的援助汇成一股爱的暖流,把同行同道的情谊带到了震区各个高校图书馆。震区高校图书馆杰出的应对危机的能力、震区高校图书馆员高尚的职业情操都经受住了特级地震的严峻考验,在地震面前,共同的职业情感把图书馆之间的距离拉得很近很近,“天下图书馆员是一家”的感受在抗震救灾的过程中得到了前所未有的彰显和升华。

1. 团体发起的抗震救灾

汶川大地震爆发后,震区高校图书馆受到不同程度的损坏。6月2日,教育部高校图工委秘书处接到“绵阳师范学院图书馆请求援助书”后,迅速在图工委网站上发布,并发出“呼吁援助震区图书馆的倡议”,号召全国高校图书馆关心、支援震区高校图书馆。6月3日,秘书处又发出“致四川高校图工委、四川各高校图书馆的慰问信”,对震区高校图书馆给予精神援助。

2008年8月1日至2日,教育部高校图工委二届五次会议在东北师范大学召开,图工委委员、各省图工委秘书长、特邀代表共67人参加会议。会议的核心议程之一是听取震区高校图书馆的受灾情况汇报,商议援助方案。四川大学图书馆姚乐野馆长代表四川高校图工委作了《四川高校图书馆抗震救灾情况汇报》,既全面通报了受到地震损害的34所高校图书馆的基本情况,又重点介绍了四川大学图书馆、阿坝师专图书馆、绵阳师院图书馆的受灾情况及馆员们在地震中的可敬表现，以及中国图书馆学会、高校图工委、四川高校图工委、"图书馆家园计划"在震后对灾区图书馆和图书馆员的慰问和援助。他对图书馆今后如何应对突发危机提出了一些建议，并代表震区高校图书馆列举了期望图工委给予支持和援助。

绵阳师范学院图书馆是在这次地震中表现突出的图书馆之一。该馆在疏散读者、保护馆藏和读者财物、快速恢复基础业务、呼吁外界援助等方面措施果断，受到关注。该馆前任馆长杜新中委员作了《震灾中的绵阳师范学院图书馆》的报告，详细介绍该馆在地震中的遭遇及震后的应对策略。

经过充分讨论，这次会议提出了支持和援助震区高校图书馆的八项主张：

第一，建筑和馆藏的重建主要依靠党和政府的统筹安排，图工委发动各高校图书馆的支援是辅助性的、拾遗补缺性的、专家咨询性的，侧重于智力支援、精神支援。

第二，图工委发动各高校图书馆对震区图书馆的支援，原则上应依据党和政府确定的结对支援安排进行，比如上海市负责支援都江堰市，在沪高校图书馆应重点支援都江堰市的高校图书馆。鼓励非震区图书馆结对支援震区图书馆。

第三，应先调研受灾高校图书馆的需求，再按需分工支援，不能想当然地盲目支援，以免造成资源浪费。

第四，应组织专家对地震中损害的建筑、家具设备进行调研，总结出受损规律，就图书馆恢复和重建的原则、规划、建设思路等问题进行深入讨论，根据各馆的重建规模及要求，从馆舍功能设计、布局规划、网络建设、设备及家具规划等方面提出专家咨询意见。

第五，应组织专家，为受灾各馆的数据恢复、文献资源重建与恢复、人员培训及业务恢复等提供咨询与帮助。

第六，应号召和动员 CALIS、各高校图书馆、各数据库供应商，在一定时间内免费或优惠为受灾学校提供馆际互借和文献传递服务、数据库访问服务，为受灾高校的教学科研提供文献保障。

第七，应鼓励非震区高校图书馆邀请受灾高校图书馆的业务骨干前往进行业务交流和学习，以提高处于恢复和重建中的高校图书馆的业务水平。应根据受灾高校图书馆的馆藏受损情况，倡议全国图书馆界为其调剂富余馆藏、捐赠书刊。

第八，应督促各高校图书馆吸取受灾高校图书馆的经验和教训，加快制定和完善应对各类危机的预案，对图书馆员进行防范危机的知识培训和演练。

此后北京大学图书馆、武汉大学图书馆等高校图书馆都根据会议精神，向在地震中受灾的高校图书馆给予了力所能及的援助，如捐赠期刊和电子设备。

2. 个人发起的抗震救灾

汶川大地震发生后第 4 天，中山大学图书馆馆长、教育部高校图工委委员程焕文教授率先行动起来，通过各种渠道积极收集灾区图书馆人和图书馆的受灾情况，在其博客上及时更新"受灾图书馆人员信息汇总"、"各地公共和高校图书馆受灾情况统计"等相关信息，方便社会各界了解灾区图书馆人和图书馆的最新情况，及时给予援助。

2008 年 5 月 21 日，程焕文教授联合超星数字图书馆有限公司董事长史超先生，发起了名为"图书馆家园：援助图书馆人计划"。这一计划旨在通过向海内外社会各界广泛呼吁，号召大家共同关注灾区受灾图书馆人，募集慈善捐款，以直接向明确的受援对象捐赠现金的方式，专门援助汶川大地震受灾的图书馆人。

中国及美国新西兰等地的图书馆同仁纷纷参与"图书馆家园"计划。程焕文教授先后数次累计捐款 10 万余元，中山大学图书馆馆员及其亲属累计捐款 12 万元，中山大学资讯管理系师生累计捐款 1.5 万元。台湾图书馆学会网站专门设专栏转载"图书馆家园"计划的信息与进展,号召台湾图书馆界同仁加入到该计划中来;香港图书馆学会理事会召开专门会议讨论了"图书馆家园"计划,并一致通过为该计划捐赠1万元港币,这是香港图书馆学会在香港制度允许的范围内所作出的最大奉献;香港大学图书馆彭仁贤馆长在赴美国参加国际会议期间,也积极帮忙为"图书馆家园"筹款;澳门图书馆暨资讯管理协会王国强理事长、杨开荆博士等亦在澳门积极宣传"图书馆家园"计划,并带头捐赠善款;其后澳门中央图书馆原馆长邓美莲等亦专程来到中山大学,送达澳门图书馆暨资讯管理协会同仁和朋友的捐款。此外,美国肯特州立大学图书馆学信息学研究生院曾蕾教授和美国匹兹堡大学图书馆东亚图书馆徐鸿馆长在美国也积极筹划并发起捐款,以帮助汶川地震灾区的图书馆人……捐款者中不乏生活困难的图书馆员、学生、烈军属和匿名者。在近500位海内外志愿者的热诚捐助下,"图书馆家园"计划共募集援助金140万元人民币。无论是捐款数额,还是该计划中所体现的人道主义光辉、行业自救精神、同行互助之谊,在中国图书馆史上都是空前的。

"图书馆家园"计划管理规范,通过成立志愿者管理团队来收集地震中受灾的图书馆人和图书馆的信息,确定定向援助对象,制定援助方案,并通过有效途径直接和及时地将捐款送到每个受灾图书馆人的手上。为了体现郑重和规范,计划还专门请志愿者设计了旗帜、标志和捐款名录手册。

2008年6月17日至22日和2009年春节前夕,程焕文教授带领"图书馆家园"的管理团队,在四川省图书馆学会和四川省高校图工委的协助下,先后两次深入地震灾区,先后到达汶川、北川、青川、都江堰、茂县、平武、绵阳、邛崃、大邑、绵竹、什邡、都江堰、安县、江油、彭州等地,捐助受灾图书馆员600余人,共发放援助金约100万元,初步完成对重灾区图书馆人的慰问。

"图书馆家园"计划对在地震中受伤的图书馆人给予了特别关注和捐助。他们是:曾在地震废墟中被埋75个小时生还的北川县图书馆馆长李春、绵阳市图书馆馆员杨三禄、彭州市图书馆馆员谢玉娴、汶川县图书馆馆员周川、四川省图书馆馆员张珊、成都市邛崃市图书馆馆员魏丽琼、仁寿图书馆书记吕红等。其中受伤最严重、曾在抗震救灾新闻中有过专门事迹报道的李春馆长,受伤后被转移到南京东南大学附属医院进行手术治疗。"图书馆家园"计划曾于2008年6月委托南京地区志愿者前往医院慰问和捐助。在连续经过两次大手术治疗后,李春馆长面临后续手术治疗需要自费的困境,"图书馆家园"计划担负了李春馆长后续的一切手术医疗费用,直到她康复。

与此同时,"图书馆家园"计划还对四川大学公共管理学院图书馆学、档案学、信息管理与信息系统专业的17名家庭受灾、经济困难的学生给予了直接捐助。

"图书馆家园"计划的有效实施,在海内外图书馆界产生了广泛影响。美国肯特州立大学图书馆学信息学研究生院的曾蕾教授深受"图书馆家园"计划的感动和影响,在美国发起向荷兰"文化紧急响应"计划申请援助项目的行动,联合浙江大学李超平副教授等学者撰写申请报告,并与"图书馆家园"计划合作进行多方调研,最终在国内外多位图书馆同仁的积极努力下,帮助北川县图书馆成功申请到荷兰"文化紧急响应"计划援助项目,资助金额达100万欧元,对灾区图书馆的重建极为有利。

四、克服困难,推动馆际交流

由于年初受南方雪灾的影响,年中受西部地震的影响,暑期全国人民都聚精会神观看在北京举办的第29届奥运会,年底又受到金融海啸的间接影响和若干种疫情的威胁,2008年是高校图书馆界专业交流活动较少的一年。但即便如此,围绕着庆祝和纪念中国改革开放30周年，在教育部高校图书情报工作指导委员会和中国图书馆学会高校图书馆分会的精心组织下，也举办了一系列活动，使高校图书馆之间保持交流和沟通，在经验的分享中互相促进、携手进步。

2008年8月1日至2日，教育部高校图工委二届五次会议在长春召开，图工委委员、各省图工委秘书长、特邀代表共67人参加会议。会议的核心议程之一是回顾改革开放30年来的高校图书馆工作，朱强秘书长作了《改革开放30年的高校图书馆——回顾与展望》的主题报告。他以一系列数据说明，第一个10年的特征是“拨乱反正，恢复性发展”，第二个10年的特征是“经费短缺，自动化建设”，第三个10年的特征是“资源共享，整体化建设”。他认为，改革开放30年高校图书馆事业发展取得的主要经验是：与高等教育事业的发展相适应；新技术、新环境、新需求是事业发展的驱动力；馆际合作是事业发展的助推力；图工委在沟通政府教育部门和图书馆之间发挥了不可替代的作用；高校图书馆应主动适应变革，在变革中发展。当前面临的形势是：合作从系统内走向系统间、走向国外；社会信息化的影响日益增大，图书馆面临多方面的挑战；资源优势受大规模数字化图书的冲击；用户及其需求变化迅速；Web2.0技术成为用户交流的新方式。应对这样的形势，我们的任务是：加速数字化建设；为不常用纸质书建立储存书库；创新图书馆服务。就下一步高校图书馆怎么发展，他的建议是：以人为本，善待馆员，善待读者；加强队伍建设，使人才各尽所能，各得其所，和谐相处；优化资源建设；充分发挥文献保障体系的整体效益；开展新的技术应用探索；更加深入教学和研究过程。

崔慕岳副主任代表河南图工委作了“改革开放以来的河南高校图书馆事业”的报告，从一个省的角度总结改革开放30年来高校图书馆的发展经验。崔副主任回顾了河南高校图工委的历史，以数据论证了河南高校图书馆30年来所取得的成绩。河南图工委推动高校图书馆发展的基本经验是顺应时代潮流，紧紧围绕“数字校园建设”和“书香校园建设”这两大主题,“打领导牌”,向上级要政策要经费,积极建设河南省文献保障体系(HALIS);“打基础牌”,夯实基础服务;“打和谐牌”,一以贯之地搞好本省图书馆学会、情报学会、图工委和郑大信息管理系之间的协作,以及馆与馆之间的协作。再辅之以一年一度的馆长联席会议、各类学术研讨会和馆员培训班、论文集出版、学术评奖、宣传周、服务月、读书节等丰富多彩的活动,邀请学会领导和业内专家出席,向领导“借力”,向专家“借力”,把先进的管理理念、前沿的专业知识、昂扬的职业风貌传播到各个图书馆,带动全省高校图书馆的整体发展。

2008 年 11 月 21 日下午,四川省高校图书情报工作委员会在西南交通大学隆重举行纪念中国改革开放 30 周年暨四川高校图工委成立 20 周年大会。会议回顾了四川省高校图工委创建发展的风雨历程,决心以团结、务实、创新的精神,推进文献资源的共建和共享,开创全省信息资源交流的新局面。

教育部高校图工委秘书处还委托北京胜古创业科技发展中心编纂了大型工具书《中国高校图书馆大全》,于 2008 年 6 月由印刷工业出版社分上、下两册出版。这是新世纪以来出版的第一部关于高校图书馆的大型工具书,反映了改革开放 30 年来高校图书馆的发展成就。

教育部高校图工委会刊《大学图书馆学报》入选 2008 年版《中文核心期刊要目》总览,同时入选南京大学中国社会科学评价中心和中国社会科学院图书馆编辑的核心期刊名录。影响因子基本上稳定在第 2 名。2008 年 12 月 15 日,第十一次全国图书馆学期刊工作会议暨第二次全国图书馆学期刊优秀编辑表彰会在深圳召开,《大学图书馆学报》再次被评为优秀期刊。

中国图书馆学会高校图书馆分会作为中国图书馆学会的分支机构,在 2008 年,一如既往地积极落实中国图书馆学会交付的各项任务:(1)积极动员高校图书馆参评由中国图书馆学会组织的全民阅读活动相关奖项，北京交通大学图书馆、湖南大学图书馆获得“全民阅读基地”光荣称号；安徽水利水电职业技术学院图书馆、北京大学图书馆、北京建筑工程学院图书馆、北京师范大学图书馆、内蒙古科技大学图书馆、郑州大学升达经贸管理学院图书馆、中央广播电视大学图书馆获得“全民阅读先进单位奖”。(2)积极为《中国图书馆年鉴》《中国图书馆事业发展报告》组稿和撰稿。(3)按照中国图书馆学会关于先进学会、优秀会员、优秀学会工作者产生办法的要求，推选高校图书馆系统的优秀会员、先进工作者。(4)按照中国图书馆学会的相关选拔要求，推荐河南大学图书馆王学春副馆长参加中国图书馆学会2008年面向西部图书馆开展的志愿者活动，推荐首都师范大学图书馆胡越馆长参加了在济南召开的“中国图书馆学会2008新年峰会”，推荐北京大学图书馆的王波、中山大学图书馆的王蕾等参加了在上海召开的“中国图书馆学会2008年青年论坛”。(5)与中国图书馆学会秘书处和中小学图书馆委员会合作，开展大学图书馆向西部地区中小学赠送电脑活动，已筹集计算机50台赠送给中小学图书馆委员会。

此外，2008年3月，中国图书馆学会高校图书馆分会组织“第三届余志明《文渊阁四库全书电子版》学术成果奖”的评选和颁奖活动，评选出23位获奖者，出版了“第三届余志明《文渊阁四库全书电子版》学术成果奖”获奖论文集，推广了余志明《文渊阁四库全书电子版》，受到人文社会科学界学者们的欢迎。

中国图书馆学会高校图书馆分会还牵头召开了三个高层次的学术会议。一是在2008年10月14日至16日，与北京高校网络图书馆(BALIS)、首都师范大学图书馆联合主办“图书馆:学科化、个性化服务的发展”国际学术研讨会，来自美国、英国、加拿大等8个国家的国内外专家学者近200人参加了会议。二是在2008年11月，与北京大学联合举办全国性的“CALIS建设十年回顾暨数字环境下文献资源建设研讨会”，邀请海内外的专家学者对行业的文献资源建设,特别是应对数字环境下文献资源建设的新动向、新举措进行了研讨。三是在2008年11月27日,联合东南大学图书馆和台湾大学图书馆主办“第二届海峡两岸大学图书馆建筑学术研讨会”。150名来自两岸80余所高校和地方的图书馆馆长及建筑学界的专家学者在东南大学出席会议。两岸学者围绕“多元、生态、和谐”的主题,结合自己的建馆体会纷纷发言,总结国内外图书馆建筑的经验,强调图书馆建筑的艺术性、功能性、人性化相统一,为图书馆建筑的下一步发展做出理论展望,力求使将来的图书馆建筑不仅蕴涵深邃的文化底蕴,而且能够与环境和谐统一,并给使用者带来在家读书般的舒适感受。

五、理念创新、服务创新双丰收

高校图书馆进入新世纪以来,之所以能够取得较快发展,重要的一条经验是重视理念创新和服务创新。理念创新使图书馆工作全盘皆活,服务创新使图书馆服务亮点不断。这是高校图书馆在师生们挑剔的眼光下,依然赢得较高满意度的两大法宝。

理念创新方面,比较典型的如:北京大学图书馆制定了“兼收并蓄、传承文明、创新服务、和谐发展”的愿景;将使命表述为:“建设一个资源丰富、设施先进、服务完善的,以数字化网络化为技术基础的北京大学文献资源保障与服务体系,为学校的教学科研提供文献信息保障,为创建世界一流大学贡献力量。”清华大学图书馆坚持“贴近读者,服务师生”的宗旨。上海交通大学图书馆陈进馆长提出了IC^2理念,其含义是:针对大学的特殊创新环境,在信息共享空间(Information Commons, IC1)的基础上,融入创新社区(Innovation Community, IC2)的理念及功能,形成新的$IC^2 = (IC1 \times IC2)$创新服务模式,使图书馆的服务更加贴近创新型大学的发展需求。北京邮电大学图书馆代根兴馆长提出“立体三角”管理模式，其含义是：图书馆是由信息资源、用户、建筑设备、技术方法、馆员和管理等六大要素构成，这六大要素的关系构成一个立体三角形。其中最为重要的是“用户”（读者），位于立体三角的核心，其余要素各占一角，而三角形底边的中心则是“馆员”，六大要素都围绕着“人”来组织。换句话说，就是以信息资源建设和新技术、新设备的应用为基础，以用户及其服务为中心，以管理（特别是人的管理）为突破口，发挥馆员的主观能动性，内凝外联，改革创新，整体推进，不断把图书馆工作推向新层次、新台阶。中山大学图书馆程焕文馆长提出“用户永远都是正确的”理念，其含义是：现代图书馆发展的核心思想已由过去一切工作“以资源为中心”的错误观念转变为“以用户为中心”的正确发展观念上来，没有用户的存在，就没有图书馆的存在的必要性，没有用户的需求，图书馆也将失去发展的意义。用户是图书馆赖以存在和发展的基础。图书馆的一切工作，必须以用户的立场和利益为出发点，以满足用户的利益和需求为归宿。用户需求的变化决定了图书馆的变化。因此图书馆要运用各种智慧和服务手段，以最大努力和限度去吸引用户。

在服务创新方面，更是八仙过海，各有招数，精彩纷呈。如北京大学图书馆起草《北京大学校园网电子资源使用管理办法》，由校长办公会通过，以北京大学文件的形式规范和保障电子资源在全校的合理与可持续使用；推动学校召开“北京大学文献资源体系建设工作会议”，确立总分馆体制，加快校内文献资源的共享步伐；推出手机短信服务和发布“北京大学图书馆直通车”浏览器插件；组建“北京大学数字加工中心”，为校内外提供数字加工服务。清华大学图书馆推出精心设计的英文网站；开发全面、完善的业务统计系统；利用 Web2.0 技术，在数字期刊的导航方面精益求精，受到读者的好评；举办第二届图书馆资源服务宣传月活动，获得圆满成功；聘任了新一届“图书馆教师顾问”，优化学科馆员制度。北京师范大学图书馆的校友文库数据库建设卓有成效;浏览器插件得到成功运用。北京化工大学图书馆实现全部馆藏中文图书的数字化。东南大学加强对外国教材的选择与评价。上海交通大学图书馆尝试“真人图书馆”服务。河南大学图书馆开辟民国文献阅览室。兰州大学图书馆开发文献采访辅助决策系统。淮海工学院图书馆自 2008 年 3 月 27 日开始施行全年全天 24 小时开放,据长期统计监测,到馆人数较多,服务效益明显。云南师范大学加强对西南联大资料数据库的建设。青岛农业大学图书馆开发自动化管理系统,彻底解决读者占用存包柜问题。

2008 年,随着总结改革开放 30 年来高校图书馆发展成就的各项活动的结束,高校图书馆站在了新的历史起点上,以改革开放 30 年所积累的海量资源、优良馆舍、专业人才、新型制度、先进理念为基业,高校图书馆一定会创造更加美好的未来。

(感谢 CALIS 管理中心姚晓霞老师、CASHL 管理中心关志英老师、中山大学图书馆王蕾老师和多位同行提供相关素材。)

分报告四：专业图书馆

专业图书馆是我国图书馆事业发展的中坚力量。2008 年是各专业图书馆全面贯彻“十一五”发展规划精神的重要一年，各专业图书馆坚持以科学发展观为指导，依托国家平台，结合各地实际，开拓文献信息资源建设渠道，广泛调研文献信息需求，积极推进科学管理，加强人才队伍建设，提高文献情报服务质量。

一、稳步推进专业文献信息保障与服务体系建设

1. 扩大数字资源保障范围，提高集成文献保障能力

国家科技图书文献中心（NSTL）是根据国务院领导的批示于 2000 年 6 月 12 日组建的一个虚拟的科技文献信息服务机构，成员单位包括中国科学院国家科学图书馆、工程技术图书馆（中国科学技术信息研究所、机械工业信息研究院、冶金工业信息标准研究院、中国化工信息中心）、中国农业科学院图书馆、中国医学科学院图书馆。网上共建单位包括中国标准化研究院和中国计量科学研究院。2008 年，NSTL 各成员馆以及社科院图书馆进一步加大数字化资源联合建设力度，继续提升文献资源保障能力，创新资源引进方式，对内优化配置，对外广建渠道，加强数字化服务平台建设，为高质量信息服务提供资源保障。

（1）继续增加馆藏数字资源，进一步优化资源结构

截至 2008 年 12 月 31 日，国家科学图书馆外文电子期刊从 7867

到 9668 种，增加 23%；外文电子图书从33 000余种到38 011种，增加 15%；中文电子图书从 10 万到 12.4 万种，增加 24%；中文电子期刊从10 995种到11 968种，增加 9%。

农业科学院图书馆 2008 年共采集书刊、电子出版物31 621册（张），精心选购网络版数据库，采集了国内外主要的数据库种类，覆盖了农业科技创新的主要领域。新增遴选外文期刊和会议录、科技报告等文献品种数达 266 种，增订了 262 种。截至 2008 年 12 月 17 日，集团采购数据库品种共 10 种，参加机构为 28 家，其中本院京外所 3 家，集团采购的馆次达到了 78 个，采购金额达 344 万元。

医科院图书馆 2008 年订购外刊总量达 3277 种（其中续订 2769 种，新增 508 种），医学期刊资源总量进一步增加，肿瘤学、预防医学、精神卫生、生物医学工程、药学等重点学科和新兴学科的资源得到重点加强。在全国高等院校医药图书馆协会中独家刊比 2007 年增加了 30%左右（总量达 1207 种），国内独家刊优势继续扩大，提升了作为国家医学图书馆的资源保障能力。

截至 2008 年年底，国家标准馆共采购印本标准22 837件；电子版标准36 296件；光盘 360 张（约含标准 20 万件）；国内外标准目录 24 个品种近 200 册；国内外标准化期刊 196 种共 1512 册，为咨询部门代购国内期刊 15 种 145 册；其他类型标准文献 313 件。

社会科学领域，2008 年社科院图书馆图书购置经费为 2000 万，开展数据库试用 36 批次，目前订购的数据库已达 84 种。同时，传统的纸质资源基本保持了去年的规模。2008 年订购中文图书15 677 种；外文图书订购 5458 种；收集学位论文28 189册。订阅外文期刊 951 种，中文期刊 1527 种，中文报纸 124 种。2008 年 4 月，院图书馆与高校人文社会科学文献中心（CASHL）签订了合作协议，8000 多种外文期刊可为科研人员提供文献查询和文献传递服务。

（2）积极拓展文献采集渠道，逐步提高文献采集质量

1）中国医学院图书馆着力研究医学发展现状和趋势，调查用户

信息需求，提高医学文献信息资源建设的科学性

借鉴“医学信息资源建设策略研究”课题研究成果，结合 NSTL 课题“文献综合管理系统”确定的遴选指标遴选优质资源，经由所馆书刊订购小组审定，对于国家图书馆、国内其他主要医学图书馆因各种原因未能保障的资源进行重点采选。

开展用户需求调查，跟踪国际出版动态，提高资源建设的针对性、合理性。通过向医科院内各院所以及中医、预防控制等 21 个单位发放问卷 1101 份，了解用户需求在学科、语种、文献类型的分布以及用户获取信息的途径和满足情况。2008 年新增、调整期刊中 102 种来自上述调查结果。

2）中国化工信息中心通过建立畅通的国内资源推荐渠道提高文献订购的科学性

早在 2003 年，化工就成立了由全国石油行业、化工行业及其学协会等团体的专家和学者组成的国外科技文献资源专家委员会，负责行业的资源建设和推荐工作，每年召开专家推荐和评审会议。由于他们身处科研第一线，了解科技工作者对文献资源的需求，每年能够推荐一些国外新出版的或者是国内急需的一些文献信息，推荐效果不错。

2. 搭建数字化服务平台，创新信息服务方式

（1）顺利完成数据加工任务，进一步提高资源数字化水平

2008 年，各专业图书馆有的放矢，合理制定文摘数据加工年计划，大部分圆满完成甚至超额完成了年度计划，根据加工的特殊性，将任务分解，责任到人，加工期刊品种、数据条数都有大幅提高，具体文摘及引文数据加工情况见表 1。

在质量控制方面，各专业图书馆加强了文摘数据加工的精细化管理，尽量完全揭示期刊中具有学术价值的文献，对缺少文摘的数据中具有学术价值的题录进行了自加工文摘的工作。在引文加工

中加强质量管理措施,增加了人工质检人员,增加了抽检的力度,严格要求用实物刊进行质检,定期汇总错误类型。细化质检结果与收入挂钩的机制,对于连续两个月质检错误较高的人员进行再次培训。

此外,以中国科技信息所为代表的专业图书馆引进与实施自动化系统,文献采购、编目、交换等工作的计算机管理水平大大提高,交换工作的严谨性和规范性得到提高。对数据清点工作的流程进行剖析和细化,针对清点工作系统需求,开发数据清点程序,提高了文献加工效率。

表 1　2008 年各主要专业图书馆数据加工情况

专业图书馆	文摘数据(万条)	引文数据(万条)	注:
国家科学图书馆	59	369	Science China
农科院图书馆	40	381	中外文
医科院图书馆	42	620	中外文
化工信息中心	27	286	外文
中国科技信息所	109	—	印本

(数据来源:自建表)

(2)持续优化文献服务平台,进一步推进数据共享工程建设

2008 年,国家科学图书馆持续优化文献服务平台。5 月推出跨界检索服务系统,提供对科学数据、教学课件、仪器设备、学术会议、科研机构等非文献型的 8 类资源 62 个数据库资源的集成检索服务。Science China 2.0 版于 8 月正式对外服务。在中国科大实现融汇 NSTL 与本地检索的集成服务系统,完成国科图古籍文献管理系统的改造。完成机构知识库平台测试,即将在中心馆和研究所图书馆推出。

农科院图书馆积极参与科学数据共享建设,到 2008 年,农业科学数据共享中心已初步建成,形成了 1 个主站点、7 个分站点、10 个

省级服务站点的国家农业科学数据中心网站群，可共享数据库从170个发展到490个，为国家重大科技计划提供了重要的数据支撑服务。截至12月16日，中国农业科技文献信息服务平台（NAIS平台）2008年新增加注册用户726人，累计注册用户2786人，访问总数累计近55万人次，NAIS平台已经成为农业领域很有影响力的学术性科技文献信息服务网站。

国家标准馆承担科技部基础条件平台建设项目“标准文献共享服务网络建设”，2008年总体上完成各项任务。在文摘数据库建设方面，实现了资源全面整合。组织了全国15家资源共建单位，经过3年建设，完成了中国国家标准、中国行业标准、国际标准等的题录数据库建设，数据总量120万余条。在开放服务方面，通过建立多种形式的共享机制，向政府部门、科研机构等社会各界提供开放检索服务和研究咨询服务。自2006年12月通过门户网站中国标准服务网向社会各界用户开放服务以来，注册用户已达14万多个，网站日访问量平均达6万余次。

国防科技工业数字图书馆（简称DDL）是“十五”国防技术基础条件建设的重点项目，由中国航空工业发展研究中心牵头，核、航空、航天、兵器、舰船、船舶、电子等7个情报机构共同参与建设，2007年5月29日开通服务。国防科技工业数字图书馆系统是一个资源建设与服务平台，系统分为资源建设、资源管理和资源服务3大系统。国防数图的建成，实现了国防系统6个行业7个情报机构文献资源的共建共享、文献业务的自动化流水线作业，整合内部资源，提高国防科技文献信息资源的快速反应能力，为用户提供全新的、便捷的、准确的、丰富的信息服务的目的。

在万方公司协助下，中国科技信息所开发的资源集成发布系统目前已经正式运行，向全国开通服务，提供了全面揭示馆藏资源和创新服务模式的高效平台。资源集成发布系统将印本资源、网络资源、镜像资源、光盘资源集成在一起，并从出版单位、国别、年代、字顺、主办单位、学科专业、载体类型、文献类型等不同角度提供导航揭示服务，大大提升了对外服务能力。同时，该网站进一步增强了网络服务能力，提供全文请求、代借代查、收录引证以及科技查新的在线申请和处理服务功能。

二、改进科技文献服务系统，提高文献服务能力

1. 巩固文献信息服务功能，逐步提升文献服务能力

2008 年国家科学图书馆总分馆坚持全年 365 天开放，总分馆共接待到馆读者和参观者近 33 万人次；提供原文传递 11 万余篇，增长 25%，满足率达到 95%。组织策划了 NSTL 走入中国光谷等活动，面向一线科技人员，宣传推广 NSTL 服务。积极拓展网络虚拟平台“E 图淘宝”平台的功能与服务，将 IC 服务嵌入研究生用户学习与生活环境。积极参加国家古籍保护工作，开始启动中国科学院古籍联合书目数据库建设。

2008 年，农科院图书馆提供远程文献全文传递约24 000篇，文摘题录12 000余条，文献全文提供量较上年增长 50%。完成网上参考咨询服务 598 项，完成定题服务 52 项，向农业部提交“农产品质量安全动态信息摘编”237 期。

医学院图书馆强化服务意识，文献信息服务能力和水平快速提升。2008 年，为 NSTL 用户提供全文传递服务84 916篇，约占 NSTL 服务总量的 23%。主动推送委托检索业务，建立长期的委托检索和文献提供服务业务关系，2008 年为企业用户提供全文传递服务 16 万篇、委托检索 1600 题、定题服务 37 题。积极拓展渠道，加强与国内外医学信息服务机构的业务合作，通过馆际互借和文献交换方式提高“代查代借”用户需求的满足率。2008 年，为 NSTL 用户提供外

借文献服务6000余篇。

2008年，中国科技信息所超额完成年度服务工作指标。截至2008年11月底，为各类读者提供印本文献39 970册，比去年同期增长了53.5%，提供原文79万余页。完成NSTL原文传递95 000份，比去年同期增长28.96%。代查代借服务总计完成12 732份，与去年同期相比增长14.45%。NSTL用户服务中心缴费用户3892个，累计缴费金额106万余元。完成各类咨询9000余人次。查新收引共创收117万元。

国家标准馆努力为国家各类重点工程、科学研究提供标准查新、动态跟踪分析等各类研究咨询服务。2008年开展政府采购投标项目以及其他大型服务项目7项，服务额达200多万元。国家标准馆以电话、传真、电子邮件、网络等多种形式为全国各地用户以及地方标准化院所提供多种快捷的服务，至2008年12月31日，完成电话咨询3万多次；完成传真服务请求5000多份；完成电子邮件服务请求13 000多个；接收和处理各类网络服务请求3613个；完成标准翻译200多份；向21家单位提供标准题录数据库，数据量达325多万条；为用户提供标准资料25万多份；完成国外用户服务请求100个。

2. 推进服务体系建设，创新文献信息服务模式

1）深化学科化服务，持续提高服务效果

2008年国家科学图书馆学科化服务的能力显著提升，得到全院用户、院所领导、所图书馆和业界的进一步认可。学科化服务坚决贯彻“常下所、长下所”的原则，将学科化服务继续推向一线。全年学科馆员本地下所1142次，平均每个本地所下所21次。学科化服务继续加强用户培训，全年到所培训806次，培训14 842人次。

在保证普遍服务的基础上，学科馆员积极深化服务内容、创新服务形式。与研究所图书馆员合作，开展研究所资源需求与保障能力分析;协助研究所完成和正在建设的所级与课题组信息平台 45 个;4 名学科馆员建立了自己的服务博客。积极探索面向研究所的情报研究服务,全年提供各种类型的专题情报产品 45 项,编制专题资料目录 680 种。为进一步引导深层次的对所服务,确定了 4 个学科服务创新到所的项目,深化服务、加强探索、引导发展。

2)探索知识化服务,深入挖掘服务内涵

中国科学信息所建设了知识链接系统,并将其嵌入到所馆网站知识服务栏目中,其中包含 6000 余种中文刊,包含中文期刊论文 1100 余万条,中文期刊引文 3700 余万条,作者约 1000 万,机构约 80 万个,基金约 2000 条。通过在线知识服务系统提供引文分析、机构分析、基金分析、作者分析、地区分析等功能,这为向读者提供基于引证关联检索的知识服务、提升服务层次提供了重要保障。

2008 年中信所还组织力量,联合所外科研人员共同申报了 3 项国家社科基金,其中“基于引文的知识链接服务研究”在经过专家匿名评审、专家组联合评审后,在 600 多个申报项目中成功获准。目前,项目联合相关专家制定了研究方案,结合知识链接系统的开发和数据规范,正在进行相关国内外研究进展调研,进行相关理论、原理的研究。

3)积极融入科研一线,倡导嵌入式服务

2008 年,农科院图书馆加强示范基地建设、信息传媒建设和成果推广应用,为服务我国新农村建设和农业科技发展继续做出新的努力。在以往工作的基础上,2008 年利用修购项目、基本科研业务费项目等,适时加大对基地的投入,先后在两个基地投入经费近 300 万元,经过项目的顺利实施使得两个县信息服务能力得到较大提高,也使得我们在基地的科研条件得到根本性改善,把信息采集和分析的工作室直接安在了生产一线,让科研人员更加贴近农村和农民,把论文写在大地上。

2008 年,中国科技信息所加大了与大中型科研院所和中型大专院校的合作，加大对重点用户群体的服务力度，尝试开展面向国家重点涉密单位61886部队提供全方位保障服务。在61886部队分期建立专业文献内镜像服务系统，使用自主版权的全文检索引擎和关系型数据库，用户不需要为系统付费，系统中包含了文献检索、文献订购、订单管理、原文索取等模块，并与所馆网站原文传递系统联系，实现了订单通过所馆网站统一处理的目的，集成了西文会议和西文期刊两种类型文献，文献总量达800万条以上。目前，该系统已在61886部队内网及军网安装部署，正在进行用户测试。

4）推进资源共建共享，提供协同化服务

2008年，由中国航空工业发展研究中心牵头，核、航空、航天、兵器、舰船、船舶、电子等7个情报机构共同参与建设成立了国防科技工业数字图书馆（简称DDL），旨在提高国防科技文献资源整体保障能力、快速反应能力与服务水平。国防科技工业数字图书馆的建成，实现了国防6个行业7个情报机构的资源共建共享。

在资源采购方面，通过"统一采购"机制，减少了行业间资料的重复购买，总体上增加了采购资源的品种和数量，实现了采购经费的有效利用。在用户方面，基本以各成员馆作为行业的服务中心，由成员馆面向各自行业的基层厂所及研究单位开展服务。除国防各行业的基层厂所等服务对象外，也向全国各领域科研单位、院校等开展相关服务。在服务方面，国防科技工业数字图书馆各成员馆承担着向各自行业的基层单位开展信息服务的任务。各成员馆在服务方式和服务内容方面基本相似。国防科技工业数字图书馆"共建共享、共同服务"的理念，强化了各成员馆信息服务意识，信息服务水平不断提高，用户满意度也大幅度提高。

5）顺应国家政策大局，积极创新服务举措

中国科技信息所开展重点用户服务，提升服务影响力。为了保障院士创新科研活动的文献信息需求，在去年建成数字院士网站基础上，加强了院士VIP服务工作。为飞机空气动力学家顾诵芬院士开通了 NSTL 服务系统的 VIP 账号，由专人负责院士文献需求的满足；参与了项目课题，对课题组的相关需求数据进行了前期调研和检索，为分析项目数据提供了相关信息和依据；此外，征集到两院 65 位院士的 171 部著作，分别比年度计划提高了 30% 和 71%。收到院士回复修改的信息表 226 份，授权书 139 份。为建立特色馆藏、创建品牌服务奠定基础。

医科院图书馆积极开展应急医学信息服务。2008 年 5 月汶川地震后，为充分确保“大灾之后无大疫”，体现“大灾之后有大爱”的精神，医科院图书馆争分夺秒建立了“地震灾害医学信息专题”门户网站。通过新闻时讯、医疗救援、卫生防疫、心理干预、医疗诊治、药品器械、政策指南和基本知识等 8 大主题进行相关信息主题的建设。并将《灾难医学》地震分册近 500 页进行全文扫描，力保更多的用户在第一时间获得宝贵的信息。

三、加强情报研究体系建设，构建知识服务能力

1. 国家科学图书馆开辟情报研究新领域，建设新的情报研究基础能力

2008 年国家科学图书馆情报研究的快速反应意识和服务力度明显提升，情报研究基础能力建设全面展开，进一步支撑了院科技战略规划和决策。

院党组于 2007 年下半年部署了面向 2050 的若干重要科技领域发展路线图战略研究工作，组织协调派遣精兵强将全程参加。同时，在院规划战略局领导下，继续面向院党组战略决策需要开展服务，《国际重要科技信息专报》共报送 41 期，专报特刊报送了 22 份，其中多份报告由院领导报送中央领导，一篇报告由院领导指示印送

各省市领导。继续向党组会议提供《重要国家和国际组织关注的科技与社会发展重要问题》《国际科技竞争力研究》报告，继续向两会提供《科学发展报告》。同时，开发新的战略情报产品，例如《科学发展演变2007》报告、《韩国科技创新态势分析报告》等。大力推进“中国科学院知识产权网”建设，初步建立知识产权信息与服务集成系统和专利在线分析系统，完成针对分子设计育种技术和环境遥感信息技术等的专利深度分析报告。

继续完善战略情报分析平台并向全馆情报研究部提供服务。在战略情报分析平台上集成科学演化分析工具、关联分析工具、TDA等分析软件，9月正式对全馆情报研究部门开通。启动情报资源数据仓库建设。初步建成战略情报集成研讨厅，支持多分析工具并行操作、多角度专家交互研讨、多渠道内容有机实时聚合、多专家即时合作写作，探索新型的融汇研究支撑平台，提高复杂信息环境下战略情报分析的效率和效果。

2. 国家标准馆开展标准信息的开发利用以及情报分析研究

国家标准馆充分开发利用馆藏文献资源，进行标准信息的情报分析研究，以《中国标准服务网通讯》《标准动态研究》等内部资料形式向全国重点用户、政府机构、文献情报机构、标准化机构提供信息报导和研究报告。《中国标准服务网通讯》旨在推送最新标准信息。《标准动态研究》旨在提供深度研究报告，为政府部门和其他机构提供决策依据。2008年的每期《标准动态动态》，都紧密结合国家重点领域和热点问题进行分析研究。

《中国标准服务网通讯》和《标准动态研究》影响力逐渐扩大，已引起相关单位的关注，许多单位来函索取，例如，北京奔驰—戴姆勒·克莱斯勒汽车有限公司、中国食品发酵工业研究院等。

四、建立专业图书馆学术交流平台

2008 年,在中国图书馆学会和挂靠单位中国科学院国家科学图书馆的领导和支持下,中国图书馆学会专业图书馆分会依靠全体理事、各专业委员会和广大会员,围绕着专业图书馆分会的全年工作计划,努力进取,勇于实践,在促进专业图书馆的业务研究,学术交流,现代化技术的普及、推广,以及人才培养等方面开展了一系列工作,取得了较好的成绩,有了新的起色。

1. 以开展学术交流为工作主线,活跃学术思想、提高学术水平,通过搭建学术交流平台,为会员沟通信息、相互学习创造环境

主要通过四种形式:学术年会、联合举办学术会议、专题讨论会、专家报告会。

学术年会包括:2008 年 9 月 17—20 日,在江苏扬州组织举办了“知识化服务进程中的专业图书馆:技术、方法和服务”年会,会议分别从专业图书馆未来战略预测、知识化服务模式、知识化服务平台系统建设、知识化服务实践等方面,交流探讨了具代表性的专业图书馆最新的实践探索。2009 年 9 月 13—17 日,在青海省西宁市成功举办了 2009 年学术年会,年会主题为专业图书馆知识服务创新发展战略,与会代表交流了图书馆未来发展战略及“十二五”规划的思考,总结了各个专业图书馆的服务经验,交流了支持知识服务的人才队伍建设、资源组织、工具平台和服务机制等问题。

联合举办学术会议包括:2008 年 6 月,分会联合中国图书馆学会、中国科技情报学会资源建设委员会主办了“新信息环境下图书馆联盟发展”学术研讨会,探讨了新信息环境下图书馆联盟在优化文献保障体系,提高文献保障质量与效率方面的作用与措施等内

容。2008 年 11 月 13 日至 15 日，分会和广东省科技图书馆联合举办“图书馆服务转型:研究与实践”学术研讨会。来自全国 16 个省、直辖市及香港特别行政区的 60 多家图书情报机构的 110 多人参加了会议。

今年共举办专家报告会 7 次，组织会员参加学术报告会 2 次，报告内容涉及知识组织技术、专利地图分析、信息共享空间、Lib2.0、企业 KM 中知识分类等图书馆热点问题，以及国内外图书馆最新发展动向。会员约 800 多人次参加了活动。

2. 结合图书馆领域的新发展和新趋势，持之以恒、坚持不懈地开展继续教育活动，提高会员及图书馆员在新环境下的业务能力和学术研究能力

重视和发展继续教育，开展多种形式和不同层次的培训班、研究班，促进图书馆员开阔视野、更新知识，提高图书馆员的业务能力和学术研究能力，始终是专业图书馆分会的重要任务之一。分会依托会员单位丰厚的智力资源和挂靠单位优良的教学环境，以“师资优良、针对性强、内容实用”为特色，先后组织各类岗位培训班 15 个，共有 500 多名图书馆员参加了培训。

3. 继续加强专业学会组织建设，组织多种形式的会员服务

2008 年，组织工作委员会围绕年初制定的计划及专委会工作职责，在秘书处的协助下，将学会组织建设与发展工作融入到分会各项工作中，积极促进了其他专业委员会工作的有序开展，初步构建了一个结构相对稳定的通讯与组织联络体系，规范了学会工作流程和运行机制，通过会议、培训、网络、期刊等方式把专业图书馆分会的形象在业内做了广泛宣传，建设分会网站（http://www.csla.org.cn），使之成为专业分会的网上宣传与交流阵地。

五、迎接挑战，实现专业图书馆可持续发展

2008 年，虽然各专业图书馆在信息资源建设、网络信息服务、所重点项目及学科建设方面取得了相应成绩，全面完成或部分超额完成全年计划指标任务。但面对日益变化的网络环境，面对日益提升的社会信息需求，我们既面临着难得的机遇，也面临着严峻的挑战。我们工作当中仍存在一定的问题，如电子资源揭示力度不够、自动化管理程度不高、沿袭传统操作方式、各部门相互协作力不强、服务方式单一等一系列老的难题亟须破解。同时我们也存在着业务人员匮乏、研究能力薄弱、设备陈旧、宣传推广工作力度不够等问题，也严重制约着我们的发展，具体来说：

1. 需要进一步挖掘服务内涵，促进服务模式转型

1）服务内容有待进一步深化

随着信息技术和环境的发展，用户不再满足于文献内容的精确性、完整性，而更进一步关注怎样才能快速、有效得到解决问题的知识。逐步深化服务内容，将信息服务转移到基于需求、基于用户、基于科研过程、基于知识发现与集成的形态上，塑造一个开放整合、动态定制、协同交互、有机融合各种服务和手段、有机嵌入科研环境中的知识服务。

2）服务模式有待进一步创新

目前服务模式基本上是传统文献服务与现代网络服务结合并存的方式，信息服务模式需要创新。创新的主线在于从面向资源的信息服务向面向用户的信息服务的转变，信息服务模式的创新，本着以用户为中心、面向用户的信息服务的原则，以用户需求为依据，就会不断有新的发展，找到新的切合点。例如提供开放型服务，以

新的方式组织、控制、选择、传播信息，建立了辐射型的开放服务系统；主动服务和针对服务，即图书馆跳出固定场所，从“等你来”到“走近你”，主动接触读者群；知识密集型服务，即图书馆开始从以文献单元为主的加工，深入到以知识单元为主的加工，服务工作将从借借还还的服务，转变为多层次信息咨询服务，参与信息市场，成为信息技术的中介。

2. 实施业务流程重组，推进管理体制变革

在组织结构方面，图书馆业务部门的独立分散人为地分割了信息传递的整体流程，部门之间调控能力差和协作水平低，使得信息加工、传递能力受到极大的限制。专业图书馆要建立一体化的服务模式，势必要打破原部门之间的分离，促进部门间的沟通联合，探索新型组织结构，这也是图书馆发展建设中的固有问题。

在业务流程方面，金字塔形的组织模式使得图书馆无法迅速反映和满足用户的需求，无法提供网络化、数字化所要求的智能化信息产品和服务。管理运行缺乏与用户的即时沟通，难以根据用户的需求动态调整资源配置和运行结构，影响服务质量。围绕用户需求进行业务流程重组将是专业图书馆面临的重大挑战。

新型的图书馆业务管理模式应以信息流为主，彻底改变过去按文献类型组织管理（布局）的模式，构建按“学科”组织管理文献资源的资源保障体系；改变过去非集成化的、专业性不强的“块”（借阅服务“块”和参考咨询“块”）服务模式，构建集成化、专业性的服务模式，最终达到充分满足用户需求的管理宗旨。

3. 亟须加强服务团队建设，重视学科馆员素质培养

深化学科信息服务，探索各种知识服务形式对学科馆员的素质提出更高要求，专业图书馆需要加强专业人才培养。具体来讲：

首先是图书馆人才队伍建设。一方面建立人才能力发展目标、队伍结构提升规划，一方面注重职业生涯规划，推行人才竞争，既要提高准入标准，又要通过岗位聘任动态优化人才队伍，保持一定的淘汰比例。其次是加强学习型组织建设，建立多层次的学习机制，形成全员学习氛围，促进整体持续发展。一方面广泛学习国内外先进经验，积极组织骨干员工参加国际学术交流，将前沿思想和先进实践引进来。一方面组织进行岗位学习和岗位研究，包括继续教育制度化、岗位学习与研究制度化，并通过年度学术年会以及专业培训课程提高图书馆员素质。

分报告五：其他系统图书馆

党校图书馆

2008年是不平凡的一年。这一年，发生了举世震惊的"5·12"汶川大地震，全国人民伸出援手积极支持灾区抗震救灾、重建家园；8月，北京成功举办了举世瞩目的第29届夏季奥运会，向全世界展现出中国人民团结一心、奋发向上的精神风貌；这一年，也是中国改革开放30周年，中国特色的社会主义建设取得了辉煌的成就。党校系统图书馆全体职工也同全国人民一道，积极应对挑战，投身时代潮流，把图书馆事业推向一个新的发展阶段。

一、发展概况

一年来，党校图书馆按照科学发展观的总体要求，认真学习领会并贯彻落实新修订的《中国共产党党校工作条例》和全国党校工作会议精神，结合党校教学布局，努力为党校教学科研和领导决策做好服务。针对信息来源和信息终端多元化的发展趋势，明确提出了以建设数字图书馆为契机，整合纸质和数字资源，重点开展数字资源共建共享工作，积极转变服务方式，努力建设复合型图书馆的工作方向。从统一认识、组织落实、技术标准等方面积极开展工作。

1. 加强资源和设施建设，不断夯实工作基础

书报刊等纸质文献以及数字资源的保有量是一个图书馆赖以生存的必要条件之一。在书刊价格不断上涨、电子信息不断增加的情况下，各地图书馆积极争取上级领导和有关部门的支持，在经费

投入上有所增加,使得纸质文献和数字资源的购置有所增长。许多图书馆积极优化馆藏结构,突出党校特色,适当精简纸质文献的订购,增加数字资源的购置,使有限的经费发挥最大化效益。一些图书馆努力通过多种渠道获取有关文献和数字资源。中央党校图书馆继续开发在校学员资源,从来党校学习的学员中征集各地的地方志和中国共产党组织史资料,并从学员和教师处获得其本人著述的捐赠以充实"中央党校文库"。重庆市委党校图书馆启动"重庆地方文献"收集工作,在全市范围内征集"重庆"为主题内容的地方文献,向全市各区县(市)委的相关单位发出了征集通知,并已陆续收到各种载体的文献资源。一些地方党校图书馆也同中央党校图书馆一样,在与有关方面的合作中,通过免费使用或试用等方式,增加了本馆的数字资源,给读者提供了更多网上查找资料的方便。

部分图书馆积极争取到经费支持,新建或改善了馆舍。如:西安市委党校 2712 平方米的新馆建成投入使用;广西有两家市级党校图书馆搬进了新馆;安徽省委党校、大连市委党校新馆正在建设中;北京市委党校投资 3000 多万元对现有图书馆的馆舍进行全面改造、装修。新馆的建设和旧馆的改造,在格局设计、家具选型、网络布线、设备配置等方面,均立足于当前工作的需要,着眼于图书馆的长远发展,为党校图书馆事业提供了可持续发展的物质基础。

2. 积极转变服务理念,努力开展学科化服务

党校的学员均是来自各级各部门的领导干部,具有较高的学历和文化水平,自学能力强,学习多以短期培训轮训为主。在当前计算机和网络技术发展迅速、信息来源多元化的趋势下,党校图书馆读者到馆率的逐年下降已成为不争的事实。如何应对变化的形势,针对党校学员特点开展读者服务,是摆在党校图书馆面前的紧迫问题。在 2008 年 5 月召开的全国党校数字资源共建共享工作现场会和 2008 年 12 月召开的全国党校图书馆馆长座谈会上,都强调图书馆要树立建设复合图书馆的观念,要积极转变服务理念和服务方

式，要求各级党校积极行动起来，采取各种措施开展工作。

第一，强调以读者为本的服务理念，用“请进来”和“走出去”相结合的服务方式，提高对党校教学科研服务的有效性。采用问卷调查、座谈、走访等方式，研究读者需求的变化，把握读者对信息来源的偏好，将征求读者信息需求和对图书馆服务反馈意见的做法制度化，促进了图书馆在馆藏结构、信息开发等方面工作的改进。北京市委党校图书馆结合改革开放30周年和北京奥运会的举办，并配合教学教科研的需要，进行了“改革开放30年”、“市情研究”、“党建研究”、“文化研究”、“案例教学”等10多个专题的图书采购，尤其是请教研人员一起进行现场采买，并对教师急需的图书，采取及时加工、当天送达的“绿色通道”方式，满足读者需求，受到读者的欢迎，同时增强了图书入藏的针对性。

与此同时，针对领导干部增强信息能力和获取信息的需要，开设信息检索、网上培训课程，做好面对面、电话、电子邮件、在线交流等咨询问题的解答，加强对图书馆信息资源的揭示和图书馆服务的宣传工作，进一步为读者创造利用图书馆的便利条件。大力宣传复合图书馆的观念，不仅将读者吸引到图书馆来，而且要将图书馆的纸质和数字资源推送到读者面前。江西省委党校图书馆每学期开学都给学员发放了《图书馆文献资源使用手册》，针对学员在利用图书馆时可能遇到的各种问题进行了详细的解答。

第二，配合党校研究式教学的特点，加强学科化服务的力度，使图书馆工作锲入党校的教学科研中去。许多图书馆均加强了为教学科研提供二、三次文献服务的力度，以索引、目录、文摘、综述等方式为教师和学员提供相关理论和社会热点问题动态信息。中央党校图书馆主动为校领导提供有关信息，充分发挥馆藏台港澳报刊的效用，从中选取有关政治、经济、台海局势等有针对性的文章，汇编成《台港澳报刊资料》专题内刊，每周一期，及时提供校领导参阅。重庆市委党校图书馆编辑、内部发行的《重庆社科文汇》，全年刊发调查报告、论文、文摘共计 752 篇 100 万字；西安市委党校图书馆配合教学科研编辑发行《信息通报》全年共计 12 期 3600 份。

除提供二、三次文献服务外，一些图书馆还配合研究式教学，以“E-mail 推送”等方式及时为教师和学员提供所需专题资料服务，有的馆还直接参与到教师的研究课题中去，有的馆初步建立了学科馆员制度。中央党校图书馆配合项目制教学改革，为进修部省部班 44 期“社会主义社会建设方向项目制试点班”查找、提供了关于城乡医保、农民工社保、农村养老保障、社会救助四个专题的参考文章 813 篇、馆藏参考书目 7 种。重庆市委党校图书馆 2008 年的重点工作是在充分调研的基础上，将学科化服务的具体工作分为两部分，一是成立“学科研究室”，由学校专家学者牵头、学科馆员负责具体研究工作；二是馆办内刊《重庆社科文汇》，围绕学科研究，出版供市领导决策、教员教学和学员学习的相关资料，其中部分专刊还作为学校学习实践科学发展观活动中的学习教材。北京市委党校图书馆编辑的《北京市情数据手册》逐年出版，已成为该馆信息服务的一个特色品牌，作为研究北京和宣传北京的一个窗口，为展示北京社会经济的发展，做出了积极的贡献。

3. 加强示范馆建设，推进数字资源共建共享

根据《全国党校图书馆数字资源建设规划（2006—2010）》和《全国党校图书馆数字资源共建共享工作条例（试行）》精神，2006 年，全国党校系统图书馆产生了包括有省级、副省级党校图书馆在内的 15 家共建共享示范馆（2008 年新增一家），承担了“马克思列宁主义研究”、“‘三个代表’重要思想研究”、“中国共产党历史研究”、“中国共产党的建设研究”、“领导学”、“当代国际政治”、“区域经济协调发展”等 16 个专题数据库的建设任务。

一方面，为加快建设步伐，在统一协调的基础上，加强以点带面的工作，注意树立典型，总结推广先进经验。2008 年 5 月 6 日至 7 日，“全国党校数字资源共建共享工作现场会”（简称“重庆会议”）

在中共重庆市委党校召开。会议的主要内容是：重庆市委党校图书馆介绍数字资源建设工作的经验；吉林、上海、福建三家党校图书馆介绍其数据库建库情况；讨论数据收录规范和建库平台。中央党校教育长李兴山发表了书面讲话。中央党校图书馆馆长肖勤福、副馆长朱满良出席会议并讲话。中共重庆市委党校常务副校长吴康明出席会议并致欢迎辞，副校长曾礼出席会议并在闭幕式上讲话。会议代表参观了重庆市委党校图书馆，分组讨论了重庆馆经验及数据收录规范和建库平台问题，并交流各馆数据库建库工作情况。中央党校图书馆有关人员、16 家数字资源共建共享示范馆和部分图书馆的馆长及其技术部门负责人共 40 余人出席了会议。中央党校教育长李兴山在书面讲话中强调：党校系统搞数字资源共建共享是一件很有意义的工作，数字资源共建共享是一件需要花大力气才能做好的工作，要齐心协力，从整体上推进数字资源共建共享工作。中央党校图书馆馆长肖勤福在会议总结讲话中指出，会议对党校数字资源共建共享工作起到很好的推动作用，会议取得两大成果：一是学习到了“重庆经验”，即“四个一”——要有一种不懈的追求精神，要有一个起到中坚作用的“明白人”，要有一种科学求实的工作态度，要有一个作为立库之本的数据库个性特色；二是明确了下一步工作的方向，即强化中央党校图书馆的领导、协调作用，加大各示范馆的工作力度，通过建立相应机制、采取若干措施来加快共建共享工作的步伐。

各地方党校之间也加强了交流与互访，相互借鉴、相互学习。为了提升安徽省党校系统图书馆数字资源建设的水平，2008 年 10 月底，由安徽省委党校副校长顾党胜带队，组织了全省各市级党校常务副校长、分管校长和图书馆馆长等一行 35 人赴吉林、辽宁省委党校图书馆进行考察和调研活动，使大家开阔了眼界，看到了差距，找到了开展图书馆数字资源建设的着力点。

根据“重庆会议”精神，会后成立了“全国党校图书馆数字资源共建共享工作小组”。工作小组在中央党校图书馆馆长办公会议的领导下开展相关工作。工作小组初步建立并实施三项工作制度:联系沟通制度;收受季报制度;编发工作简报制度。

另一方面,全国党校系统乃至各省党校系统,努力争取在共建的基础上实现边建边享,使大家能够感受到共建共享的好处,增强工作动力。2008 年 4 月,中央党校图书馆与文化部全国文化信息资源建设管理中心共同签署了《合作共建协议书》。根据协议,双方在中央党校图书馆馆域网合作建设“全国文化信息资源共享工程·中央党校版”;中央党校将向对方提供可公开使用的有关资源;全国文化信息资源建设管理中心将“文化共享奥运行”专题 82 张光盘数据赠送给中央党校图书馆使用,并授权给党校系统图书馆使用。重庆市委党校图书馆除了参与党校系统数字资源共建共享工程的“毛泽东思想研究数据库”建设,还针对重庆市政府的重要决策和发展要求,建设能为市领导提供参考价值的信息资源库,并为全市近 40 所区县党校提供共享资源。北京市委党校图书馆本着“资源共享、注重特色”的原则,大力加强了文献信息的数字化工作,对参与全国党校系统数字资源共建共享项目“党史数据库”的建设继续推进;对于特色数据库的建设,已经完成了“北京市委党校硕士研究生论文库”的建库工作,收录了 1996 级至 2005 级硕士生的论文 94 篇,已在校园网上提供全文检索服务;“学员研修成果库”、“党校学术文库”、“市情论文库”和“案例教学数据库”等 4 个项目正在建设中。安徽省委党校图书馆 2008 年除加强党校系统数字资源共建共享所承担项目“区域经济协调发展”专题库建设外,加大了“中部崛起”、“地方党史党建”、“科学发展观”、“安徽省情”和“安徽省委党校文库”等五大自建专题数据库的力度,并根据需求新建了《学科教研参考数据库》,新增数据量10 000多条,目前整个自建专题数据库的数据量已达到20 000多条,并把能搜集到的安徽省党校系统所办刊物数字化后整合在一起,搭建了安徽省党校系统多媒体数字报刊平台。

江西省委党校图书馆将“江西省情资料库”作为建设的重点，正在逐步做精做深，着力打造成为省委党校图书馆的品牌。广西区委党校图书馆除自建《广西区党校专家教授科研成果数据库》等专题资料库外，拟建《广西地方党史数据库》《泛北部湾经济区数据库》；柳州市委党校图书馆自建《柳州市市情数据库》；玉林市委党校图书馆自建《玉林市情文献信息库》。这些数据库的开发和建设，为广西全区党校数字图书馆联网、实现数字资源共享奠定了良好的基础。

4. 开展国内外交流活动，推进党校图书馆的开放与合作

加强国际国内的学术、业务交流等活动，有助于图书馆发展目标和发展战略的确立，有助于图书馆人眼界的开阔、思维的创新，也有助于图书馆之间的合作与共赢。因此，党校系统图书馆注意加强这方面的工作。首先，党校图书馆积极组织参加中国图书馆学会和中国社科情报学会等机构举办的年会及各种活动。其次，积极参与国家图书馆、中科院图书馆等单位举办的各种业务交流与研讨活动，以此提升图书馆职工的业务素质和工作技能。再次，除到国内有关图书馆进行观摩、学习外，有条件的图书馆还组织业务骨干到国外及香港等地进行访问、考察，调查、了解世界图书馆发展的最新进展。

2008 年 4 月 8 日至 10 日，作为中国数字图书馆建设联席会议成员单位，中央党校图书馆轮值主办了全国数字图书馆建设与服务联席会议第四次会议。会议在中共广西区委党校召开。中央党校图书馆副馆长朱满良在会上介绍了中央党校和全国党校数字资源共建共享情况，与成员单位交流了相关做法与体会。会议的成功召开标志着全国数字图书馆建设与服务联席会议各成员单位之间的共建共享继续走向深入。

与此同时，党校系统各图书馆之间还开展了观摩、互访等交流活动，以此达到互相学习、取长补短、共同进步的目的。如，中央党校图书馆组织了两个调研小组赴江苏、上海两地党校图书馆及有关

公共图书馆考察、调研;安徽省委党校组织全省各市级党校常务副校长、分管校长和图书馆馆长等赴吉林、辽宁省委党校图书馆进行考察和调研,组织部分图书馆相互学习、考察,并组织部分市党校图书馆参观考察了省内高校、公共图书馆,加强与其他系统图书馆的交流;广东、重庆、北京党校图书馆互派馆员进行工作访问;河南省委党校组织本馆人员到外地有关图书馆进行考察学习。

通过各种形式的对外交流活动,达到了开阔眼界、提高队伍素质、开放合作、互利共赢的目的。

全国党校文献信息学会还通过会刊《学会通讯》的编辑、印发,宣传党校图书馆工作的指导方针,及时反映学会工作动态,交流各地分会工作经验。

5. 促进科研和业务培训工作,改善图书馆队伍整体素质

一方面,鼓励科研创新,促进科研学术活动开展。全国党校文献信息学会及各地党校分会一年来通过组织征文、学术成果评奖、研讨会等活动,鼓励、推动党校科研学术活动的开展,特别是鼓励进行数字图书馆理论和技术的研究,通过理论的研究与探索,从而推动实践的发展。从中涌现出一批较高质量的研究成果,如,中央党校部分馆员参加了三项部级科研课题的研究;北京市委党校图书馆参与组织召开北京社科信息学会第四届会员大会和 2008 年学术论坛——“改革开放 30 年来北京社科信息研究及事业发展”;甘肃、浙江等地党校图书馆承担了国家社科基金项目和校级科研课题;广东、浙江、江苏、甘肃、青海、河南等省党校图书馆积极鼓励馆员参加中国图书馆学会 2008 年年会征文和中国社会科学情报学会的学术征文等,许多论文分别获得了一、二、三等奖,有的省党校分会还获得了征文组织优秀奖;江苏、浙江省党校图书馆还组织了学术研讨会和座谈会,通过研讨、交流,进一步开阔了眼界,明晰了工作思路。

另一方面,加强业务培训,注重建设高素质专业队伍。加强队伍建设,培养大批适应现代化、信息化、数字化需要的专业人才,一

直是党校图书馆队伍建设的工作目标之一。因此，各地党校图书馆都十分重视队伍素质的提高，不断加大培训力度，尽可能地提供给职工以学习的机会，鼓励职工通过外出培训、自学、在职深造等方式提高自身理论素养和业务技能。有关分会也主办了业务培训班，邀请有关专家讲课。同时，派人到国家图书馆、中科院图书馆、北大图书馆、清华图书馆等图书馆参观、学习，进行业务交流。如，中央党校图书馆制订了《切实加强队伍建设纲要》，以期在三五年内使全馆人员的整体素质有一个较大的提高，一年来，派出10批共18人次参加有关业务培训活动，其中两名同志参加了中央党校中直分校进修班的学习；广东党校分会举办了"广东省党校系统图书馆数字化建设培训班"；四川党校分会与省委党校工作处合作，联合举办了一期全省党校系统文献信息工作专业人员理论研讨培训班。

二、存在问题和下一步工作思路

1. 存在问题

一年来，党校系统图书馆较为圆满地完成了各项既定工作目标，党校图书馆事业有了长足的进步，特别是数字资源共建共享工作在"重庆会议"之后有了较大的进展，部分省市党校图书馆初步实现了边建边享。但是，也要看到，党校图书馆的发展也存在一些亟待解决的问题：(1)图书馆在如何应对变化的形势，转变服务理念，积极改进为党校教学科研服务的手段等诸多方面尚做得不够。(2)一个老生常谈的问题仍是，业务经费的投入偏低，特别是西部地区和内地一些基层图书馆，多年来经费增加缓慢，甚至个别地方经费和馆舍都有萎缩，使得各项工作的开展，特别是新增业务诸如数字资源建设、网络服务等工作的开展受到制约。(3)数字图书馆建设中存在的一些体制和机制上的问题，影响了数字图书馆的发展速度。在数字资源共建共享、边建边享方面，还需要加大力度推进。(4)党校图书馆的地位得不到应有的重视，长期处于边缘化状态。

由此带来诸如图书馆领导班子变动频繁、职工队伍人心不稳、人才流失等问题。而现有工作人员思想保守、安于现状、知识结构老化、年龄结构偏大、待遇偏低的现象也同时存在。(5)党校系统图书馆的整体优势尚未体现出来,东中西部党校图书馆发展不平衡的现象较为突出,各图书馆与外界乃至内部间的交流与互动尚待加强,等等。

2. 工作思路

(1)解放思想,更新观念。要在科学发展观指导下,认真贯彻、落实新修订的《中国共产党党校工作条例》和全国党校工作会议精神,开拓创新,积极探索为党校教学科研和领导决策服务的途径和方法,通过不懈努力提升图书馆的地位和形象。

(2)积极争取学校及有关方面增加经费投入,继续通过多种渠道获得图书、设备等捐赠,改善图书馆基本设施和现代化服务手段,发挥图书馆最大效益。

(3)以建设复合型图书馆为长期发展目标,统筹协调好传统图书馆业务和数字图书馆业务的关系,重点加强和推进党校系统图书馆数字资源的共建共享工作,在现有"共建"的基础上加强"共享",逐步扩大边建边享的范围。进一步加强学科化服务,提升图书馆为党校教学科研服务的水平和层次。

(4)加强科学管理和制度化建设,提高现有工作人员的综合素质,积极争取引进所需专业人才,促进党校图书馆队伍结构的优化、合理。完成《中国共产党党校图书馆工作规程》的修订工作,并用于指导各项工作的开展。

(5)充分发挥全国党校文献信息学会的作用,加强与国内外图书馆界的交流与合作,积极开展图书馆学、信息学、计算机技术等方面的研究,及时了解图书馆发展的前沿动态,学习、借鉴有关新理论、新技术、新经验、新方法,促进党校图书馆事业又快又好发展。

（秦虹撰稿）

（说明：由于材料的缺乏，因此未作相关数据的统计整理。）

军队院校图书馆

2008年是军队院校图书馆发展史上非常重要的一年。这一年隆重纪念《中国人民解放军院校图书馆工作条例》（以下简称《条例》）颁布20周年，总结军队院校图书馆20年建设成就和经验，研究新形势下加强图书馆建设的对策，推动图书馆又好又快发展。军队院校图书馆坚持传统图书馆与数字图书馆并重，全面建设，科学发展，重在服务，从而加快了发展、前进的步伐。比较突出的有以下5个方面：

一、回顾图书馆发展历程，总结20年的建设经验

《条例》于1987年12月31日由总参谋部颁发，到2007年末整整20年。2008年，从总部机关到各院校，都以纪念《条例》颁布20年为契机，回顾图书馆20年发展历程，总结20年建设成就和经验，研究新形势下加强图书馆建设的对策。总部机关主持召开了纪念《条例》颁布20周年会议，组织编写《军队院校图书馆建设与发展（1987—2007）》一书。通过上下结合的方式，对20年的情况、经验进行了全面总结。一致认为，20年来，院校图书馆建设和发展取得了辉煌的成就：一是基础条件建设不断强化。馆舍建筑面积成倍增长，一座座设计新颖、建筑美观的现代化图书馆拔地而起；馆藏资源日益丰富，具有军事教育训练特色的文献信息资源体系基本形成；设备设施明显改善，特别是以计算机为核心的网络化、数字化设备从无到有，其数量和性能逐步满足工作需要。二是数字图书馆建设步伐不断加快。总部机关重点抓了20多个数字图书馆和学科专业

网站的建设,取得了丰硕成果;各院校根据各自教学科研的信息需求,建设具有本院校特色的数字图书馆。三是图书馆信息服务水平不断跃升。图书馆坚持“读者第一”的服务理念,努力改进服务方式,变传统的手工管理为计算机管理,提高了服务效率;积极创新服务模式,加强知识的组织和导航,建立知识服务系统,为用户指引方便快捷的检索路径。四是人才队伍素质不断提高。图书馆队伍建设几经编制调整,人才结构发生了重大变化。总部机关和各个单位始终把加强图书馆专业技术队伍的培训作为重要任务,组织举办了多种类型、不同层次的培训班和学术交流活动,对提高人员素质发挥了重要作用。图书馆的同志注意理论学习和学术研究,编撰专著,撰写论文,开发软件,承担国家、军队和院级科研课题,取得了丰硕的学术研究和技术开发成果。五是图书馆整体优势不断发挥。按照“全军院校一个馆”的要求,协作工作的重点始终放到信息资源共享上,促进了整体优势的发挥。六是法规制度不断完善。1987 年颁发了《条例》并于 2003 年修订颁布;制定并颁布了《中国人民解放军院校图书馆工作规范》和《中国人民解放军院校图书馆评估实施办法》,使图书馆工作走上了健康发展的“法治”轨道。图书馆工作作为院校教学和科学研究工作的重要组成部分,纳入到院校建设的总体规划之中。图书馆和实验室、信息网络并称为院校现代化教学的“三个支柱”的认识已深入人心。

在分析形势、展示成果的同时,总结了军队院校图书馆 20 年建设和发展的基本经验。一致认为,新形势下,图书馆要前进,要发展,必须坚定不移地贯彻党的路线、方针和政策,依靠总部机关、各大单位和院校的正确领导和广大读者的大力支持;必须以信息需求为牵引,围绕服务于院校教学科研,服务于领导机关决策,服务于部队教育训练,把一切工作的着眼点放到提高文献信息保障能力上;必须统筹规划,科学发展,既要重视传统文献信息资源建设,又要坚持数字图书馆的发展方向;必须以技术进步为图书馆发展的动力,不断推进图书馆信息技术的学习和应用，提高管理水平和服务效率，实现由文献信息服务向知识服务的转变；必须坚持一体化的信息资源联合保障模式，开放办馆，联合协作，广泛实现信息资源的联建共享；必须重视图书馆人才队伍建设，加强学习业务和专业培训，不断提高馆员队伍的综合素质。

二、突出资源建设特色，展开原生文献资源建设

文献资源是图书馆的立馆之本。加强军队院校文献资源建设重在突出特色。原生文献资源是院校教学、科研、管理活动中产生并具有学术和收藏价值的文献信息资源，是最具军队院校学科专业特色、使用频率最高的信息资源。开展原生文献资源数字化建设，是创建院校信息化教学条件的重要举措，是提高院校教学、科研整体水平的必然选择。

近年来，随着军队信息化建设的推进，武器装备更新换代加快，作战理论发生重大变化，院校教育由学历教育为主向任职教育为主转变，教学科研活动围绕军事斗争准备全面展开，具有军事特色的原生文献资源大量涌现，全军院校都不同程度地展开了数字化建设工作，积累了一部分信息资源。但各院校发展不够平衡，原生文献资源数字化建设工作制度和机制尚不健全，缺乏统一的标准规范，收集种类不够齐全，专业人员流动较快，致使大量原生文献资源散失，严重影响了资源共享和效益发挥。应采取有效措施，抓紧抓好原生文献资源的建设，不断提高其利用水平。

原生文献资源建设目标是：以 3 年左右的时间，有计划、分步骤地完成 1999 年以来院校原生文献资源数字化建设阶段任务，构建原生文献资源数字化加工、存储、管理、服务于一体的集成环境，制定配套的建设管理使用规范，建设特色鲜明、种类齐全、内容完整、布局合理的原生文献信息资源库，各院校图书馆初步具备原生文献资源采集处理、分类馆藏和信息服务的能力。在完成此阶段建设任务

后，将原生文献资源数字化建设纳入年度正常业务工作，形成制度化、标准化、规范化工作机制，不断丰富和发展原生文献信息资源库，积极探索原生文献资源的开发与利用，推进资源整合与共享，共同构建具有军队院校特色的数字图书馆体系建设。

原生文献资源建设的指导思想和原则是：以科学发展观为指导，以院校教学、科研工作的信息需求为牵引，以现代信息技术为支撑，以规章制度为保证，逐步完善信息基础设施，切实加强原生文献资源开发利用，提高信息服务保障能力，促进院校信息化建设水平整体提高。要坚持：系统全面、统一标准、注重服务、共建共享和确保安全的原则。针对军队院校原生文献生成的特点，全面开展原生文献的收集工作，形成军队院校独具特色的数字资源；按照各类国际标准、国家标准、国家军用标准组织实施，确保军队院校数字图书馆信息资源的有效整合与共享交换；要做好计划，创造条件，实现边建设、边服务，在院校教学、科研和学科建设中，尽快发挥建设成效；加强计划与协调，在统一的技术平台和标准规范基础上，实施联合建设与联合服务，并形成面向全军服务的能力；严格执行国家、军队信息安全保密法规和技术标准，加强监管，确保安全。

院校原生文献资源的建设任务主要包括：1. 硬件环境建设。主要由数字化加工设备、存储设备、安全保密设备设施及保密电子阅览室设备等组成，搭建原生文献资源的数字化加工、信息安全阅览必需的环境。2. 软件平台建设。主要由操作系统、数据库软件、数字图书馆通用平台等组成，对资源进行标引、录入和管理。为规范资源建设与管理，促进资源共建共享，数字图书馆通用平台由总部统一配发。3. 资源库建设。主要由原生图书库、教材库、期刊库、学位论文库、学术论文库、研究报告库、教案库、案例库和教学科研成果库等 10 个资源库组成，是建设的核心内容。4. 人才队伍建设。主要由专家队伍、技术队伍和安全管理队伍等 3 支队伍组成。图书馆专家队伍负责全军院校原生文献资源数字化建设的技术指导和标准化工作。各院校技术队伍和安全管理队伍负责原生文献资源数字化建设的具体实施与安全管理。5. 规章制度建设。主要由原生文献资源建设、管理、使用规章制度组成。明确院校各部门职责，规范原生文献的提交、管理、服务、利用的工作流程，细化安全保密措施和经费使用要求，保证原生文献资源数字化建设的法制化、制度化。

三、面对院校教育转型，强化信息和知识服务

图书馆的建设和发展必须以院校教学科研的信息需要为导向，以满足读者日益增长的信息需求为目标。全军第十五次院校会议确定军队院校教育由学历教育为主向任职教育为主转变，建立和完善以岗位任职教育院校为主、岗位任职教育与生长干部学历教育分离、军事特色鲜明的新型院校体系。军队院校教育的这一转型对院校图书馆信息服务提出了新的要求。一是信息服务思路必须及时转变。任职教育是一种面向国防的职业教育、面向岗位的专才教育、面向职责的能力教育、面向需求的随机教育，具有军事职业性、岗位指向性、实践依赖性和整体融合性。这决定了任职教育的信息需求有别于学历教育。作为院校教学科研的学术性保障机构，图书馆所开展的信息服务必须进行针对性调整，以满足任职教育下用户的各种信息需求。二是信息服务领域需要逐步扩大。随着院校教育转型，军队院校的培训任务、培训对象及其信息需求都在发生着巨大变化。仅仅举一馆之力，就能彻底满足学员的信息需求，就能很好地为教学和科研提供强有力的信息服务保障，几乎是很难做到的。因此，军队院校图书馆的信息服务对象必须从院校向部队延伸，跟随学员走向岗位，实现全过程信息服务保障；信息服务的主体必须不断扩大，与军队兄弟院校以及地方高校、科研院所等单位的图书馆形成合力，联合保障；信息服务的形式必须不断扩大，在文献信息增值方面下工夫，拓展信息服务方式方法，并将各种方式有机

融合,协调发展;信息服务的热点适时把握,密切跟踪与国防军事相关的热点问题,提供及时有效的专题服务。三是信息服务需求应该适时把握。军队院校教育转型必然带来图书馆信息服务对象及其信息需求的变化,应适时把握这些变化,为图书馆提供高质量信息服务指明方向。

为此,要认真分析军队院校任职教育培训对象信息需求的特点,有针对性地搞好信息和知识服务。院校教育转型后,培训对象的特点:一是来源分布广。培训对象包括"两类"(指挥人才和技术人才)、"三层"(战略、战役、战术)、"四岗"(军事、政治、后勤、装备),囊括了军委、总部、各大军区、军兵种部队、院校、科研院所及武警部队从军到排各级军官以及士官,相对学历教育培训对象类型全,分布广,既有较大的差异性,又有较强的互补性,信息需求全面、多样。二是学制短学时紧。任职教育以在职进修、专题教育和岗前培训等为主要形式。根据培训对象类型和培训任务目标的不同,往往采取不同的学制,但与学历教育相比都比较短,长则一两年,短则几个月甚至数周。从目前看,各院校的教学安排都比较紧凑,学员课余时间相对较少且安排丰富,很多图书馆反映任职教育后,学员来馆人数明显减少。三是学习目标明确。任职教育培训学员有些为后备干部或预提对象,有些有着明确的毕业分配指向,有些离职时间不长,他们对任职中遇到或可能遇到的现实问题比较重视,希望学成后回到部队能够有针对性地解决实际问题。因而在校学习时目的性相对很强,学习动力足,信息需求旺盛。四是素质能力有待完善。与学历教育对象相比,任职教育对象的政治、军事、文化和心理素质相对较好,但参照新型高素质军事人才的标准,很多人阅历简单、素质结构不够完善,尤其是军事科技素质、联合意识、信息素养和指挥能力亟待提高。

根据以上分析,图书馆必须更新观念,端正服务方向,创新服务方式,与时俱进,加快信息服务改革的步伐,不断提高服务信息和知识服务的水平。一是确立新的服务理念。要以适应需求、高效便捷、交流互动、规范统一为服务原则，坚持传统服务和现代化服务方式相结合；树立崇尚服务、融入服务、个性服务、精细服务、协调服务、共享服务的理念，充分调动图书馆工作者的积极性，发挥“全军院校一个馆”的整体优势，以用户满意为标准，把信息和知识服务工作做深、做细、做扎实。二是不断延伸服务领域。要把为院校教学科研服务、为领导机关决策咨询服务、为部队教育训练服务作为图书馆的基本职能，各项建设和工作都要围绕“三个服务”展开，以“三个服务”的质量和水平来检验。三是切实改进服务方式。要在继承、变革传统图书馆服务方式，继续推行数字图书馆的信息推送、信息定制、课题跟踪、科技查新等服务手段的基础上，进一步拓宽思路，运用现代图书馆技术，不断改进服务方式和手段，以全文数据为资源基础，以数字图书馆核心引擎为技术支撑，以互动咨询为服务特点，实现图书馆与用户的交流互动，为其提供简便快捷、自助选择、免费获取、无所不在的优质高效服务。有条件的图书馆要创建具有军队院校特点的信息共享空间(IC)，开展主动融入式服务。在高素质馆员、学科专家、信息技术人员等共同参与下，整合各种先进的服务方式和手段，为用户(包括个人、小组或学术团队)的学习、研究活动提供一站式服务的场所，为重点学科、重大科研课题提供特需的专题文献信息和专业知识，实现信息服务向知识服务层次的转变。四是完善联合服务保障机制。院校图书馆应依据《中国人民解放军院校图书馆工作条例》和《院校图书馆工作规范》等相关法规，充分发挥“全军院校一个馆”的整体优势，建立并不断完善整体联合、区域联合、项目联合、专业联合等多种联合服务保障机制。五是搞好用户信息素质教育。对学历、学位教育的学员，要按照总部机关规定的学时，将信息素质教育(文献检索)课程纳入教学计划和课程安排；对任职教育学员，利用多种形式组织专题讲座，对新学员组织怎样利用图书馆的教育，提供学员利用图书馆文献信息的能力。

搞好图书馆的宣传推介活动，让用户充分了解馆藏文献资源和网上数字信息资源；通过开办各种文化展览、举办系列文化专题讲座和网页推介、网上论坛等多种形式，利用信息员、联络员等多种渠道，开展与读者的交流互动，广泛听取读者意见，满足用户个性信息需求；要了解和掌握用户的心理动态和需求变化，加强人文关怀，把信息服务工作做到细微之处。

四、适应队伍结构调整，加强文职人员的培训

全军第十五次院校会议之后，《中国人民解放军文职人员条例》颁布并实施，军队院校图书馆工作人员构成发生了重大变化，一大批从社会上公开招聘的在编制、非现役文职人员到军队院校图书馆来工作。图书馆过去以文职干部为主体的队伍结构改变为文职干部为骨干、文职人员为主力、职员职工为补充的结构模式。总体上看，文职人员队伍年纪轻、学历高、专业基本对口，是军队院校图书馆一支积极活跃的新生力量。但是，这些人来自社会，大都刚刚走出校门，不具备军人素质，不熟悉军营生活，不懂得军队院校图书馆业务，必须加强教育和培训，使他们身入军营，心系军队，树立军魂，实现由老百姓到军队工作者的转变。2008 年，从总部机关、军事信息人才培训基地、军队院校图书馆委员会到各院校，都十分重视文职人员的教育培训，除各单位自办的多种形式的培训外，总部机关在南京政治学院上海分院举办了 4 期文职人员培训班，培训员额 180 名。

4 期培训班的共同特点：一是领导重视，准备充分。从培训主题和培训目标的形成，到教学方案和教学内容、方法的确定，都得到了总部机关的直接指导。上海分院领导、机关对这期培训班十分重视，专门召开了准备会，从教学、参观、日常管理到接送站、吃住生活等后勤保障一一进行落实；军事信息管理系为办好这期培训班，并使培训的内容更加贴近军队信息化建设及各馆的实际，教学的方法

更能适应“军队院校图书馆文职人员培训班”学员的要求等，多次进行研究。在全面领会总部机关指示精神和充分征求领导、专家意见的基础上，制定了详细的教学计划和实施方案，并逐个环节地检查落实。编制了教学大纲、教案、讲义等教学资料，选调了9名熟悉军事信息管理学、数字图书馆技术和精通信息安全、教学经验丰富、责任心强的高职教员承担培训班的教学工作。在总结上期办班经验的基础上，特别指定了2名青年骨干教员作为教学指导组，负责培训班的教学保障。军事信息管理系、督导组及信息资源管理教研室分别对每个专题讲授的内容专门组织了试讲，以确保培训班的教学质量。在教技中心等单位的配合下，认真检查调试了各种教学设施设备，所有课程、专题讲座都制作了多媒体课件，实现了教学手段的信息化。二是目的明确，针对性强。各期培训班的培训目的比较明确，就是以提高图书馆文职人员的业务素质和工作能力为目标，突出对参训人员在图书馆基本理论、业务知识以及操作技能等多个方面进行培训。通过培训，使受训人员充分了解军队信息化建设的时代背景，深刻领会军事信息化建设的精神实质，了解军队现代化建设、信息化建设特别是图书馆信息化建设的现状，了解图书馆工作的规程与核心业务，树立起热爱图书馆工作、立志在图书馆干好工作的意识，最终从理念、技术和能力上全方位地提升参训人员的整体素质，为推进军队信息化建设和军事训练信息化向纵深发展提供强有力的人才和智力支持。三是针对特点，适应需求。军事信息管理系在办班前后共做了3次问卷调查。第1次问卷调查即刚入校的调查，主要是对政治面貌和年龄、学历层次的调查，对学员的知识背景、学员的具体岗位需求以及文职人员的来源、动机、发展潜力、发展诉求、发展规划、待遇等一系列问题进行调查，目的是设计和优化教学内容，改进教学方法和授课形式，增加实践性环节等，同时也为总部机关建立图书馆文职人员相关规章制度，完善图书馆文职人员的招聘、使用、队伍建设出谋划策。通过问卷调查分析发现，文职人员对以下的知识技能需求较迫切:(1)军校图书馆自动化管理系统的原理与操作,共有45%的文职人员作为第一选择;(2)数字图书馆的原理与建设,共有26%作为第一选择;(3)图书馆的基本业务技能,包括信息组织、信息编目、信息检索、信息服务等,共有17%作为第一选择;(4)情报研究理论,共有4%作为第一选择;(5)其他内容,如管理学理论、信息安全技术等,共有8%作为第一选择。上述这些需求贴近图书馆岗位实际,贴近文职人员的发展需要。四是内容系统,重点突出。培训班以图书馆基础理论和基本技能学习为龙头,培训内容囊括了图书馆学理论、现代信息技术、军队信息安全、新军事变革、军队数字信息资源、信息化建设以及军队院校图书馆事业的建设与发展等从微观到宏观诸多建设上的理论与实践问题。还根据学员的实际需求,增加了军队院校网络信息管理系统等课程。五是方法多样,注重实效。(1)抓好教学组织。根据教学内容设置及任务分工精心备课,认真组织试讲;落实课前布置和课后小结等制度,认真实施课堂讲授;运用先进教学手段,努力增强授课效果;认真组织好外请报告、教学参观及教学研讨等活动。(2)改进教学方法。根据教学对象的特点实施专题式、研讨式、案例式、开放式教学,充分发挥教员的主导作用和学员的主体作用,注重教学相长,共同提高。根据学员的诉求,将全体参训学员分成了9个小组,每个小组中的人员都有相同或相似的需要,配备相关教员予以指导,真正做到了有的放矢,使学员感到"十分解渴"。始终坚持讲练结合、学以致用、注重实效的原则,紧扣军队信息化建设和管理过程中的关键环节以及可能会遇到的问题,抓住军队信息化建设中的重点、疑点、难点、热点实施教学。教学方法灵活,视学习内容的不同,选用启发式、研讨式、学导式等多种方法。(3)创新教学模式。采取课堂讲解、案例分析、多媒体课件演示、交流研讨、参观考察以及结业考试相结合的模式。为了保证参训人员能够实施自主式教学,充分调动学员的学习积极性,专门为本期培训班精选了一批教学辅导材料。在考试形式上，坚持采用口试、笔试与论文交流相结合的方式，既考察了学员对知识的掌握，又避免了学员死记硬背，促使学员学以致用。六是严格制度，加强管理。为了加强对培训班的组织管理，坚持照章办事，严格管理；指派两名教员担任教学保障教员，专门负责教学管理和协调工作。为了及时收集了解学员的反馈意见，每2周召开一次由系领导、跟队教员、队干部和学员代表参加的教学例会，专门总结前阶段教学和行管方面的成绩、问题；认真收集和虚心倾听参训人员的反馈意见，积极主动地改进教学方式方法，及时调整教学内容和程序；研究讨论后面两周教学与行管工作的重点和措施，并提出要求。

通过有计划、系统性的培训，收获显著。一是提高了对军队信息化建设重要性的认识。通过培训，参训人员尤其是那些刚刚开始从事军队信息化工作的同志感到加深了对军队信息化建设重要性的认识，进一步明确了军队信息化建设、数字化建设今后努力的方向。二是增强了对信息技术和体系构成的了解。学员们反映，过去在实际的工作岗位上比较专注于局部的技术性问题，对图书馆信息化的认识较多地停留在理论层面，缺少实践经验的积累。通过这次培训，特别是将课堂讲授和探讨有机地结合，大家在全局上较系统地了解并掌握了数字信息从采集、加工、组织到检索、安全保障等信息化的主要关键技术；学会了比较完整地分析并构建信息资源加工子系统、信息资源存储管理子系统、信息资源调度子系统、信息资源网络运营子系统等核心体系及其功能的基本方法。对于新开发的Milnets管理系统，我们在第一时间对学员加以培训，也为今后开办专门性的培训班积累了经验。为了帮助大家了解目前地方单位在推进信息化建设方面的成功经验和做法，还专门组织参观了上海图书馆。三是进一步积累了承办此类培训班的经验。军事信息管理系继上半年首次承办军队图书馆文职人员培训班之后，又承办了本次培训班。本期培训班时间长，教学内容多，管理比较复杂，参训同志的知识结构参差不齐，反映在教学工作和日常的行政管理上也面临严峻的挑战。针对以上这些问题和困难，我们周密计划，把管理的重点放在教学质量和教学秩序上，严格教学规律，按条令条例管理部队，同时，注意听取学员的反馈意见，科学安排教学活动，力争使教学形式多样，内容丰富多彩，课堂教学、参观见习、阅读文献、撰写论文、研讨交流等教学环节有机结合。系资料室除正常为参训学员开放外，还利用晚上时间开设专场，免费为学员查阅、复印教学参考资料等。

五、结合院校教学评价，搞好图书馆评估工作

2008 年，是结合院校教学评价进行图书馆评估的第二年。《中国人民解放军院校图书馆评估实施办法》于 2005 年 4 月颁发，2005、2006 年在 7 所院校图书馆单独进行了图书馆试点评估，摸索了图书馆评估的经验。2007 年起，将图书馆评估纳入院校教学评价结合进行。2008 年结合教学评价对 10 所院校图书馆进行了评估。

图书馆评估是用统一的标准对军队院校图书馆所具备的服务能力和所达到的服务水平进行系统评价和确认的活动。这种活动不同于一般的工作检查、也不同于平常的竞赛评比，它是一种由总部统一组织，采用统一标准，经过统一的程序对军队院校图书馆的全面情况作出综合评价，并确定每个图书馆的得分等级的组织行为。图书馆评估既是对每个图书馆建设、管理和服务状况的分析评价，又是对各馆之间条件绩效差异优劣的比较，从而为图书馆的微观管理和宏观管理提供依据。

两年试点中单独进行的图书馆评估，以及近两年结合院校教学评价进行图书馆评估，其作用都不可低估。4 年的图书馆评估实践，主要作用体系在以下 4 个方面：一是促进作用，促使各级主管部门增强对院校图书馆工作的关注和重视。评估能向各级领导、主管部门和读者传播图书馆管理和工作成效的信息，也能给各级职能部门一个较强烈的信号——必须确保图书馆的基本办馆条件，从而对院校图书馆工作予以应有的关注、理解，强化对图书馆工作的重视和支持，加强对图书馆的领导，加大资金、人才和物资投入力度，为图书馆的工作和发展创造更加良好的生存环境。例如，某士官学校图书馆，1999年以前，全馆包括办公费在内的经费只有2万元，年购书几百册，期刊数十种。近几年来，经费投入显著加大，2005、2006年，年度经费48万元，2007年增至70万元，2008年达到100多万元。馆舍和基础设施建设成效明显。据统计，截至2007年底，全军16所院校新建并投入使用的图书馆17个（国防科技大学建了2个新馆），新增馆舍建筑面积总计16.13万平方米。新建馆舍建筑面积1万平方米以上的有10个馆，最大的图书馆建筑面积达到2.2万平方米。另有多所院校在原有馆舍基础上进行了改扩建。新建和改扩建图书馆的院校占院校总数的1/3以上。不少院校还投入大量经费对图书馆的设备设施和内外环境进行了改造装修，许多老馆面貌一新。二是导向作用，促使图书馆为读者服务质量得到稳步提升。评估对于图书馆的服务种类、内容和质量作出了比较详细的规定，迫使图书馆领导和工作人员牢固树立服务观念和“读者第一”的意识，深化信息服务的途径，对文献信息进行多方揭示、深层加工、有序开发、针对性提供。图书馆加强宣传引导，简化办证手续，延长开馆时间，建立读者联络员制度，开辟馆长热线，想方设法吸引读者到馆借阅，有效遏制了传统借阅服务量下滑的势头，读者到馆率、文献借阅率逐渐上升。继续强化教育职能，加强了对读者的信息素质教育。对学历教育的学员，要按照总部机关规定的学时，将信息素质教育（文献检索）课程纳入教学计划和课程安排；对任职教育学员，利用多种形式组织专题讲座，对新学员组织怎样利用图书馆的教育，提高学员利用图书馆文献信息的能力。三是凝聚作用，促使图书馆各种力量空前齐心协力。在迎评准备中，各级机关、院校领导、图书馆员和广大读者用户真正聚集在一起，心往一处想，劲往一处使，共同思考、评判图书馆的办馆条件、能力和水平。特别是 2007 年将图书馆的评估纳入军队院校教学工作评价体系,并规定图书馆评估达到 90 分以上,院校教学工作才能得“A”(优秀),促使院校领导和机关部门不仅在人财物力上给予了极大的支持,使办馆条件得到较大程度的改善,更为重要的是将图书馆的宏观调控机制建立并有效运行真正放在心上。其具体体现是:由主管图书馆工作的院校领导、图书馆馆长、用户代表共同组成的文献工作委员会建立起来并开展工作;图书馆履行统一组织院校的文献信息工作的职责,图书馆书目统一反映各系资料室文献收藏情况,并实现整个院校文献资源共享;将图书馆工作建设纳入院校发展规划,或机关牵头制定本院校图书馆发展规划、年度工作计划并认真落实了。各级领导和机关对于图书馆建设的前所未有的重视和支持,给图书馆馆长和全体工作人员极大的激励和鞭策,同时也给图书馆尤其是馆长们带来了评估达标创优的巨大压力。图书馆评估中,评估专家作为第三方,通过个别访谈、座谈会、满意度测评等方式听取读者对图书馆服务水平和质量的评价意见,既更为客观地了解到读者对于图书馆工作的真实看法,也提高了读者参与的积极性,促使读者今后更加关心和关注图书馆建设。四是纽带作用,促使全军院校图书馆联合协作不断加强。图书馆评估的过程,也是各院校图书馆之间,图书馆和教学科研单位之间加强交流、相互学习的过程。图书馆评估密切了各图书馆之间的联系,图书馆之间互相走访,未参评的图书馆向已经进行了评估的图书馆登门取经,促进先进经验的传播推广,达到激励先进,鞭策后进,取长补短,共同前进的目的。

医院图书馆

2008 年,各级医院图书馆认真贯彻十七大精神,学习实践科学发展观，继续加强和完善医院图书馆等医学信息服务体系建设，以服务医疗、教学、科研和管理为最高宗旨，加快医学信息行业合作，共同推动我国医院图书馆等医学信息服务事业的建设与发展进程。

一、2008 年度基本统计数据及增减变化状况

1. 图书馆编制及增减情况

2008 年末，全国三级医院 1192 个、二级医院 6780 个（其中包含中医医院、专科医院、妇幼保健院），全国疾病预防控制中心 3534 个（其中，省级 31 个、市地级 390 个、区及县级市级 2708 个，省级图书馆相当于三级医院图书馆规模），以及全国各省市的医学信息中心，基本上都建立了图书馆或信息科室编制，面向全国约278 337个卫生医疗机构的卫生人员 616.9 万人，承担着提供纸质文献或数字化医学信息资源的任务。由于编制体制的调整，与 2007 年度298 408个卫生医疗机构相比，2008 年度的图书馆或信息科室编制总数变化不大，只有减少，没有增加。

2. 馆舍建筑面积及年度新增

馆舍面积建设一般与医院等级成正比，二级医院平均馆舍面积约在 300 平方米；二级医院平均馆舍面积约 100 平方米。截至 2008 年末，全国医院图书馆面积约 138.9 万平方米，与 2007 年度相比，现有馆舍的面积新增不超过 2.3%。

3. 文献藏量累计及年度新增情况

包括中外文图书、中外期刊在内，三级医院图书馆平均纸本馆藏约 3 万册，二级医院图书馆平均纸本馆藏 0.8 万册。截至 2008 年末，全国医院图书馆藏量累计为 9000 万册，年度新增比例为 4.4%。数字化资源增幅较大，与 2007 年度相比，新增比例约为 10%。

4. 年度总经费及年度新增

2008 年度总经费，三级医院平均约为 10 万，二级医院平均约为 1 万元。2008 年度总经费18 600万元，年度总经费新增比例平均为

3.7%。

5. 年度文献资源购置费及年度新增

各级医院图书馆年度购买资源经费比例基本为：期刊占66.9%、购书占10.8%、购数字化资源占17.4%、其他4.9%。2008年度文献资源购置费，为17 688.6万元，年度新增比例为5%。

6. 年度中文图书购置情况

三级医院图书馆年度中文图书及期刊购置量平均500本，二级医院图书馆每年只订购少量中文图书、期刊，租赁、合用数据库。

7. 年度读者情况

由于各级医院图书馆数字化资源的日益加强和完善，通过网络获取医学信息的读者人次激增，相反到馆借阅的人次有所减少。

8. 年度外借册次情况

由于各级医院图书馆数字化资源的日益加强和完善，通过网络获取医学信息的读者人次激增，2008年度外借册次也有所减少，尤其是二级医院图书馆，由于经费有限，医学资源更新较慢，使用满意率为20%。

9. 职工人数编制情况

包括正式人员与临时聘用人员在内，85%的三级医院和10%的二级医院图书馆平均编制3人；15%的三级医院和90%的二级医院图书馆编制为1人。

二、2008年度基本发展趋势及特点

1. 基本发展趋势

2008年度，医院图书馆等医学信息服务行业的建设虽然都得到了较大的发展，无论在硬件还是在软件建设上都上了一个新的台阶，基础设施等条件得到了较大改善，资源建设力度加大，馆员队伍结构得到优化，地位和作用日益提高。其主要原因在于卫生医疗行业的飞速发展带来的医学信息需求量的激增，上级主管部门和医院

都给予了极大的关注和重视。其次是卫生医疗从业人员对于获取医学信息的方式要求更加方便、快捷，并且要求获取成本更低。再次是卫生医疗从业人员这一庞大的医学群体日益增长的信息需求。据《2008 年我国卫生事业发展统计公报》数据显示，2008 年末，全国卫生从业人员达 616.9 万人，而且每年以 5.1% 的速度增长。

但是，只有 85% 的三级医院、30% 的二级医院拥有比较完善的图书馆，资金、资源、人力配备等比较规范，医学信息服务情况较好，医学信息资源获取比较方便、快捷。15% 的三级医院、70% 的二级医院图书馆在经费、人力、物力投入方面严重不足，其地位、作用相对医院建设而言，几乎不被重视，都不同程度地存在着工作兼职、隶属于病案室或信息科室、工作人员职责分工不清、资源数据混乱等情况，医学信息资源的获取途径不畅，获取成本过高，既费时、费力又费钱，成为严重阻碍医院图书馆的发展主要因素，并且形成了一种恶性循环。

2. 主要存在问题

(1)图书馆建设差别很大

目前，虽然部分医院图书馆普遍采用了现代化的资源管理方式和国际上主流的网络技术进行构建，建设得非常先进，甚至达到了国外最高的水平，但是，由于地区、经济、领导重视程度不同，在经费投入、馆舍建设、馆藏资源建设等方面，即使相同等级的医院图书馆也差别巨大。解放军医学图书馆馆舍面积达到20 800m^2，而有的三级医院图书馆只有 12m^2，甚至有的与病案室合用、租用馆舍；国家医学专业图书馆年度经费最多，约为 3000 余万元，而有的三级医院图书馆年度经费只有 200 元，有的甚至一年不购买任何资源；有的三级医院图书馆人员编制人员为 19 人，而有的三级医院院长兼职图书馆馆长，管理人员是医院办公室工作人员兼职；13% 的三级医院图书馆、65% 以上的二级医院图书馆由于经费投入不足，没有购置检索数据库，所以就没有配备电子阅览机位。另外在管理体制上，很多图书馆与医院的信息部门各自为政,导致图书馆纸本文献信息服务与电子信息服务难以得到有效整合,形不成自主的网络资源服务。

(2)编制结构不合理,整体素质不高

医院图书馆人员编制数量相对卫生医疗人员编制严重不足,专业、知识层次、年龄、岗位等结构配置极其不合理。高级职称、高学历、图情专业人员占的比例极低。医院图书馆成为老、弱、病、残、休的中转集散地,是造成非专业人员任职、人员业务素质普遍较低的主要原因,导致馆员工作缺乏兴趣、热情与动力。

(3)经费投入存在随意性

在主要资金投入使用上,由于缺乏科学、合理的制度保障,普遍存在着较大的随意性。在馆藏方面,藏书数量不足,质量不高,结构不合理,利用率不高;在馆舍方面,功能设计布局不够合理,实现信息化程度低;在电子信息建设方面,数据功能单一、数据重叠,与纸本文献资源经费投入比例畸高或畸低。这一方面直接影响图书馆建设的质量,另一方面对经费的投入产生误导。

(4)服务手段传统,满足需求比例较低

由于信息资源的网络化发展,读者获取资源途径越来越广泛,读者的信息需求已由单一性转向多样化、多层次性,对非文献型的需求比例在逐步增加,越来越重视信息获取的便捷性,希望在家庭、办公室或交通工具上,通过计算机、远程通信技术随时利用图书馆的资源,及时获取信息。所以,读者对到馆借阅、查询的依赖程度明显降低,来馆读者流通量亦较以往有所减少。但大部分医院图书馆的服务职能仍局限于文献借阅和封闭在藏书楼内,多数仍然停留在传统服务上,图书馆员的观念比较陈旧,现代技术的应用,服务领域的拓展,服务模式的创新还很不够。

(5)资源数据化市场亟待规范

目前,只有几所医院进行馆藏文献数字化,有些自建数据库一般为书目数据库。数据化资源主要依靠参与医学信息数据库开发的企业、公司提供，但由于标准规范不一，质量、层次参差不齐，供方、需方市场相对混乱。从已配备数据库来看，有的管理系统不成熟，有的功能模块不齐全，使用不方便。在开发数据库建设工作中，各自为政，编目数据混乱。在应用上，许多医院图书馆也仅仅停留在图书编目检索与流通上，使数据库资源得不到充分应用。

(6)资源共享建设进程较慢

目前，绝大部分医院图书馆都认为在信息交流和资源共享方面尚有很大的发展空间，然而，只有各地医学院在推动附属医院的信息化资源共享进程方面效果明显，其他单位或地区的资源共享建设进程和观念相对滞后。目前，绝大部分医院图书馆尤其是不发达地区和资金匮乏的医院图书馆迫切希望建立区域资源共享网络，但大都不具备承担具体工作的实力，且陷于希望免费共享数据库资源的误区。

三、问题剖析

(1)经费决定建设

图书馆是公益性、服务性、消耗性单位，主要靠上级划拨的事业性经费支撑，相对而言，地域、单位经济发展快，领导观念端正，则图书馆建设受重视；反之，投入少，建设难，发展慢。

(2)素质影响作为

面临新形势下的任务需求，各级领导以及包括馆员自身不能适应任务转换需求，不能及时实现观念转变，不能正确定位医院发展决策、科研教学、临床治疗的真正参与者，承担起信息专家、信息向导、信息管理者、信息顾问、系统专家等角色，仍然滞留于传统意义上价值不高的“图书保管员”角色。

(3)孤军奋战，限制地位

医院图书馆发展历史比较短，馆际之间缺乏合作机制，共享意识薄弱，缺乏全局观念和合作精神，相互合作不易，协调艰难，各地区医院图书馆之间的文献信息资源的配置极不平衡。加强共享共建的呼声还很微弱，政府对此没有引起重视，联机编目、集团采购、馆际互借、共建共享呼吁多，实现少。很难让社会和各单位领导及专家有加强医院图书馆建设的紧迫感。

(4)宣传不够，缺少发展共识

一个国家、一个企业、一个医院要想可持续发展，没有创新不行，创新没有信息不行，搞信息化建设，不重视信息源的建设，信息化只是一句空话。图书馆是医学信息的聚集所和传播枢纽，其作用与地位不言而喻，医院的发展、人才队伍的建设、科学研究的成功都离不开图书馆。但由于宣传不够，达不成发展共识。

(5)法规滞后，制约发展

目前，我国缺乏相关的规范全国医学信息服务机构和行业的统一立法，只有部分地区依靠各省学会(如广东、浙江分会)与地方政府卫生部门联合制定一些相对规范性文件来进行自我调节，因此，我国医院图书馆等医学信息服务行业基本处于无章可循、无法可依境地，其法律法规建设呈现空白状态。由于缺乏建设的基本条件、要求与统一标准，也缺乏明确的发展目标牵引，只能工作靠精神，建设靠游说，发展靠忽悠。

四、前景预测

新时期、新形势、新发展，犹如一把双刃剑，既挑战医学信息服务行业的生存危机，又展现出无限的发展生机。

(1)积极宣传，形成社会共识

信息社会、信息经济、信息科技。谁掌握了最新信息，谁就掌握了主动权，谁掌握了某一学科的最新信息，谁就占领了这一学科的制高点。信息化建设是落实科学发展观的重要内容。医院图书馆是医学信息的聚集所和传播中心，它在医学科技进步、医院整体水平及人员素质的提高方面具有不可替代的重要作用，发挥强大的支持与后盾作用。

(2)苦练内功，提高专业素质

采取被动服务与主动服务相结合、场馆指导和远程服务相结合的方式来满足读者的信息需求，将成为未来医学信息服务行业和馆员的工作任务。因此，医学信息服务人员必须积极更新陈旧的观念，努力提升专业素质，熟练应用现代技术，拓展服务领域，创新服务模式，才能真正成为图书馆发展的灵魂，成为图书馆赖以生存和发展的根本条件。

(3)加强合作共享，增进资源效益

一个行业、一个部门、一个岗位要想有地位，必须加强行业沟通与合作，医院图书馆靠一馆之力永远难以满足庞大读者群的信息需求。在资源集团采购、联机编目、馆际互借、数字图书馆建设等，要形成行业联盟，实现区域资源网络共享，使现有经费与资源发挥最大效益。

(4)力争支持，多方合作共建

图书馆是公益性单位，不能以营利为目的，医院图书馆面临生物医学信息资源量大(SCI 的 50%，中国期刊总量的 1/6，每年中文新书的 1/16)且价格昂贵，除靠政府投资这一主渠道以外，还应积极争取企业与个人赞助、学者捐赠、对外交换等。

(5)推动法规建设，加强后续发展动力

卫生医疗单位经济快速发展与医学信息服务行业的发展呈现倒挂现象，是法规建设这一基本软实力发展滞后造成的。目前美国、英国、日本等经济发达国家对医院图书馆建设极为重视，纷纷颁布各种法规、条例来保证其顺利运行。但是，我国目前缺乏行业的法规保障，没有规则的制约，只靠个人热情、游说、忽悠解决不了根本问题，盲目的资金投入，大量资源在无形流失、浪费，发展成为空谈。科学的制度建设是保障。也就是说，要用严格的制度去约束人的行为，杜绝随意性，建立设施和资源的保管、维护、使用制度，建立经费投入和保障机制，建立科学的以经济指标为牵引的价值评估机制与反馈机制来确保医院图书馆等医学信息服务行业的良性发展和建设，这是最根本、最关键的问题。

建立健全法规建设的根本意义还在于，完善医学信息行业市场规范自律机制，促进医学信息市场行业的健康发展，实现领导的科学决策能力。使图书馆的无序建设变为有序建设，使管理职责不清变为职责明晰，使原来的照顾安置人员变为有标准遵循，也可改变由领导兴趣变为法制，增强后续发展动力。

推动法规建设需要行业联动，亟须成立专家队伍，进行规范研究，制定标准与依据，按照程序通过，改变过去依靠专家呼吁、个人游说的被动局面。应先从经济发达省市或三级甲等以上医院开始试行，再逐步推广开来，为制订医学信息服务行业管理规范标准提供实践基础。中国医学信息服务行业的法规建设并非一日之功，是一个任重道远、循序渐进的过程，而且需要整体行业作为坚强后盾才有可能实现。

中小学图书馆

一、全国教育的发展状况

从全国教育事业总体发展来看，2008 年，全国各级各类教育持续协调发展，各级教育的入学机会进一步扩大，教育资源配置更加合理，教育质量有所提高。

学前教育规模持续增长，毛入园率大幅提升。2007 年有幼儿园 129 086所，在园幼儿 2348.8 万人，比 2006 年增加 85 万人。2008 年幼儿园为133 722所，比 2007 年增加了 4636 所，在园幼儿达到 2475 万人，比 2007 年增加了 126.1 万人，增长 5.4%，是近年来增长最大的一年。与 2002 年相比，在园幼儿增加了 439 万人，累计增长 21.6%。但是，即便如此到 2010 年仍将难以如期实现《“十一五”教育事业发展纲要》提出的 55% 毛入园率目标。因此，加快提高全国学前教育的普及水平，客观上仍面临一定的困难。

中等职业教育 2007 年发展迅速，有中等职业学校14 717所，在校生 1940.7 万人，比 2006 年增加 130.8 万人，增长 7.2%。2008 年，中等职业学校在校生为 2056.7 万人，比 2007 年增加 68.4 万人，增速有所放缓。与 2003 年相比中等职业教育规模累计增加了 800 万人，增长高达 63.6%，反映了国家大力发展中等职业教育的相关政策和措施得到落实。

高等教育规模稳步发展，2008 年全国各种形式高等教育在学总规模达 2907 万人，比 2007 年增加 207 万人，增长 7.7%，延续了近三年来年均增长 200 万人左右的发展态势。与 2002 年相比，增加了 1307 万人，累计增幅达 81.7%。

1. 义务教育阶段规模逐年缩小

2008 年全国普通小学在校生为103 315 122人，比 2007 年减少 2 324 905人，减少 2.2%，比 2006 年减少3 800 224人，减少 3.5%。与 2002 年相比，小学在校生已累计减少了 1825 万人，减幅为 15%。

2008 年全国初中阶段在校生为55 849 710人，比 2007 年减少 1 512 237人，减少了 2.6%，比 2006 年减少3 729 781人，减少了 6.3%。与 2002 年相比，初中阶段在校生已累计减少了 1102 万人，减幅达 16.5%。

2008 年义务教育阶段的办学规模，发展延续了近年来普通小学、初中阶段在校生持续减少的态势。其中，随着城乡免费义务教育的全面实施、进城务工农民子女在流入地城市就读等政策的落实，义务教育阶段城市招生人数继续增加。2008 年城市小学招生类型三年回升，达 300.5 万人，比 2007 年增加 4.7 万人；城市初中阶段招生 354.7 万人，比 2007 年增加 10 万人。而农村义务教育阶段招生数继续减少。2008 年农村小学招生 1395.2 万人,比 2007 年减少 45.1 万人;农村初中招生 1504.9 万人,比 2007 年减少 18.9 万人。

出现全国农村义务教育招生大幅减少、城市招生人数有所增加的现象,除学龄人口变动原因外,也与东部地区城市化推进和中小学布局结构调整等因素的影响有关。如果逐省分析,农村招生人数有增有减,其中江西和安徽的农村初中招生人数分别比 2007 年增加了 23 万人和 6.7 万人,无疑这将对这些省份义务教育资源配置、办学条件改善和教师配置都会带来新的压力与影响。

2. 高中教育阶段规模逐年扩大

2008 年是近年来高中阶段教育规模增加数量最小的一年,在校生为45 457 007 人,比 2007 年增加了168 850 人,增幅为 0.4%。而 2006 年比 2005 年增加 3 109 143 人,增幅为 7.7%;2007 年比 2006 年增加了1 869 605 人,增幅为 4.3%。但是与 2002 年相比,高中阶段教育在校生累计增加 1638 万人,增幅达 56.3%。

高中阶段教育受国家大力发展职业教育政策措施的影响,中等职业教育持续快速发展,普通高中在校生人数有所减少,普通高中招生规模已连续三年呈现负增长。目前我国已总体上基本实现了国家关于普通高中与中等职业教育在高中阶段招生中的比例大致相当的政策性目标。

分地区来看,高中阶段教育招生东部和中部地区有所减少,而西部地区却持续增长,除毛入学率增长外主要是中等职业教育增长较快,这就形成在普通高中办学条件得到改善的同时,中等职业学校办学条件紧张的矛盾却日益突出。中等职业学校专任教师的增加跟不上规模增长的需要,生均图书册数持续减少。2008 年,全国中等职业教育学校生均图书为 19.7 册,比 2007 年减少 0.7 册,与 2004 年相比生均累计减少 7.0 册。

二、中小学图书馆的发展状况

1. 教育部对中小学图书馆建设的要求

教育部非常重视中小学图书馆的建设与利用。2003 年 3 月 25 教育部在教基[2003]5 号文件“教育部关于印发《中小学图书馆(室)规程(修订)》的通知”中，对全国教育行政管理部门提出 9 条要求：第一条加强对中小学图书馆的管理，强调“把加强中小学图书馆(室)的建设，使其规范化、科学化和现代化，作为教育图书管理工作的一项中心工作来抓”。第二条专项经费投入，要求“各级教育行政部门要在每年的教育经费中按一定比例设立图书专项经费，保证中小学图书馆(室)购买图书资料的需要”。第三条现代化信息化建设。第四条发挥使用效率。第五条加强图书馆教师队伍建设。第六条规范图书供应市场，完善图书供应体制。第七条经济发达地区教育行政部门要组织本地区中小学积极开展对经济欠发达地区中小学图书的对口支援工作。第八条分类执行标准，提出“已实现‘两基’的农村地区，要做好巩固提高工作，向新《规程》相应标准靠齐；大中城市和经济发达地区中小学图书馆(室)建设按新《规程》一类标准执行，在图书馆(室)的管理、建设、使用效益以及图书馆(室)现代化等方面达到较高水平”。第九条加强检查指导，把对中小学图书馆的检查“列为对中小学校综合督导评估的一项内容”。

《中小学图书馆(室)规程(修订)》规定了中小学图书馆的建设、使用、人员素质等重要问题。《规程》第四章条件保障中规定“图书馆应配备书架、阅览桌椅、出纳台、报刊架、书柜、目录柜、文件柜、陈列柜、办公桌椅、装订设备、安全设备等必要的设施、设备，并有计划地配置复印、声像、文献保护、计算机、网络设备、扫描仪、刻录机、打印机等设备。图书馆要设置藏书室(包括学生借书处)、学生阅览室、教师阅览室，有条件的学校可按学科分类设置阅览室和电子阅览室、电子资料室、多功能学术报告厅等”。“图书馆应有良好的避风、换气、采光、照明、防火、防潮、防虫等条件”。并提出“图书馆应逐步实现计算机管理、图书馆要重视和加强图书馆与校园网(城域网)的结合,实现网上电子图书资源共享”。

《规程》对各级各类中小学校的图书馆藏书量也做出了规定。规定附表如下:

图书馆(室)藏书量

	完全中学		高级中学		初级中学		小学	
	1 类	2 类	1 类	2 类	1 类	2 类	1 类	2 类
人均藏书量(册数)(按在校学生数)	45	30	50	35	40	25	30	15
报刊种类	120	100	120	100	80	60	60	40
工具书、教学参考书种类	250	200	250	200	180	120	120	80

2. 各地中小学图书馆装备发展不平衡

《通知》发出后,各地的图书馆建设和装备虽然有了较大的进展,但各地区、城乡之间的发展不平衡。到目前为止,大多数中小学校图书馆(室)依然与《通知》的要求差距很大,尤其是西部地区和农村地区。

2008 年农村小学图书馆人均拥有馆藏册数,东部大多数省市都超过了 20 册,北京已达 37.14 册,但西部大多数省区市都在 12 册以下,有 5 个省区还不足 10 册。城市普通初级中学图书馆人均拥有馆藏册数,东部的上海已达 38.49 册,而西部的四川、云南、甘肃、青海还不到 7 册。普通高级中学图书馆人均拥有馆藏册数,东部的北京、上海分别为 73.50 册和 66.33 册,可中西部大多省区市的人均拥有馆藏册数也就 20 余册。

这些年，中西部地区的中小学校图书馆装备工作虽然取得很大成效，但是距离教育部对中小学校图书馆装备的要求还相去甚远。以陕西省为例，在西北部地区陕西省的经济发展相对靠前，但陕西省中小学校图书馆的建设还远不到位。

陕西省目前中小学校总数为16 030所，其中完全中学 280 所，高级中学 268 所，初级中学中 1977 所，小学13 508所。全省建有图书馆（室）的中学有 2261 所，占学校总数 90%，小学 8492 所，占小学总数的 62.9%。中小学图书馆（室）的建设有了较大的发展和进步，但从统计数据看，还有 10.5% 的中学和 37% 的小学未建图书室。现有的中小学图书馆（室），部分学校图书室面积偏小；有的学校仅有教师阅览室而无学生阅览室；还有一些学校学生阅览室面积狭小，满足不了学生阅览的需求。

2008 年陕西省中小学图书购置经费合计 9988 万元，其中中学占 6458 万元，小学占 3530 万元。但是全省中小学校馆藏图书的缺口还是很大，要达到教育部《中小学图书馆（室）规程（修订）》中的要求，中学尚需图书总册数为 2400 万册，小学需要 4200 万册。如计算每年图书的汰旧剔残，就要装备近 7000 万册图书。这也不是近期容易做到的。更何况还有那么多的中小学校待建图书馆（室），现有的图书馆（室）需要改善条件。

再以西南部的大省四川省为例。四川省 2008 年建有图书馆（室）的中学有 4263 所，占全省中学总校数的 89.77%。建有图书馆（室）的小学有 7761 所，占全省小学总校数的 62.4%，全省还有 10.3% 的中学和 37.6% 的小学未建图书馆（室）。

2008 年四川省中学图书购置经费 6840 万元，小学图书购置经费 4540 万元，中小学图书购置经费共11 380万元，虽然解决了一部分图书装备的问题，但是四川省中小学校图书馆馆藏人均册数与教育部《中小学图书馆（室）规程（修订）》中的要求还差得很远。同样，四川省中小学校的图书馆增加图书装备问题、旧馆改造问题、待建新馆问题，也是任重道远，不是近期能够彻底解决的。

2007 年小学图书馆装备状况 4 省市对比表

省市	藏书册数	人均册数	电子图书	人均片数	计算机数	百人台数
北京	22 075 965	33.12	567 225	0.86	109 924	16.48
上海	15 205 251	28.51	472 256	0.89	86 118	16.15
陕西	56 157 951	18.38	4 441 304	1.45	125 840	4.12
四川	57 764 281	8.29	1 662 444	0.24	204 627	2.94

2007 年初中图书馆装备状况 4 省市对比表

省市	藏书册数	人均册数	电子图书	人均片数	计算机数	百人台数
北京	8 451 564	25.38	310 978	0.93	43 791	13.15
上海	13 955 624	32.68	550 620	1.29	92 347	21.63
陕西	33 181 815	16.28	2 732 001	1.34	115 580	5.67
四川	31 079 037	8.56	651 573	0.18	163 656	4.51

2007 年高中图书馆装备状况 4 省市对比

省市	藏书册数	人均册数	电子图书	人均片数	计算机数	百人台数
北京	15 542 051	63.74	1 937 668	7.95	103 650	42.51
上海	12 992 871	56.74	634 576	2.77	94 094	41.09
陕西	19 698 138	20.45	3 651 946	3.79	92 488	9.60
四川	29 241 159	20.56	4 520 885	3.18	120 047	8.44

2008 年 4 省市中小学校图书馆装备状况对比表

省市	小学人均册数	小学百人台数	初中人均册数	初中人均台数	高中人均册数	高中人均台数
北京	33.05	18.39	25.97	15.13	73.50	51.51
上海	26.37	17.11	35.14	25.36	66.33	50.64
陕西	19.64	4.57	17.96	6.22	22.24	10.40
四川	8.61	2.95	8.77	4.68	20.52	8.72

3. 图书馆教师队伍建设需进一步改善和加强

全国中小学图书馆的建设与发展，对广大中小学图书馆教师提出了更高的要求。许多图书馆教师在学校实施新课改工作中，为各学科教师提供了大量的经过二次加工的各种课件资料，方便了各学科教师的教改授课与教学科研。但是，更多的中小学校图书馆尤其是西部地区图书馆的教师队伍，面临着人员少、专职人员匮乏、职称低的严重问题，需加大力度进一步改善和加强。

还以西北部地区的陕西省和西南部地区的四川省为例。

2008 年陕西省中小学图书馆管理人员共计15 708人，其中专职人员只有 2650 人，仅占管理人员总人数的 16.9%；具有中、高级职称的管理人员有 5495 人，也只占管理人员总人数的 35%。中学图书馆的状况要好一些，中学图书馆的管理人员有 3168 人，专职人员有 1553 人，占到了 49%；具有中、高级职称的管理人员有 1620 人，占到了 51.1%。小学图书馆的状况不理想，小学图书馆管理人员有12 540人，其中仅有专职人员 1097 人，只占管理人员总人数的 8.7%；具有中、高级职称的管理人员有 3875 人，占 30.9%。

2008 年四川省中小学图书馆管理人员的状况与陕西省相仿。四川省中小学图书馆管理人员共有18 512人，其中专职人员 3410 人，占 18.4%。小学图书馆的状况不如中学图书馆。中学图书馆管理人员共有 6337 人，其中专职人员有 2276 人，占到了管理人员总人数的 35.9%；管理人员中具有中、高级职称的占 44.12%。而小学图书馆管理人员12 175人中，专职人员只有1134人，仅占管理人员总人数的9.3%；管理人员中具有中、高级职称的占40.2%。

在西部地区中，陕西省和四川省中小学图书馆的状况是比较好的，其他省区中小学图书馆教师队伍的建设任务更加繁重。

中国图书馆学会中小学图书馆委员会每年都要举办暑期中小学图书馆工作人员高级研修班，请教育部有关司局领导宣讲全国教育发展形势，请有关专家作专题学术报告，请优秀中小学图书馆馆长介绍交流经验，并组织与会人员参观会议所在地的中小学图书馆。

为了更好地提高中小学图书馆教师的理论研究水平和促进他们在阅读教学中的积极作用，在举办研修班的同时，每年都要进行优秀论文和优秀阅读指导课教学案例的评比。获奖的优秀论文，有一部分在中小学图书馆委员会所属的《中小学图书情报世界》杂志上刊载，促进了中小学图书馆教师的理论研究热情。获奖的优秀阅读指导课教学案例，有一部分由《中小学图书情报世界》杂志制成光盘，随杂志赠送到学校，起到了很好的宣传示范作用。

各省市教育行政管理部门主管中小学图书馆工作的相关单位，每年也在本省市举办中小学图书馆业务的培训与交流活动。

三、中小学图书馆开展有益的各项活动

广大中小学生通过参加健康有益、形式活泼的课外活动，不但可以提高他们的思想道德和文化科学水平，同时也丰富了他们的课余生活。利用重大节日、双休日、纪念日、节假日、寒暑假，举办读书征文、朗诵会、辩论会、演讲比赛、读书夏令营、读书知识竞赛、读书心得交流会等活动，组织有针对性的专类图书评价会、作家报告会、专题报告会，组织书画比赛、科技小制作活动以及家长学习班、家教知识讲座、亲子共读活动等，已经成为许多中小学校图书馆的日常工作。

中小学生参加各种形式的佳篇朗读、名著朗读、系列故事朗读和辩论会、演讲比赛活动，锻炼了他们在同学面前表演、演讲、发表

意见和见解的能力，促进了同学之间的相互交流，加强了学生的团结合作意识，提高了学生的思考能力、表达能力和应变能力，在学校的素质教育中发挥了良好的作用。

中小学图书馆委员会每年暑期都组织中小学生进行各种有益的活动。如：文学作品创作活动，包括诗歌、小小说、散文、小剧本等；艺术作品创作活动，包括书法、绘画、摄影、摄像等；电脑作品设计创作活动，包括绘画、动画、网页、程序设计、电子报刊等。活动组委会要求参加的单位组织学生利用暑期，结合日常的教育教学内容和暑期的阅读及实践活动，鼓励和指导学生开展作品自创活动，以培养学生的探索精神、动手能力和创新意识。

读书活动也是中小学图书馆委员会每年都组织的有益活动之一。2008 年，组织了“我爱我的祖国”——迎接新中国成立 60 周年读书宣传教育活动。所用图书由我国著名特级教师、教育家于漪老师主编。配合活动的开展，在活动网站上另为学生提供了20 000册优秀图书，供学生免费阅览。通过组织开展内容丰富、形式活泼的读书教育活动，激发了中小学生好读书、读好书和学习掌握现代信息技术的兴趣爱好，提高了他们的实践能力，培养了学生的创新精神，丰富了他们的假期生活。

附表：

全国普通高中学校图书馆基本情况分区人均对比

	区域	2006	2007	2008
图书室人均面积	东部	0.55	0.58	0.
	中部	0.33	0.34	0.
	西部	0.30	0.30	0.
	城市	0.59	0.60	0.
	县镇	0.33	0.33	0.
	农村	0.28	0.30	0.

续表

	区域	2006	2007	2008
藏书、人均册数	东部	28.51	29.77	31.04
	中部	17.45	17.91	18.88
	西部	20.26	20.91	21.53
	城市	28.24	28.41	0.
	县镇	19.40	20.00	0.
	农村	22.24	23.52	0.
电子图书人均片数	东部	4.16	5.99	0.
	中部	2.31	2.65	0.
	西部	2.86	4.06	0.
	城市	4.70	6.07	0.
	县镇	2.54	3.19	0.
	农村	1.91	4.43	0.

全国普通初中学校图书馆基本情况分区人均对比

	区域	2006	2007	2008
图书室人均面积	东部	0.16	0.17	0.
	中部	0.11	0.12	0.
	西部	0.09	0.09	0.
	城市	0.16	0.17	0.
	县镇	0.11	0.11	0.
	农村	0.12	0.13	0.
藏书人均册数	东部	18.98	20.00	20.96
	中部	15.05	15.70	16.64
	西部	10.33	11.31	12.23
	城市	14.31	14.56	0.
	县镇	13.63	14.54	0.
	农村	16.71	18.07	0.

续表

	区域	2006	2007	2008
电子图书人均片数	东部	1.80	2.15	0.
	中部	0.51	0.68	0.
	西部	0.42	0.66	0.
	城市	2.21	2.59	0.
	县镇	0.82	1.03	0.
	农村	0.60	0.75	0.

全国小学校图书馆基本情况分区人均对比

	区域	2006	2007	2008
图书室人均面积	东部	0.13	0.15	0.
	中部	0.13	0.13	0.
	西部	0.09	0.09	0.
	城市	0.12	0.11	0.
	县镇	0.01	0.10	0.
	农村	0.14	0.14	0.
藏书人均册数	东部	17.57	18.12	18.39
	中部	13.85	13.45	13.37
	西部	9.86	10.40	10.92
	城市	16.82	16.65	0.
	县镇	13.80	14.02	0.
	农村	13.13	13.38	0.
电子图书人均片数	东部	1.69	3.53	0.
	中部	0.4	0.55	0.
	西部	0.34	0.62	0.
	城市	2.36	2.80	0.
	县镇	0.77	1.05	0.
	农村	0.48	1.49	0.

全国普通高中学校图书馆基本情况统计

	学校所数	学生人数	图书室面积(平方米)	人均面积(平方米)	藏书册数	人均册数	电子图书片数	人均片数
2004	15 998	22 203 701	8 543 888	0.38	487 087 208	21.94	15 516 992	0.7
2005	16 092	24 090 901	9 394 712	0.39	526 657 527	21.86	47 794 085	1.98
2006	16 153	25 144 967	10 236 217	0.41	566 177 258	22.52	79 888 917	3.18
2007	15 681	25 224 008	10 619 885	0.42	587 048 013	23.27	108 627 813	4.31
2008	15 206	24 762 842				24.23		

全国普通初中学校图书馆基本情况统计

	学校所数	学生人数	图书室面积(平方米)	人均面积(平方米)	藏书册数	人均册数	电子图书片数	人均片数
2004	63 060	64 750 006	6 820 961	0.11	856 511 328	13.23	10 586 790	0.16
2005	61 885	61 718 079	7 061 900	0.11	877 797 806	14.22	35 090 119	0.57
2006	60 550	59 373 792	7 261 346	0.12	894 932 516	15.07	56 165 091	0.95
2007	59 109	57 208 992	7 475 518	0.13	911 098 066	15.93	68 907 771	1.20
2008	57 701	55 741 542				16.85		

全国小学校图书馆基本情况统计

	学校所数	学生人数	图书室面积(平方米)	人均面积(平方米)	藏书册数	人均册数	电子图书片数	人均片数
2004	394 183	112 462 256	13 537 276	0.12	1 421 451 482	12.64	19 768 156	0.18
2005	366 213	108 640 655	13 474 613	0.124	1 479 450 009	13.62	54 213 642	0.5
2006	341 639	107 115 346	13 409 819	0.125	1 482 221 928	13.84	88 969 651	0.83
2007	320 061	105 640 027	13 302 302	0.126	1 487 034 984	14.08	169 574 005	1.61
2008	300 854	103 315 122				14.31		

工会图书馆

全国工会“职工书屋”建设自2008年1月启动以来，在全总书记处的高度重视和各级工会的共同努力下，截至7月底，由全总扶持援建的2008年的1000家全国工会“职工书屋”的图书配送工作已经全部完成。为及时了解各地工会推进“职工书屋”建设的工作情况，7月20日，全国工会“职工书屋”建设领导小组办公室向各省级工会印发了《关于开展全国工会“职工书屋”建设调研工作的通知》，要求各省级工会深入了解基层书屋建设情况，总结成功经验，发现先进典型，反映职工需求，分析主要问题，提出对策措施，并于9月底以前报全国工会“职工书屋”建设领导小组办公室。

与此同时，全总宣教部、《工人日报》和工人出版社联合组成调查组，于7月30日至8月7日，分别对江苏、福建两省“职工书屋”建设情况进行了实地调研，先后考察了两省的16个“职工书屋”，其中有9个全国工会“职工书屋”示范点，7个地方工会自建“职工书屋”，召开了9个座谈会，参与调研的工会干部和职工群众约100余人。

近期，全国工会“职工书屋”领导小组办公室又先后以电话形式，了解天津、上海、内蒙古、山西、安徽、广东、广西、贵州、甘肃、宁夏、新疆等地“职工书屋”建设情况。现将有关情况报告如下：

一、基本情况

从初步的了解情况反映，总体上看，全国工会“职工书屋”建设在2008年开局之年得到了各方面的广泛赞誉和一致好评，各级工会在党委、政府及有关方面的高度重视和积极支持下，“职工书屋”愈来愈受到广大基层单位和职工群众的欢迎，取得了可喜的成效。

（一）各级工会积极响应、高度重视、精心规划，全力推进“职工书屋”建设

调查显示，全国工会“职工书屋”建设启动后，各地工会积极响应，绝大多数省市工会都把书屋建设工作纳入了年度重点工作，摆上议事日程。江苏省总工会联合省新闻出版局于今年 4 月份就联合下发了《关于江苏省工会“职工书屋”建设工作的实施意见》。吉林、浙江、湖北、重庆、甘肃、西藏等地工会也及时印发了《关于开展全国工会“职工书屋”建设的实施意见》，明确了本地区的“职工书屋”建设的基本思路、工作目标和方法措施。约有 2/3 以上的省级总工会成立了“职工书屋”建设领导小组，召开了“职工书屋”建设工作会议，制定了“职工书屋”建设工作的实施方案和工作计划，内蒙古、江苏、浙江、福建等省专门召开了全省统一授牌仪式和图书捐赠活动。贵州省总工会将于 9 月中旬至 10 月上旬组成七个联合调查组对本地区“职工书屋建设”进行交叉检查验收。这些活动对于扩大工会组织的社会影响力，提升“职工书屋”的品牌效应起到了积极的推动作用。

（二）全总扶持建设的 2008 年 1000 个全国工会“职工书屋”示范点建设目标初见成效

按照《中华全国总工会关于开展全国工会“职工书屋”建设的实施意见》（总工会［2008］3 号）文件精神和工作目标，2008 年由全总扶持援建的 1000 个全国工会“职工书屋”示范点，即：为每个书屋配送 2 万元的图书（价值 3 万元）和一份《工人日报》，已经于 7 月底以前全部落实到位，各级工会和基层单位对全总开展“职工书屋”建设活动总体评价良好，对全总配送的图书给予了充分的肯定。据了解，除新疆区总工会尚未确定工作方案和专项经费外，其余 30 个省（自治区、直辖市）总工会都按照全总对地方工会以 1∶1 比例配套资金投入书屋建设的要求，拨出不同比例和数额的配套资金用于“职工书屋”建设，目前，绝大多数的全国工会“职工书屋”示范点目前已

经投入运营。

（三）由各地工会自建的“职工书屋”正在积极推进

据初步了解，按照5年建设50 000个“职工书屋”的总体目标分解到各地的自建书屋的工作目标，目前约有50%左右的省（区、市）总工会已完成或有望完成自建书屋的目标任务，江苏省已经超标完成了自建书屋的目标任务。据江苏省总工会的材料显示，江苏省总工会今年投入60万元资金，用于为全省45个全国工会“职工书屋”示范点配备电脑和图书。截至6月底，全省投入使用的各类“职工书屋”（读书站）已达1916个，藏书量1万册以上的“职工书屋”有209个。其中，苏州市工会已经拥有各类图书（室）502家，达到全总示范点标准的书屋50家，今年一年就完成了省总下达的三年全国示范点指标。常州市武进区500家规模企业全部建成千册以上职工读书站；镇江润州区总工会在所有社区成立了“新市民读书站”；太仓市建成符合全总书屋标准的职工读书站35家，达到省级书屋标准的72家，太仓市模范职工学习阵地127个。福建省总工会的统计显示，仅福州市就有5个职工书屋全国示范点和10个市级示范点，开发区150多家上规模的企业都有图书馆和阅览室；泉州市有10个“职工流动书屋”，为职工送书上门的图书近2万册；石狮市玉湖社区的职工书屋有150平方米、各类图书4万册。据了解，也有一些地区的自建工作进度相对迟缓，还需要进一步加大推进力度，力争年内实现自建“职工书屋”的目标。

二、主要做法

我们在调查中了解到，各地工会在推进“职工书屋”建设中，都主动结合本地区经济发展的需求，紧紧围绕党政府的工作大局，充分发挥工会自身优势，把“职工书屋”建设作为工会服从和服务党的中心工作的重要抓手和工作平台，采取多种方式积极推进，逐步形成党委重视、行政支持、工会牵头、各方配合、联合共建的工作格局。

(一)结合实际、明确目标,积极推进职工书屋建设

按照全总确定的5年建设50 000个"职工书屋"和3年建设3000个全国工会"职工书屋"示范点的建设目标,各地工会结合本地实际,统筹规划,合理布局,分别制定了3年工作规划和5年目标任务。上海、天津、吉林、内蒙古、江苏、浙江、湖北、福建、重庆、西藏等省级总工会都通过制定5年规划来完成本地区自建"职工书屋"的目标任务。如:江苏省计划用五年时间建设2500个"职工书屋"(全总分配指标为2115个自建任务),并要求"全省有条件的乡镇、街道以及农民工人数相对集中的开发区、工业园区,都要普遍建立农民工读书站"。各市总工会也都制定了本地目标。苏州市5年内计划建成300家有一定规模的职工书屋;南京市总计划3年内建设100个职工书屋示范点,5年内全市基层工会组织职工书屋覆盖率达到100%;太仓市总正在建设3万册藏书的"职工读书站"配载服务中心,筹划建设全市"职工读书站"图书借阅、上网学习一卡通系统。

(二)加大投入,落实经费,为"职工书屋"建设提供资金保障

根据全总关于"职工书屋"建设经费采取"多渠道筹集建设资金"的原则,各地工会积极协调各有关方面筹措"职工书屋"建设资金。据不完全统计,截至6月底,各地工会自筹资金已达1.64亿元。其中,上海市总工会按照"四个一点"的原则筹措资金和书籍,即:市总示范扶持一点,市委宣传部东方宣教中心和相关单位配送一点,向上海市文化发展基金会申请一点,各区县局(产业)工会相应支持一点,确保年底前80万建设资金全部到位,为实现2008年建立400个"职工书屋"建设目标奠定了基础。山西省总工会为确保"职工书屋"示范点建设目标的完成,将近3年投入"职工书屋"建设的210万元(每年70万元)的专项经费已经一次性划拨到责任部门专款专用。湖北省总工会决定连续3年,每年投入200万元,重点扶持300个"职工书屋"示范点(含120个全国示范点)。宁夏区总工会今年拿出300多万元专项经费,开展送文化活动和书屋建设,除了支持每

个全国“职工书屋”示范点2万元外，还为60个自建的固定书屋(每个3万元标准)和30个流动书屋(每个1万元标准)配送电视、电脑和相关设备。广东省总工会按每年60万、每家1万元的标准为60个全国示范点配置电脑、图书等，要求各市县总工会按照不少于省总支持标准金额投入，并号召各级工会积极争取财政文化事业补贴、企业赞助与合作等方式用于“职工书屋”建设。福建省泉州市总工会将在3年内投入100万元，用于建立泉州市百家企业职工书屋流动书库、数字图书馆城域网和大信息平台建设以及奖励优秀读书团队、学习型班组和读书活动中贡献突出的工会主席。

(三)加强管理、完善制度，逐步规范“职工书屋”建设

我们在调查中了解到，为确保“职工书屋”建设规范有序地稳定推进，各地工会都十分重视“职工书屋”的各项制度建设，从筹备阶段的资金使用的监督制度，图书资料和设备采购制度，到书屋投入运营后的图书借阅、更新与流动制度、电视电脑使用与管理制度、人员管理与培训制度等各项规章制度建设。如：江苏省苏州市总统一制作了《导读计划》《图书借阅制度》等14本台帐，用于规范“职工书屋”建设。福建省福州市总工会为了规范书屋建设，提出了完善“三个机制”的工作思路，一是建立健全资金筹集机制，逐步建设行政支持、社会资助、教育经费列支、工会经费补贴的经费筹集机制。二是建立健全图书征集配送机制，除开辟多种渠道采购图书外，充分运用数字技术、网络管理、电子图书等现代先进手段，丰富书屋的图书资源。三是建立健全书屋管理机制，按照“五个一”标准(即：统一配备书架、电话、图书、标牌和网络建设)逐步建立健全借阅制度、财务制度和图书管理责任制度。

(四)利用社会资源，积极探索“职工书屋”运行机制

各地工会在推进“职工书屋”建设过程中，除按要求完成全国示范点的建设外，还根据实际情况因地制宜制定本地标准，积极探索适合本地实际的书屋运行机制。如：泉州市总工会与市工人文化宫

采取共建形式推动书屋建设，由市工人文化宫图书馆负责协调管理，每季度组织图书在各书屋更新流动一次。晋江市总工会与晋江市图书馆设立了“企业流动书屋”，定期不定期地为企业免费提供书籍，永定县采取与党政部门联建“职工书屋”的方式，整合各类社会力量，努力增加“职工书屋”图书总量，提高图书借阅率。苏州市总工会通过确定四个指标推动书屋建设：一是数量指标。各市5—6家，各区2—3家，全市建50个职工书屋示范点；二是规模指标。各外来务工人员集宿区和1000人以上企业要筹建书屋，城区可与街道、社区联建；三是硬件指标。有一块牌子、有一套制度、有一个图书室 、有一个电子（电脑）阅览室 ；四是软件指标。1000人以下企事业单位职工人数与书量配比不少于1∶3。同时采取“五个一点”的办法来保证书屋建设初期的图书来源：一是原单位添置一点；二是各地各级工会补贴一点；三是成员单位赞助一点；四是发动本地干部、职工捐一点；五是到大型图书馆定期借阅一点，由苏州市图书馆定期向职工书屋供应10 000册图书，100种报刊，300张以上光盘，每季度定期更新，职工书屋电脑与图书馆图书库互联互通，随时登记输入借阅卡，对广大职工和市民免费开放。张家港市总工会在采取流动书箱的办法，将100箱图书分期分批在各企业图书室流转，以提高图书的利用率和借阅量。

（五）以“职工书屋”为载体，广泛开展群众性读书活动

各级工会在推动“职工书屋”建设中，充分发挥书屋的文化内涵与活动功能，广泛开展群众性职工读书活动。江苏省总工会2008年以来广泛开展“捐一本好书，献一份爱心”图书捐赠活动，据不完全统计，已经累计为农民工捐赠图书40多万册。太仓市总工会结合近年来外来务工人员迅速增长的现状，向外来务工人员提出了“读一本好书、上好一堂课、学好一项技术、走好一生路、造就一批人才”的倡议，营造了全员学习、全员培训、全员提高的浓厚氛围，并逐步建立起活动运行模式：一是制度化，每年制定导读计划；二是主题化，

每年读书月、读书节都确定一个活动主题，如“读书与人生”“读书、成才、创新”；三是系列化，读书月期间，根据主题设计一套系列活动；四是规范化，读书计划、总结和职工的读书心得等读书活动中产生的资料，均按“职工读书站”建设台账要求进行填写保存。福建省总工会开展的“海西劳动感言”征集活动在不到两个月的时间里就征集了1000多条以劳动感言、职业感想、人生感悟、生活感怀为主要内容的“读书心得”。泉州市总工会在“职工书屋”建设中倡导每位职工特别是农民工“每天读书一小时，每月读一本书，每年参加一次学习培训，每三年个人学历或技能提升一个档次”。福州、宁德等地工会通过评选“十大读书状元”等各类群众性读书活动，引导职工养成良好阅读习惯。泉州市格林公司成立了“格林读书协会”，由董事长亲任会长，每周向会员推荐一本好书，每周六下午安排读书心得交流活动，掀起了全公司的学习热潮。

三、几点启示

我们在调研中深切地感受到，“职工书屋”建设之所以受到广大基层单位和职工群众的普遍欢迎与广泛认同，最根本的就是践行了以职工为本的宗旨，做到了想基层所想，急职工所急。各地工会的实践证明，工会组织要在市场经济条件下有所作为，一是要在工作思路上必须真正以职工需求为中心，以满足职工愿望为目标，坚持实事求是、顺势而为。才能够上得党政支持，下受职工欢迎，才能使工会工作真正有为有位。开展“职工书屋”建设正是工会结合实际、顺势而为的有力措施，通过引导职工读书学习，推动了职工队伍的整体素质的提升，得到了社会各方的广泛认同，从而进一步增强了工会组织的凝聚力和影响力。二是在引导方式上必须坚持因地制宜、灵活多样。各地工会主动结合农民工分散流动的特点，以“职工书屋”为平台，开展多种形式的读书讲座、读书沙龙、读书会和演讲活动，把课堂放到企业、工地、车间和居住区，努力满足农民工群体日益增长的精神文化需求。三是在工作内容上必须坚持讲求实用、量体裁衣。各地工会根据职工不同职业、不同岗位、不同年龄和不同兴趣需求,分门别类地开展形式多样的读书学习,为广大一线职工特别是农民工的学习、就业、转岗、晋级、创业提供服务和帮助,不断提高农民工在市场中的竞争能力。四是在工作途径上必须善于整合各方资源为我所用。各地工会在利用工会系统各类职工学校、文化宫、俱乐部和职工之家的图书馆、阅览室改建成职工书屋,为基层职工提供各类读书条件外,还积极争取各级党政的重视和支持,努力协调各类社会资源,为开办各类职工读书场所创造条件,并发挥辐射功能,吸引农民工在健康有益、积极向上的活动中愉悦身心、陶冶情操、提升素质。

四、主要问题

(一)少数地方工会对"职工书屋"建设工作的认识还存在较大差距

2008 年 1 月全总启动"职工书屋"建设后,绝大多数的地方工会都积极响应,认真落实,按要求在 3 月底以前完成了示范点的考察申报工作,但也有少数地区工会由于对书屋建设的现实意义认识不到位,导致示范点考察、申报工作明显滞后,既没有必要的工作设计和规划,也没有可行的工作安排与要求,更谈不上推动书屋建设的工作指导和制度保障。据了解,除四川省因抗震救灾的特殊原因外,新疆区总工会的书屋建设方案至今尚未上主席办公会议研究,目前全区职工书屋自建设工作尚未启动,2008 年全区 30 个全国示范点建设仅仅是全总配送的图书到位,与其他省市的"职工书屋"建设进度形成较大反差。

(二)一些地方工会的"职工书屋"建设配套资金尚未有效地落实到位

我们在调查中了解到,"职工书屋"建设资金目前存在三个方面的主要问题：

一是关于全国示范点建设的配套资金。按照全总要求各省按1:1的比例配套书屋建设资金的要求，绝大部分省级工会已经按要求拨出不同比例的专款用于书屋建设。其中，除山西、宁夏等少数几个省级工会是由省级工会按每个书屋2万元标准全额拨付到位外，大多数的省级工会是按照地方工会配套资金的50%的额度（即按每个书屋1万元的标准）投入示范点建设，而另外50%由市县级工会和基层工会筹集的资金则因缺乏必要的督办措施而实际到位率偏低。

二是书屋建设的后续资金保障问题。我们在调查了解到，各地工会都存在对明年、后年甚至3年后资金如何保障的疑虑。如，天津市总工会反映，为完成全总要求的自建任务，市总工会曾先后采取多种形式督促各区县级工会和基层工会，全市2008年自建282个建设，仅落实了150个左右。青海省总工会反映，原计划投入“职工书屋”建设的3年400万资金至今尚未落实。江苏省总和福州市总工会也都坦承，尽管今年的专项经费已经投入，但鉴于明后年全国、全球的经济不容乐观的发展趋势，不敢肯定今后两年书屋建设资金还能保证今年水准。加之三年之后没有全总配套资金的投入，各省的资金出处就更不明朗。

三是各地工会需要5年内完成的自建任务缺乏必要的资金保障。据了解，目前各地自建的书屋绝大多数是依靠各市县级工会和基层工会筹集资金，特别是在基层企业，书屋的经费更多的是由企业领导的认知程度和企业经营状况决定，可见，书屋建设经费投入存在着诸多不确定因素。

（三）“职工书屋”的图书数量、质量和品种还不能满足职工需要

我们在实地考察“职工书屋”中发现，尽管各地工会和基层单位对全总2008年配送的图书普遍反映良好，但从职工书屋的实际运营

情况来看，职工书屋的图书数量和质量及品种还不能满足职工的日益增长的实际需求，一是从图书数量和质量上看，全总配送的图书实际在许多书屋仅占一小部分，不少基层单位的图书由于资金所限，有相当数量的书籍已很陈旧，甚至破损严重，如金庸、古龙等借阅率较高的武侠书大多是几年前、甚至是十几年前出版的图书。有盗版之嫌的图书在一些书屋也不鲜见。福建一些企业反映，因为经费有限而图书价格过高，企业一年也就新购图书杂志两次，总计不超 2000 元，有时也会进些盗版的，因为便宜。因为没有新书补充，有限的品种中受职工欢迎的书自然就损耗严重。二是从书屋的品种上看还普遍比较单一，目前各地的书屋中主要还是以图书和报刊为主，全总要求各示范点配备的电子音像制品、电脑、DVD 机等由地方自筹资金采购的设备在许多地方尚未到位，这无疑会影响职工书屋声誉，也必然减弱“职工书屋”对广大职工的吸引力和凝聚力。

(四)职工书屋的管理水平和制度建设还有待进一步提高和完善

我们在调查中看到，目前各地工会“职工书屋”在管理和制度建设方面均处于起步阶段。一是制度不够健全，目前除江苏省苏州市等少数城市和基层已经形成相对完整的一整套书屋管理制度外，更多地方工会和基层工会书屋管理还只是最简单的借阅登记，且各不相同，既不能统计各示范点年阅读(借阅)人次，更不能准确反映职工读书需求趋势，获取最新信息的渴望也很难在兼职、业余的管理人员那里得到有价值的帮助。二是现有的“职工书屋”工作人员，有专职的也有兼职工，还有返聘的工会退休人员，但无论是专职还是兼职，在管理方式手段、管理水平和专业素质等方面都难以担当“职工书屋”持续发展所承载的任务和要求。

五、对策与建议

(一)进一步提高全总对职工书屋建设的认识

在全总年度的工作部署和年度工作要点中进一步明确“职工书屋”年度目标和工作要求，号召各级工会结合本地工作实际，切实把“职工书屋”建设列入年度重点工作，提出工作思路和目标任务，指定职能部门由专人负责，真正做到一级抓一级，层层抓落实，为职工书屋建设提供组织保障。

（二）结合基层工作实际，继续做好全国示范点的选树工作

根据今年各地书屋的建设情况和实际效果，为确保2009年1000个全国示范点建设目标保质保量地完成，一是在2008年分配方案的基础上，适当调整对各地的分解指标，重点向有条件的地方和需求量大的基层单位倾斜。二是对各地自建的职工书屋，在不增加全总现有资金支出的前提下，适当放宽对部分经济发达地区建设全国示范点的数量限制，使有条件的地区按照标准增加数量，由省总工会考察申报，全总授予其全国职工书屋示范点称号，但不再由全总统一配送图书。三是采取定期抽检的方式对已经挂牌的全国示范点进行定期抽查，不符合条件或名不符实的要及时摘牌取缔。

（三）进一步明确书屋建设资金财务立项，确保“职工书屋”建设的可持续发展

一是明确各省市总工会用于“职工书屋”建设的资金来源和立项名目。建议全总在下拨（返还）各省工会经费中明确一定比例或一定数额的经费为职工书屋建设资金。地方工会对职工书屋建设的投入资金可通过年终财务报表报告全总财务部。对于上年度书屋建设配套资金不到位的地方工会，要进行通报批评，并从该省下年度的返还经费中扣除，以补足亏欠的“职工书屋”建设经费，确保书屋建设资金足额到位。只有这样，才能保证书屋建设规范有序地持续发展。

二是明确现有资金使用要求。今年全总扶持建设的全国工会“职工书屋”建设资金主要用于为各全国示范点配送纸质图书和报纸，这对于职工书屋初始建设是必要的，但从职工书屋的长远建设

与发展来看,各地职工对互联网和多媒体以及电子图书等有着更加广泛和迫切的需求,特别是在一些青工、农民工比例较高的劳动密集型企业和集中居住区,这种需求已经成为必然趋势。建议:在落实全总关于“职工书屋”建设专项资金的使用与管理办法的同时,一方面可以在全总书屋建设资金增加电脑、多媒体设备及电子图书比例。另一方面可以对地方工会的配套资金提出更加明确和具体的使用要求。

(四)进一步规范“职工书屋”的制度与机制建设

鉴于2008年是职工书屋建设的第一年,各省市总工会都在推进书屋建设过程中积极探索和完善各项机制与制度建设。一些起步较早的省市工会已经摸索出一套行之有效并形成具有借鉴意义的管理制度和工作方法,为此建议,一是认真总结各地好的经验和做法,不断调整和改进职工书屋建设的工作思路,指导各级工会稳步推动书屋建设,着力加强图书管理制度、资金使用与监管制度、人员培训与激励制度等相关制度建设。二是开发简便实用的“职工书屋”管理软件,积极探索提高书屋建设和管理水平的新途径。建议由全总协调有关方面,开发一套简便实用的管理软件,以推动各地工会不断建立和完善管理制度,随时了解情况、分析问题和把握基本数据,提高管理人员的管理技能和水平。三是2008年底以前适时召开一次工作交流会(或推进会),及时交流各地的成功经验,以进一步深入推进各地职工书屋建设。

(五)不断拓宽职工书屋的延伸功能,推动基层职工读书活动广泛深入地开展下去

各地工会的实践证明,“职工书屋”建设对于引导职工学习、培养职工成长成才、丰富职工精神文化生活、提升职工队伍整体素质搭建了有效的平台,发挥了良好作用。因此建议在今后的工作中进一步加大对工会“职工书屋”建设的宣传力度,提升“职工书屋”的社会影响力,通过开展形式多样,内容丰富的群众性读书演讲活动、主

题教育活动、读书沙龙和读书感言征集活动等，最大限度地吸引职工、凝聚职工、教育职工、服务职工，使“职工书屋”真正建成广大一线职工的学习站点和生活乐园，成为广大外来务工人员提升文化技术素质和文明素养，自觉融入城市新生活的温馨驿站。

分报告六：图书馆学教育

2008 年，图书馆学专业教育在稳定与发展中继续向前推进。图书馆学教育体系稳步发展，教育改革深入进行，图书馆职业对图书馆学教育的吸引力增强，就业形势持续向好。同时，图书馆学专业教育也仍然存在一些亟待解决的问题，需要积极寻求应对之策，以适应时代发展的要求。

一、稳定发展的图书馆学专业教育

1. 图书馆学专业教育体系

改革开放三十年来，我国的图书馆学专业教育走过了恢复调整、发展完善的不平凡历程，已经形成了一个包括本科生、硕士研究生、博士研究生以及博士后流动站的特色鲜明、层次较为完整的图书馆学教育体系。目前，中国的图书馆学专业教育体系平稳发展。特别值得指出的是，2008 年席卷全球的金融和经济危机使许多发达国家的图书馆和图书馆学教育受到不同程度的影响，而中国的图书馆事业和图书馆学教育则依然保持了健康发展的势头。

(1)图书馆学本科教育

截至 2008 年 12 月，我国图书馆学专业本科教育点为 26 个，与 2007 年数量持平。这些图书馆学专业本科教育点，较为均衡的分布在我国东北、华北、华东、华南、华中、西北、西南的各个地区，与当地经济和社会协调发展。这种情况说明，我国的图书馆学专业本科教育在经历了一段时间的自我调节和发展变化后，已经形成一个总体布局趋于合理、功能健全，能够为全国各个地区培养优秀图书馆学专业人才的稳定的教育体系。

(2)图书馆学硕士研究生教育

近年，我国图书馆学硕士研究生教育呈现出快速发展的态势。图书馆学硕士点逐年增加，继2006年增加7个，2007年增加2个之后，2008年又增加了1个(停招数年的华东师范大学图书馆学专业出现在2009年硕士研究生招生目录中)。截至2008年12月，我国图书馆学硕士学位授予点已经由2001年的18个，发展到了43个。这表明我国图书馆学硕士生教育正处于一个迅猛发展的时期，并逐渐成为整个图书馆学教育体系的主流。

图书馆学硕士研究生教育不断发展的趋势，既适应了当今图书馆职业对高层次专业人才的需求，同时也有助于连通国际学术界，顺应世界图书馆学专业教育发展的潮流，形成既具有本国特色又与国际图书馆学教育接轨的图书馆学专业教育格局。

图书馆学硕士研究生教育的蓬勃发展，除了各高校图书馆学专业的努力之外，还与越来越多的图书馆、文献中心、情报研究机构参与图书馆学专业硕士教育密切相关。资料显示，至2008年年底，我国有19所高校的图书馆(情报、信息机构)获得图书馆学、情报学硕士学位授予权，其中图书馆学硕士点中有8个，包括东南大学情报科技研究所、复旦大学文献信息中心、河南科技大学图书馆、上海交通大学图书馆情报科学技术研究所、天津工业大学图书馆、中国科学技术信息研究所、中国科学院国家科学图书馆、中国人民解放军第四军医大学图书馆。由此可见，图书馆等信息机构在图书馆硕士教育中正发挥着越来越重要的作用。

(3)图书馆学博士研究生教育(含博士后流动站)

截至2008年12月，我国共有图书馆学博士学位授予点8个，包括北京大学、武汉大学、中国科学院文献情报中心、南京大学、南京政治学院上海分院、南开大学、中山大学和吉林大学，拥有图书馆、情报与档案管理博士后流动站 4 个，包括北京大学、武汉大学、中国人民大学和南京大学，相比 2002 年以前我国仅有北京大学、武汉大学和中国科学院文献情报中心 3 家图书馆学博士学位授予点，我国图书馆学博士生教育有了快速的发展。

博士生教育是一个学科向高层次发展的标志。图书馆学专业博士研究生教育点的增加和博士后流动站的建立，不仅培养了一批富有创造精神、开拓能力以及敏锐洞察力的高水平的图书馆学学科带头人，推动了我国图书馆事业和图书馆学科的进一步发展，而且提高了图书馆学的学科地位，成为图书馆学立于学科之林的重要标志。

二、招生与就业

目前，我国开办图书馆学专业本科的学校有 26 个，开办图书馆学专业硕士点的学校、科研机构或院所有 43 个，开办图书馆学专业博士点的学校有 8 个。这些学校、图书馆和科研院所的招生就业情况是人们十分关注的问题。

为准确了解 2008 年度我国图书馆学专业的招生与就业情况，我们于 2009 年 9 月至 10 月以电子邮件的方式向 35 个开设有图书馆学教育的机构发放了调查问卷。调查共回收有效问卷 20 份。部分学校院系或图书馆因图书馆学硕士点刚刚恢复招生或者本科专业已经停止招生，未填写问卷，但向我们回馈了部分信息。通过这次调查的数据，可以大致勾勒出 2008 年我国图书馆学专业招生和就业的概况。

1. 图书馆学专业招生情况

此次调查回收的20份有效问卷中招收图书馆学本科生的有11所学校，招收图书馆学硕士生的有18个硕士生培养点。在招收图书馆学本科生的11所学校中有5所学校（北京大学信息管理系、中山大学资讯管理系、河北大学管理学院、辽宁师范大学管理学院、西北大学公共管理学院）是按大类招生的，因此在统计本科生的招生人数时，为保障数据的准确性，这5所学校的信息未统计在内。

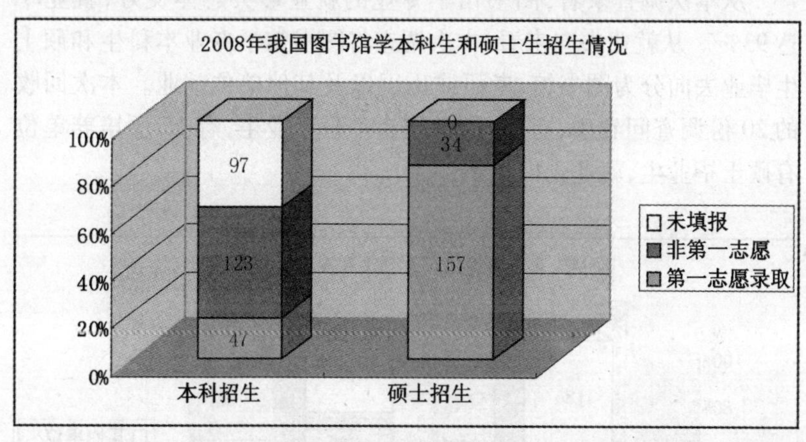

图1　2008年我国图书馆学本科生和硕士生招生情况图

通过图1可以看到，我国图书馆学本科生的招生中，第一志愿录取的人数偏低，只占全部招生人数的17.60%，非第一志愿报考图书馆学的人占总数的46.07%，未填报图书馆学而被调剂录取的人占总人数的36.33%。从总体上看，图书馆学本科招生中，非第一志愿报考和未填报图书馆学专业的考生占多数。

从统计的18个图书馆学硕士点的招生情况看，82.20%的考生是第一志愿报考图书馆学的，但也有17.80%的考生是被调剂录取的。

在回收的调查问卷中，共有 3 所学校招收图书馆学博士研究生，招生人数从 4 人到 7 人不等。近年来，随着博士研究生培养机构的增加，博士研究生招生人数也呈增长的趋势。

调查表明，目前我国图书馆学专业招生渐趋平稳，但仍然存在第一志愿报考学生偏少，性别比例严重不均衡的情况。被动学习图书馆学的学生仍占学生的大多数。

2. 图书馆学专业就业情况

从本次调查来看，图书馆学专业的就业形势总体良好，就业率达 93%。从就业去向来看，本次调查将图书馆学专业本科生和硕士生毕业去向分为图书馆、考研或出国以及其他单位就业。本次回收的 20 份调查问卷中，有 12 所学校有本科毕业生，有 16 所培养单位有硕士毕业生，就业去向如下：

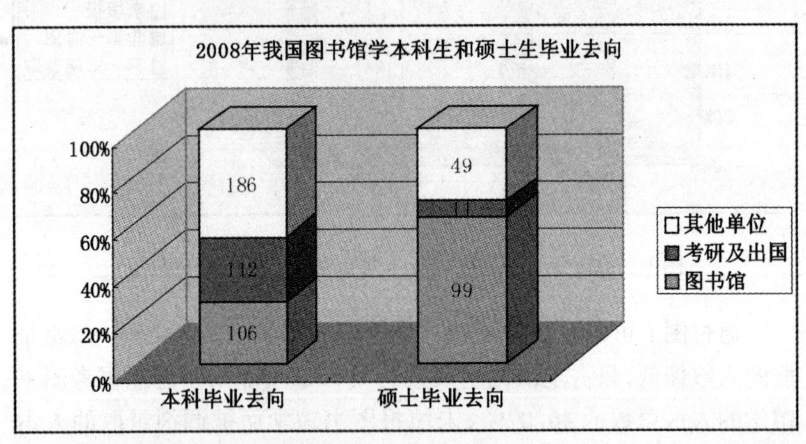

图 2　2008 年我国图书馆学本科生和硕士生毕业去向

通过图 2 不难发现，图书馆学本科毕业生只有 26.24% 的人选择到图书馆工作，46.04% 的人选择到其他的单位去就业，另外的

27.72%选择考研或者出国深造。这一调查结果与两年前我们的调查结果基本是一致的。对于这种状况人们有人表示担忧。但应该看到,随着数字时代的到来,图书馆形态和面临环境发生了显著变化,不同的信息职业界限越来越模糊,图书馆学情报学的原理和技术适用的信息职业领域越来越广泛。在这种情况下,如果图书馆学教育仍局限于为图书馆培养专业人才,无疑是未能对社会需求做出积极的回应。因此,图书馆学专业的毕业生就业于非图书馆职业,将会成为今后一种就业的常态。

调查显示,硕士研究生在图书馆就业的占62.26%,选择继续攻读博士学位或者出国的占6.92%,在其他非图书馆行业就业的占30.82%。硕士研究生毕业后较多地选择了从事图书馆工作,但也有近1/3的毕业生选择从事其他行业的工作。这也是一种比较正常的就业状态。本次调查,共有2所学校反馈了图书馆学博士研究生的毕业数据。在全部7名博士毕业生中,有6人选择在图情教育机构工作,仅有1人选择到其他行业的单位就业。由此可见,图书馆学的博士生毕业后比较偏重从事教学工作。

三、教育教学改革

如何更好地规划图书馆学教育模式,为社会提供更适应信息职业需求的专业人才,一直是图书馆学教育所探寻的问题。近年来,关于图书馆学教育教学改革的探索一直是图书馆学界和业界关注的焦点。教育教学改革是不断提高教学质量和人才质量的重要途径,也是使图书馆学专业保持创新力的重要保障。

1. 人才培养模式改革的探索

社会信息化发展对从事信息职业的人才提出了越来越高的要

求,这对图书馆学专业的人才培养提出了挑战。面对社会对复合型人才的需求,图书馆学教育必须调整以往的人才培养模式,更加注重构建人才合理的知识结构,寻求理论与实践的进一步结合。

目前,图书馆学教育机构都在积极探索人才培养模式的改革。北京大学信息管理系在人才培养上注重理论与实践结合、文化课与专业课并重。在本科层次,遵照学校的"加强基础、淡化专业、因材施教、分流培养"十六字方针,培养学生的创新意识。在硕士生层次,注重理论与实践相结合,着重培养领导型并具有创新能力的专业应用人才。在博士生层次,注重理论素养的培育,着重培养具有独立从事创新性研究的专门人才。南京大学信息管理系实行"按系招生,强化基础,分流培养"的人才培养模式,以科学发展观统领教学改革和学科发展,建设了一个由基础理论、方法论和信息管理技术3个有机部分构成,文理交融的科学和教学体系,致力于培养适应社会需求的、口径宽、基础厚、能力强、素质高的信息管理人才。这些培养模式的转变正是图书馆学教育机构适应社会需求的变化,为社会培养高素质人才的探索。

2. 课程设置的变化

课程设置一直是图书馆学专业教育教学的核心。应对当前社会对复合型人才的需求,图书馆学专业课程设置也随着时代的发展在不断变革,日益朝着培养与信息职业需求紧密结合的专业人才方向发展。

核心课程又是课程设置的关键问题。核心课程作为一个学科的核心知识,是一个学科区别于另一学科的重要标志,也是本学科领域人才知识结构中的核心内容。因此,如何更为规范地设置图书馆学教育的核心课程是图书馆学教育工作者和实际工作者都在不断探索和研究的问题。

上一年度的报告显示,图书馆学基础、信息资源建设、信息组织、信息描述、信息检索、信息分析（与预测）、信息服务与用户（信息用户与服务）、目录学、数字图书馆、中国图书与图书馆史、图书馆管理、古籍/文献学这12门课程被22所高校列为图书馆学教育的必修课程。2008年11月，教育部高等学校图书馆学学科教学指导委员会第二次工作会议暨系主任联席会议对核心课程的设置进行了深入的讨论，提出图书馆学概论、信息资源建设、信息组织、信息描述、目录学、信息用户与服务、信息检索、参考咨询、数字图书馆、图书馆管理等10门课程应该作为图书馆学核心课程。然而，对究竟确定哪些课程作为图书馆学专业核心课程，人们还没有形成共识，有待图书馆学教育界进一步研究，同时应该更多地倾听来自图书馆实践领域的呼声。

为了适应社会信息职业的需求，图书馆学硕士教育在课程设置方面也在进行积极的探索，越来越多的学校将培养学生从事信息职业的实际工作能力和结合实际从事科学研究的能力放在更重要的位置上。同时，加强了信息技术类课程和其他图书馆学相关学科领域课程的设置，更为注重复合型人才的培养。

3. 实践教学

加强实践教学，密切理论与实际的联系，是图书馆学教育教学改革的主要内容，也是图书馆学专业教育适应社会需求的现实需要。当前，各图书馆学教育机构都在积极促进实践教学，寻求理论与实践的结合。北京大学积极推进学生课外学术科研活动，定期组织相关宣传培训讲座，依托"3+2+1"师长辅导员制度，由高年级同学带动低年级同学，使得课外学术科研良性循环，提升学生的动手实践能力。武汉大学信息管理学院增加了实践教学在课堂教学中的比重，特别重视课程实习环节，并于2008年专门出版了一套图书馆学专业主要课程的实习教材。学院的图书情报档案综合实验室拥有多套图书馆自动化集成系统软件提供给学生实习。同时学院还制定相关政策,鼓励教师增加实习课程教学的比重,加强了对毕业实习这一重要教学环节的组织和管理。但从总体来看,图书馆学实践教学目前仍是一个比较薄弱的环节。国外的开源图书馆自动化系统(Open Source integrated Library Automatic System,OSILA)在实践教学方面是取得了较大成功的。OSILA 可以为图书馆学学生提供了一个免费的全方位的实战操作平台,通过这个平台,他们可以不断增强专业技术水平,提升自身的职业竞争力,这对于我国图书馆学实践教育的探索具有一定的借鉴意义。

4. 教材建设

教材是体现教学内容和教学要求的知识载体,是进行教学的基本工具,是提高教学质量的重要保证。为了加强教材建设,确保高质量教材进课堂,教育部制订了"普通高等教育'十一五'国家级教材规划",遴选了一大批各学科高质量的教材。图书档案类书也有一批优秀教材入围。

2007 年前,普通高等教育"十一五"国家级规划教材图书档案学类教材仅有两种,分别为叶鹰编写的《情报学基础教程》和柯平编写的《信息管理概论(第二版)》。而在 2007 年 8 月至 2008 年 12 月短短的一年多的时间里,出版的图书档案学类"十一五"国家级规划教材就有 7 种。它们分别是郭莉珠编写的《档案保护技术学教程》(中国人民大学出版社)、李东编写的《管理信息系统的理论与应用(第 3 版)》(北京大学出版社)、吴慰慈编写的《图书馆学概论(修订 2 版)》(国家图书馆出版社)、黄霄羽编写的《外国档案管理学》(中国人民大学出版社)、赵静编写的《现代信息查询与利用(第二版)》(科学出版社)、胡昌平编写的《信息服务与用户》(武汉大学出版社)和肖希明编写的《信息资源建设》(武汉大学出版社)。同时,在 2008 年教育部高等教育司为进一步加强高等教育教材建设,促进"十一五"规划教材质量不断提高,对已出版的普通高等教育"十一五”规划教材进行了评审，确定了292种教材为年度普通高等教育精品教材。其中图书档案学类有4种被评为精品教材，分别是杨善林编写的《信息管理学》(高等教育出版社)、赵映诚编写的《文书工作与档案管理》(高等教育出版社)、段明莲编写的《现代信息检索》(高等教育出版社)和冯惠玲编写的《信息检索教程》(中国人民大学出版社)。

5. 国家级精品课

精品课程建设是国家提高高等教育教学质量的重要举措。国家级精品课程则是具有一流教师队伍、一流教学内容、一流教学方法、一流教材、一流教学管理等特点的示范性课程。这一项目于2003年开始启动。2004年，武汉大学彭斐章教授负责的《目录学概论》成为图书档案类的第一门国家级精品课程。此后，图书档案类多门课程相继入选国家级精品课程。2005年，北京大学吴慰慈教授负责的《图书馆学概论》入选；2006年，武汉大学刘家真教授负责的《电子文件管理》和人民大学冯惠玲教授负责的《档案学概论》入选；2007年，武汉大学胡昌平教授负责的《信息服务与用户》、黑龙江大学倪丽娟教授负责的《文书学》、中山大学程焕文教授负责的《信息资源共享》、山东理工大学葛敬民教授负责的《信息检索与利用》入选；2008年，管理学大类下的图书档案类有2门课程入选国家级精品课程，分别为武汉大学肖希明教授负责的《信息资源建设》和广西民族大学黄世喆教授负责的《档案管理学》。至此，“图书馆、情报与档案管理”学科共产生了11门国家级精品课程。它表明了“图书馆、情报与档案管理”学科的教学质量和水平正在不断地提高，优质的教学资源在不断增加。

四、学科专业建设

1. 国家重点学科建设

国家重点学科是教育部在中国大陆地区的高等院校中，对有博士学位授予权的二级学科进行详细考核后，择优确定并计划安排重点建设的学科。原国家教委于1986年在全国高等院校中开展首次重点学科评选。在2002年的国家重点学科评选中，北京大学与武汉大学的图书馆学、武汉大学的情报学、中国人民大学的档案学被评为国家重点学科，取得了图书馆学学科发展历史性突破。2007年，在教育部进行的新一轮重点学科评估验收中，武汉大学的"图书馆、情报与档案管理"学科被评为国家一级重点学科，北京大学的图书馆学、南京大学的情报学和中国人民大学的档案学被评为国家二级重点学科。2008年，《中国大学评价》课题组评选出了中国大学研究生院管理学各一级学科A++级学校，图书馆学、档案学和情报学类中的武汉大学和北京大学被评为A++级学校。

为了加强国家一级学科重点学科建设，2008年4月23日，"图书馆、情报与档案管理"一级学科国家重点学科论坛开坛仪式在武汉大学信息管理学院举行。该论坛的主旨是"面对变化与探索未来"，由武汉大学信息管理学院、武汉大学信息资源研究中心、武汉大学图书情报国际合作研究院主办。目标是汇集图书馆、情报与档案管理领域的学术、教育与职业领导者，针对图书馆、情报与档案管理领域面临的需求、技术、管理与政策等理论进行探讨与交流。论坛于2008年6月至12月，分别举办了多个专场，对如何建设好这一学科，如何与全国同行一起共同推动图书馆、情报与档案管理学科的前进等问题展开了研究与讨论。同时以"论坛"的形式，回顾"图书馆、情报与档案管理”过去的辉煌，总结“图书馆、情报与档案管理”理论与教育的成就，探索“图书馆、情报与档案管理”学科的未来。

2. 学科建设的国际化趋势

当今世界是一个相互联系的整体。图书馆学学科建设不能仅仅着眼于国内现有的水平和状况，必须放眼世界，向世界先进国家和组织学习，扩大与发达国家的交流与合作，吸收其人才培养、课程建设、教材建设、师资培训等方面的经验。

近年来，图书馆学界坚持“走出去”和“引进来”方针，积极推进与国外的合作与交流。合作与交流的形式多种多样，主要包括以下方面：一是派遣人员出国访问、进修、学习或参加学术会议。如北京大学信息管理系每年都有选派赴海外深造或讲学的教师，选派博士生去国外大学学习；武汉大学信息管理学院每年派遣2—4名教师和研究人员赴国外留学、访问，并接受港、澳地区和部分国家的来华留学生；许多高校派遣人员参加图联会议。二是邀请国外学者来华访问讲学。如武汉大学信息管理学院每年邀请2—8名外国专家来院授课或主办学术讲座，在2008年邀请了时任国际图联主席的Claudia Lux做了《世界图书馆：发展与挑战》的报告；中山大学每年邀请一名国际著名学者来系讲学，国际知名的图书馆学情报学专家如兰开斯特、库珀、马丁、陈钦智等都曾到该系讲学；中国科学院图书馆已与美国、英国一些著名大学图书馆，韩国科学技术研究院(KISTI)，德国马普学会的相应机构等建立了稳定的合作关系。三是举办国际研讨交流会。如武汉大学信息管理学院2000年以来已成功举办了两届中美数字时代图书馆学与情报学教育国际研讨会。

2008年6月，由武汉大学信息管理学院倡导设立的“武汉大学图书情报学国际合作研究院”(以下简称国际合作研究院)成立，揭开了我国图书馆学界与国际合作交流的新篇章，也是武汉大学信息管理学院图书馆学教育走向国际、学科发展国际化的重要举措。国际合作研究院的主要职能是对“图书馆、情报与档案管理”一级学科的前沿课题进行合作研究，为图书情报学领域的专家和领军人才提供交流平台，举办一级学科论坛和国际会议，编辑、出版国际出版物，共同培养人才，促进研究员、合作机构之间在研究生人才培养方面的国际合作，提高研究生培养质量。

这些合作与交流既使中国了解了世界图书馆学的前沿信息，又使世界了解了中国图书馆学的现状，对中国如何在国际背景下发展图书馆学教育具有重要的启示意义。

3. 海峡两岸图书资讯学教育的交流与合作

自 1993 年起，台湾的中华图书资讯学教育学会与内地图书馆界和图书馆学教育界和先后举办过八届“海峡两岸图书资讯学术研讨会”，在两岸图书资讯学界产生了深远的影响。2008 年 7 月 4 日至 5 日，台湾的中华图书资讯学教育学会与武汉大学信息管理学院、武汉大学信息资源研究中心在武汉大学举办了“第九届海峡两岸图书资讯学术研讨会”。

研讨会以“图书资讯学专业教育和图书资讯学事业发展”为主题，来自海峡两岸 30 余所信息管理学院院长（系主任）、研究所所长、图书馆馆长等专家学者汇聚武汉大学，共谋图书资讯事业与教育的发展。研讨会共安排了 7 场特邀报告、16 场专题报告、2 场学术论坛、1 场研究生论坛。期间，举办了海峡两岸图书资讯学院院长（系主任）联席交流会，发表了《海峡两岸图书资讯学系主任联席交流会关于专业教育若干问题的共识备忘录》，体现了海峡两岸同仁对图书情报学的重要性、环境改变对图书情报学科的影响、图书情报学教育作为独立学科的本质和学生应具备的专业素质、图书情报学核心课程与课程体系、图书情报学教育的未来发展，以及两岸图书情报学教育交流与合作形式的多样化等问题取得了一致的认识。

与会两岸专家认为，“共识”对图书馆学科发展、专业建设将产生积极的推动作用。

2008 年 12 月，应台湾的中华图书资讯教育学会的邀请，大陆 4 所大学的图书馆学（信息管理）系的系主任（南京大学沈固朝、武汉大学肖希明、南开大学柯平、中山大学曹树金）前往台湾参访，与台湾图书馆界、图书资讯教育界的同仁进行了广泛的交流，并就如何深化交流与合作的具体形式进行了深入的讨论，签订了合作的协议。这是海峡两岸图书馆学教育界一次具有重要意义的交流活动。

4.《中国图书馆学教育发展战略报告》《高等学校图书馆学本科指导性专业规范》的起草

面对泛在信息环境的形成和社会对信息职业需求的变化，我国图书馆学教育是否适应这种变化？应该制定怎样的发展战略？不同高校设置的图书馆学本科专业怎样才能既保证图书馆学学科的核心内容，又能够充分体现各自的办学特色？这些都是图书馆学教育面临的必须解决的问题。在教育部的统一部署下，教育部高等学校图书馆学学科教学指导委员会于 2008 年 11 月在山西太原召开工作会议暨系主任联席会议，讨论确定《中国图书馆学教育发展战略报告》和《高等学校图书馆学本科指导性专业规范》的主要内容。与会者对中国图书馆学教育发展达成了若干重要共识。会议讨论和将要制定的《高等学校图书馆学本科指导性专业规范》也将是中国图书馆学教育史上第一个指导性的专业规范，并将作为今后教育部对图书馆学科实行专业论证和进行专业评估的重要依据和参考。

五、图书馆学专业教育存在的问题与对策

1. 图书馆学本科招生的形势尚未明显好转，加强宣传和提升教育质量要“两手抓”

根据此次的调查问卷结果不难看出，图书馆学专业本科招生面临的形势依然严峻。原因主要有两个：一是社会对图书馆学专业认识不够，对图书馆学科与信息职业的紧密关系不甚了解；二是图书馆学专业对自身的宣传不到位，影响力不够。因此，今后图书馆学专业要加大宣传力度，特别要借助大众传播媒介，宣传图书馆在信息社会中的不可或缺的作用，宣传图书馆学教育是信息职业教育体系重要的组成部分，扩大图书馆学专业的影响力；同时，各学校的图书馆学专业要不断进行教学改革，提升图书馆学专业教育质量，通过培养大量高质量的信息职业人才，使社会切身感受到图书馆学专业培养的人才在社会信息化进程中发挥的重要作用。只有这样，图书馆学专业招生的形势才能出现根本好转。

2. 教学内容与实践脱节依然存在，实践教学环节亟须加强

近年来，我国图书馆学专业教育一直在致力于教学内容和社会实践的结合，但就目前的情况来看，教学内容与实践脱节的现象依然存在，图书馆及相关信息机构对图书馆学专业毕业生的实践能力仍不够满意，因此，加强实践教学，注重培养学生的动手能力，依然是图书馆学专业教育亟待解决的问题。

图书馆学专业教育机构应寻求多种途径提升学生的实践能力。一是加强制度建设，将实践教学纳入人才培养机制中。如武汉大学在图书馆学硕士的培养方案中明确规定鼓励研究生参加社会实践

活动（可利用1至2个月赴图书情报、出版发行单位进行专业实习，或根据需要参加导师的课题研究或开发项目，通过项目参与实践活动）。二是提供实践机会和各种条件。如中国科学院国家科学图书馆的研究生教育特色就是将理论与实践紧密结合，全馆的各种设施和资源都免费向研究生开放，有研究生专用的教学区、网络教室和计算机学习室，同时设有研究生助理制度，为研究生参与科研与实践提供机会。三是调整教学内容，增设技术实践类课程，致力于培养符合信息化需要的复合型专业人才。在上一年的调查报告中，笔者曾提出当前图书馆学专业教育应增设情报学及信息网络技术和计算机类课程，如数据挖掘技术、管理信息系统、数据库系统及其应用、程序设计语言、计算机信息检索、网络技术与应用等课程，这种课程设置的必要性仍然存在。

3. 社会需求向高层次发展，多途径培养高层次人才势在必行

随着社会信息化深入发展，社会对高层次的信息职业人才的需求不断增长。为了因应这一发展趋势，图书馆学专业教育应该采取的对策包括：第一，明确硕士研究生教育为培养高层次应用型的信息职业人才的定位，并且扩大硕士研究生的招生规模；第二，建立图书馆学专业硕士制度，吸收具有其他学科背景的本科毕业生攻读图书馆学专业硕士，目前迫切需要政府教育行政部门组织调研和论证，尽早作出建立图书馆学专业硕士学位制度的决策；第三，探索研究生培养的新机制，目前已有学者借鉴国外经验，提出实行开放的联合办学模式，促使研究生培养机构与企业、研究所及信息机构合作，实现师资和设备的最优化配置，同时，可以为研究生提供科研实践的基地，提高其实践能力和社会适应力。有的学者提出实行学校导师和企事业单位兼职导师的双导师制的培养机制。这些设想都值得各个图书馆学专业教学点进行大胆的探索。

参考文献

[1]全国普通教育高等教材网.已出版普通高等教育“十一五”国家级规划教材书目.[EB/OL].[2009-9-22]. http://www.tbook.com.cn/IndexAction.action?pageId=newsdetail&newsId=970

[2]中国教育在线.2008 大学研究生院管理学各一级学科 A++级学校.[EB/OL].[2009-9-24]. http://www.eol.cn/yuan_xiao_xin_xi_3988/20080905/t20080905_323265.shtml

[3]柯平,赵益民等.图书馆学毕业生就业核心竞争力.图书情报工作,2009(5)

[4]周黎明.变化与未来——武汉大学信息管理学院设立“图书馆学、情报学与档案管理”一级学科论坛[J].图书情报知识,2008(3)

[5]周燕.日本的图书馆学情报学研究生教育[J].图书情报工作,2004(2)

[6]徐跃权等.关于我国图书馆学研究生教育改革的几点思考[J].大学图书馆学报,2004(3)

分报告七：图书馆学研究

2008年，伴随着我国图书馆事业的不断进步，图书馆学研究延续了前几年良好的发展态势，又取得了许多新的成果。无论是图书馆学基础理论研究还是图书馆学应用技术研究，相关研究成果在内容和数量上都有较大的提高和增长。仅从中国期刊网（CNKI）“图书馆学、图书馆事业”专题数据库的收录情况看，2008年我国图书馆学研究的期刊论文就达18 468篇，比2007年的17 399篇增长了约6%；而在这18 468篇期刊论文中，共有“基金论文”（指由国家社科基金、国家自然科学基金等资助的研究课题论文）1524篇，更是比2007年的1174篇增长了约30%。这些成果涉及的研究领域主要有图书馆学基础理论、信息资源建设、信息资源组织、图书馆管理与服务、数字图书馆、图书馆法制等，下面分别加以叙述。

一、图书馆学理论研究

自图书馆学在我国诞生以来，其理论研究就一直是图书馆学研究的重点。图书馆学中的各种学说、思想和流派，曾经从不同角度对图书馆活动的规律进行了解释，对我国图书馆事业的发展起到了一定的指导作用。进入21世纪以后，随着社会的进步和技术的发展，我国图书馆学理论研究变得更加活跃，整体出现了多元化的格局，即图书馆学学术观点多元并存、图书馆学理论体系多元并存、图书馆学研究方法多元并存。显然，我国图书馆学研究在自由和宽容的环境下正在回归其理性。

1. 图书馆学理论体系构建

在 2008 年在我国图书馆学理论研究方面,研究者们主要进行了图书馆学理论体系构建和未来重点与发展前景的展望。吴慰慈认为,中国图书馆学理论研究未来的走向主要有四个趋势:一是拓展图书馆学研究范畴。应更加注重学科和学者的多样化,更加关注学科的融合,探求图书馆学理论多元发展模式。二是继续探寻学科新的知识生长点。图书馆学研究再也不能仅从图书馆这个实体来进行研究,而是要顺应跨学科研究的潮流,将现代信息技术与图书馆学理论结合起来开展前沿性课题的研究。三是促进理论与技术相融合。基础理论和应用技术既相对独立而又不可分割,应用技术的发展与完善是以相应的理论和方法为条件的,没有基础理论的指导,便没有应用技术的发展,也无法解决图书馆实践所提出的现实问题。四是调整理论研究的思维方式。他同时指出,图书馆学尚处于前科学阶段。由于科学存在的形式乃是"多重态"的,不可能形成排斥异己的所谓"科学共同体",这是大科学观正确认识某一学科的思维方式。这种思维方式,是以解放思想超越自身有限经验的局限为前提,以人类社会图书馆活动的全部历史和实践为对象的开放型思维,这一开放型思维是开展图书馆学理论研究的思想基础。[1]

黄宗忠认为,目前我国图书馆学理论研究已经进入了转型期,主要表现为图书馆学基础理论研究的分量减少,图书馆学一般理论研究的分量增加,而这种转型是有利于图书馆学理论发展的。他指出,未来图书馆学理论建设应当走基础理论研究与一般理论研究相结合的道路,重点应该放在以下几方面:继续深入开展图书馆学基础理论研究;建立新型图书馆学理论体系;围绕建立和谐图书馆,服务图书馆,文明图书馆和高效、优质、有序图书馆进行的研究;信息资源自由存取与共建共享的研究;图书馆服务理论研究;各类型图书馆研究;图书馆和图书馆学发展历史的研究等。[2]

范并思在对我国图书馆学基础理论发展过程的研究中，将中国图书馆学基础理论的发展分为了四个时期。他认为，1909—1949年期间的图书馆学基础理论研究以描述图书馆活动为主，是一种“经验描述体系”，对今天的图书馆学理论研究依然有着一定的影响；1950—1977年期间的图书馆学基础理论研究依然延续了经验描述的方法，只是增加了对原有图书馆学理论进行批判的元素；1978—1998年期间，研究者开始放弃以描述图书馆活动作为图书馆学基础理论体系主体的思路，将社会、信息、知识、交流等纳入了图书馆学理论研究的范畴；而从1999年起，图书馆学理论建设上升到了一个新的高度，逐步深入到现代图书馆理念与图书馆职业层面。他预言在此基础上我国图书馆学理论体系的建设，将会是构建起一个以公共图书馆精神为核心的、以现代图书馆职业精神支撑的新的理念体系。到那时，我国图书馆学将真正成为现代的、与国际接轨的图书馆学。[3] 杨文祥等在回顾历届全国图书馆学基础理论研讨会的基础上，提出图书馆与人类社会信息文明建设的内在联系应当是21世纪图书馆学基础理论研究的基点，当代图书馆学的学科性质与学科特征必然与系统论、信息论和控制论的学科特征相一致，与建立在这些科学理论基础之上的现代信息技术、现代信息环境、人类社会的信息化进程和信息文明建设内在地联系在一起。21世纪图书馆学基础理论研究的基本趋势应该是一种能够全面反映当代图书馆学这种基本学科性质与学科特征、建立在图书馆学学科建设基本方向基础之上，通过图书馆学与众多相关学科的交叉与互动所形成的多元一体的图书馆学理论体系的构建与发展。[4]

李林华认为，中国的图书馆学至今没有真正科学化，其根本原因在于我国图书馆学的研究过程中理性精神的匮乏。由于经验描述的方法使得图书馆学研究总是停留于感性认知的阶段，而理论思辨的研究则容易引发研究内容的泛化，因此他提出应从理性的四重向度构建科学图书馆学。科学图书馆学目标的实现，只有采用当前社会科学的研究规范，严格遵循社会科学研究中经验—归纳、假说—演绎的程式，对图书馆学问题进行系统分析，并通过对经验数据的抽象与概括，用可检验的形式来阐述图书馆学的命题，从而构建起图书馆学的理论体系。[5] 邱五芳也指出，图书馆人应在坚持图书馆学基本原理、吸收先进图书馆理念和技术的同时，弘扬实证研究，以现实的、中国的尤其是基层的图书馆现状为出发点，为中国图书馆事业发展探寻科学合理、切实可行的路径和方案。为此他提出了以下几个建议：坚持现实主义的研究取向；切忌自上而下的单一研究视角；客观认识图书馆的地位、作用和社会责任；避免陷入伪实证研究的泥沼。[6]

杨文祥则进一步阐述了功能图书馆学的思想。他认为，无论是图书馆的人文价值、社会价值、历史价值还是图书馆学的学术生命活力无不源自于图书馆和图书馆事业的社会实践，源自于图书馆在其社会实践中所发挥的社会功能。功能图书馆学就是在信息—知识时代的背景下，在对图书馆功能进行系统、深入研究的基础上所形成的关于图书馆功能的理论体系。在理论图书馆学多元化体系中，功能图书馆学是从图书馆功能及其社会职能的角度，对人类社会图书馆实践活动和相应社会机制的形成和发展规律进行系统研究和深入揭示的当代图书馆学理论流派。[7]

关于图书馆核心价值的研究在 2008 年得到了进一步深化。李超平的研究将 1955 年 7 月文化部下发的《关于加强与改进公共图书馆工作的指示》作为中国公共图书馆职业核心价值观的第一次确立，并对之后的行政指导下的公共图书馆核心价值观的发展历程进行了梳理。她认为以行政指令方式确立的图书馆核心价值观，一方面不能真正地让这种价值观转化为从业者的职业信念，另一方面也不能完整而准确地概括这个职业的价值体系。而进入 21 世纪以来的图书馆核心价值研究有着不同以往的鲜明特点，具有高度的自主性，这种自主性表现为自主研究、自主选择、专业话语。[8] 蒋永福也提出，中国图书馆界在确立自身的核心价值时，除了对国际上比较普适的、主流的核心价值应有所借鉴外，更要注意借鉴过程中的本土化改造问题。他认为，在借鉴过程中需要注意以下几个原则：借鉴而不照搬，即在借鉴过程中做好本土化改造工作；在内容表述上应简约而不简单；在立意上应突出主线而不散点。在此基础上，他提出了以“文化权利”为主的图书馆核心价值范畴体系，即以文化权利为主，以平等服务、保存与共享、促进阅读、包容与民主为辅。[9]

2. 图书馆史与图书馆学史

傅荣贤在考察中国古代图书馆史研究的叙述模式时，将图书馆史研究的叙述模式分为了三类：历史性的叙述模式、背景化的叙述模式以及图书馆本体叙述模式。其中，历史性的叙述模式强调人们对于历史发展结果的认识，其实是带有某种主观构想成分的，现实逻辑发展的合理性往往被视为历史的唯一结局，同时，基于历史叙述模式的图书馆史研究难免过于沉湎于史学意识，忽视历史发展过程的复杂性和结局的多种可能。背景化的叙述模式则认为图书馆的发展总是处于一定的社会历史环境中，带有特定的社会历史文化印记，但其对唯物史观的庸俗化认识容易将图书馆史异化为社会文化形态或社会功能的标签。他认为图书馆史研究在关注图书馆发展过程的社会历史文化语境的同时，应当回到图书馆本身，努力反映图书馆发展过程的基本原貌。图书馆的发展固然受制于社会历史文化，但也遵从图书馆自身发展的规律。历史或背景至多是图书馆史研究的视角或外围科学，只是为阐释图书馆史自身而必须动用到的某些外部学科或知识。[10]

柯平则对图书馆学这一概念的提出和衍进进行了梳理，他指出，图书馆学概念在1807年由施莱廷格提出，并于1808年在《试用图书馆学教科书大全》中将“图书馆学”具体定义为“图书馆实施有目的的组织所需要的理论准则的概括”，这一方面开启了图书馆学的正式研究起点，另一方面对图书馆工作给出了系统的理论指导。自施莱廷格之后，图书馆学的外延不断扩展，内涵逐步深化。图书馆学这一概念的定义中，渐渐不再把图书馆机构化，而上升到对其本质与内涵的把握。他认为，随着图书馆学的发展，图书馆学现在已经被广泛应用于诸多领域，包括对网络信息资源的搜集整理和检索。但是作为其最主要的研究客体以及理论来源，图书馆学又不能脱离开对图书馆及图书馆事业的研究。[11]

除了总体性的研究外，另有许多涉及图书馆史与图书馆学史的单独性研究。如余丰民对袁同礼《西文汉学书目》分类体系的分析、王林军对 19 世纪下半叶俄罗斯东西伯利亚的教会图书馆的研究、曾凡菊以中华图书馆协会年会为基础对民国时期图书馆界交流的研究、吴稌年对清末新政与中国近代公共图书馆运动的分析等，为完善图书馆史与图书馆学史提供了大量的资料。

2008 年是杜定友先生诞辰110 周年，广州图书馆学会举办了杜定友与中国图书馆事业学术研讨会，对杜定友先生的学术思想与贡献进行了重新认识。而程焕文对周连宽先生在图书馆学、档案学等方面成就进行的研究，也为中国图书馆学史中的图书馆学人研究做出了贡献。[12]

3. 图书馆事业研究

2008 年关于图书馆事业方面的研究主要侧重于公共图书馆服务体系建设的研究。于良芝认为，保障普遍均等服务的公共图书馆服务体系应具有两个基本特征：一是全覆盖，二是包容性。[13] 然而，目前这样的公共图书馆服务体系还面临着很多障碍，其中尤为突出的就是体制障碍。新中国建立以来，我国公共图书馆建设基本上按“一级政府建设一级图书馆，谁建设谁管理”的模式展开。各个图书馆之间相互独立，构成一种各自为政的公共图书馆服务体系。目前已有的总分馆建设大都通过“契约”确立彼此的关系，这些契约模式大约有以下几种：自下而上的全权委托、自下而上的半委托、自上而下的委托。然而这些模式都无法改变图书馆建设主体的安排。由于无法理顺总馆与分馆间的责任关系，因此就无法保证其持久性。[14]

李国新认为，构建公共图书馆服务体系指一个国家或地区的公共图书馆独立或通过合作方式提供的图书馆服务的总和。目前总分馆建设的最大障碍是体制障碍。总分馆制的核心在于建立统一采购、统一编目、统一配送、统一服务的机制，这几个统一是实现图书馆服务普遍均等的保证，也因此，总分馆制才被认为是形成覆盖全社会的公共图书馆服务体系的有效形式之一。要实现这几个统一，前提是经费管理和人员管理的统一，但我国的现状却是“分灶吃饭”，财政体制下的经费来源，分级管理行政体制下的人员调遣，从中央到乡镇，每一级政府都有本级财政，都有本级的人事管理权。从理论上说，每一级财政都是公共资金，是公共资金就有保障公共文化事业的责任和义务，因此就形成了各级政府都是公共图书馆的设置主体——一级政府建设和管理一个图书馆的现状。[15]因此，总分馆体系内在规律要求的“统一”与财政“分灶吃饭”、行政“分级管理”体制之间还存在矛盾，应寻找合适的管理层级和合适的管理单元，通过“建设主体上移”来解决“适当的管理层级”的问题，通过“变分层管理为集中管理”来解决“适当的管理单元”问题。[16]

二、信息资源建设研究

信息资源建设一直是我国图书馆学研究中最受关注的领域，近年来，随着网络技术和数字技术的不断进步，信息资源的形态发生了很大变化，给图书馆的信息资源建设带来了很大影响，也使信息资源建设研究面临着许多新的课题。2008 年我国的信息资源建设研究,围绕信息资源建设理论、信息资源体系规划、信息资源的选择与采集、信息资源的共建共享等主题展开,取得了许多研究成果。

1. 信息资源建设理论

沈生进在研究信息资源建设与信息服务的关系时提出,信息资源建设和信息服务之间存在着明显的互动关系。首先,信息资源建设与服务是一对辩证的统一体;第二,信息资源建设与服务的融合体现了人文精神与信息技术的融合;第三,信息资源共建共享是开展信息服务的必要保障;第四,开展个性化服务与知识服务是信息资源建设的目标。因此,二者的融合必将是大势所趋。[17]

赵立杰通过分析网络文献传递服务的特点和发展方向,结合工作实践论述了网络文献传递服务对指导馆藏建设、优化资源配置和完备信息资源保障体系方面的重要作用和特殊意义,认为文献传递数据不仅是指导馆藏建设的重要依据,还可以为衡量馆藏质量和优化文献资源配置提供评估参考,而且整合文献传递获取资源可为完备信息资源保障体系提供有效支持。[18]

解登峰则将信息经济学中的信息不对称概念引入信息资源建设当中,探究了图书馆文献资源建设中存在的文献资源采购信息不对称和文献资源需求信息不对称问题,详细分析了其产生的原因及影响,并据此提出了降低图书馆文献资源建设中信息不对称程度、减少其负面影响的途径与措施,以提高文献资源建设工作和图书馆信息服务的水平。[19]

信息资源建设政策对信息资源建设起着至关重要的作用,肖希明等在大量文献调查的基础上,分别从文献信息资源建设政策、数字信息资源建设政策、信息资源共建共享政策和信息技术与标准化政策等四个方面对我国与国外若干发达国家信息资源建设政策的内容进行了比较研究,认为我国现阶段的信息资源建设政策是比较零散的、应急式的,政策目标还不够清晰,尚未形成政策体系,提出我国应重视政府信息资源和公益信息资源建设政策的制定，逐步形成政策重点，并加强政策的可操作性。[20]同时，他们还基于系统论的基本原理，论述了构建完整的信息资源建设政策体系和优化信息资源建设政策整体功能的必要性，对构建我国信息资源建设政策体系所应遵循的系统性、协调性、稳定性、前瞻性原则进行了深入探讨，提出了由信息生产政策、信息资源采集政策、信息组织政策、信息安全政策和信息资源体系评价政策构成的我国信息资源建设政策体系的基本框架。[21]

2. 信息资源体系规划

针对宏观层面的信息资源体系规划，裴成发提出，信息资源规划的核心基点是规划理论，但在信息资源规划过程中还应结合信息论、系统论、控制论、博弈论等为信息资源规划基点的一般要素。从内涵上来说，信息资源规划是对信息采集、资源描述、处理、配置、传输、共享的全面规划过程；从内容上来说，信息资源规划内容体系的建立应该以国家中长期规划为前提，具体包括信息资源活动主体、信息资源实体内容、信息资源布局、信息资源体制、信息资源保障和信息资源的增长等六个方面；从规划程序上来说，信息资源规划分为规划准备、确立目标、设置指标体系、构建标准规范体系、规划草案论证等六个步骤。[22]宗诚等则认为，在当今网络环境下，数字信息资源已逐渐成为信息资源的主体，因而数字资源开发利用的宏观战略与规划具有非常重要的意义。他们针对当前我国信息资源开发利用中存在的问题提出了相应的对策：第一，优化体制，建立具有宏观调控功能的横向协调组织；第二，完善机制，通过行政、公益与市场机制相结合方式实现数字信息资源的开发利用；第三，公共获取，逐步实现信息资源的共享；第四，构建平台，完善技术支持及标准制度。要通过这些宏观控制手段，使我国的数字信息资源得到更有效的开发和利用。[23]

董燕萍针对微观层面的信息资源体系规划，在分析网络环境下高校图书馆信息资源管理现状的基础上，提出了高校图书馆信息资源规划的概念，认为高校图书馆的信息资源规划理论是一种基于现代管理思想，应用企业先进的资源计划模式、IRP 理论和现代信息技术的图书馆数字化管理，是对信息资源的采集、处理、传输和利用的全面规划。基于信息资源生命周期管理理论，她还分析了图书馆信息资源规划的过程，即项目定义、用户需求定义、信息生成或收集、系统建模、组织实施和评价、维持/持续，并就如何利用统一建模语言 UML 进行面向对象的规划模型构建进行了探讨。[24]

信息资源建设模式是信息资源体系规划涉及的重要方面。陆萍认为，信息资源建设模式的发展经历了面向资源型、面向交流型、面向用户型的演化过程，而面向用户的图书馆信息资源建设模式是一个以信息技术的集成发展为基础，以用户需求为中心，从用户的个性化需求出发，集资源、技术、建设与用户利用一体化的信息资源建设平台。根据这一认识，她还对面向用户模式的信息资源体系的总体设计、具体模式、关键技术等进行了探讨。[25] 马启花也提出，为满足网络时代的用户需求，图书馆信息资源建设必须走实体馆藏与虚拟馆藏相结合的模式；弃求大求全，走特色优势模式；弃分散建设，走信息资源共建共享模式。而上述图书馆信息资源建设模式的顺利进行，离不开各方面的支持和保障，为此她从政策、机制、标准化、技术、队伍等 5 个层面对图书馆信息资源建设模式的保障措施进行了研究。[26]

信息资源整合是信息资源建设中必不可少的必要环节。肖希明等提出，在开放式资源共享环境中，图书馆需要建立开放式的馆藏资源整合体系。开放式馆藏资源整合体系以馆藏数字资源和文献资源为主体，将基于用户体验和用户创造的资源关联在馆藏资源体系中，它是各个层次馆藏资源整合的实现基础。其整合范围包括宏观、中观和微观三个层次，整合内容包括信息源的整合、信息内容的整合和知识单元的整合，其整体由联盟、集合、收割、调用、集成五个子系统构成。[27]

张晓林等基于供应理论，从资源供应管理的角度出发，提出信息资源建设应加强渠道建设和供应链管理，对各种来源的信息资源根据用户需求的广度和强度重新布局与组织管理，整合资源采集、资源共享、供应渠道和服务流程，构建以供应管理为核心的信息资源建设模式。他们具体分析了用户需求的获取和计量、供应市场的发展状况，提出了基于用户需求和供应管理的图书馆资源保障模式。[28]

叶宏伟等将信息集群的概念引入信息资源建设研究之中，认为信息集群是把各类型图书馆在特定的地域范围按照一定的专业信息集中，按地域组成，构成一个类似生物有机体的信息群落，形成强劲、持续信息竞争优势的服务网络。这个过程具有程序化、共享化、协调化、范围广、动态性等特点。他们指出，要实现真正高效的信息集群必须变革管理思想，加强技术手段、提高工作质量，搞好信息资源库建设。[29]

信息资源建设评价有利于信息资源体系的进一步完善，因此在信息资源体系规划中应给予足够的重视。廉立军等通过分析高校图书馆信息资源质量评价的研究现状，针对现有评价方法的缺陷，提出应用“定标比超法”对高校图书馆信息资源建设进行优化研究。他们在分析信息资源质量评价指标体系构建的科学性、导向性、完备性、可操作性、定性和定量相结合等原则基础上，建立了一个包括8个方面、29个具体指标的高校图书馆信息资源质量评价指标体系。[30]

3. 信息资源的选择与采集

信息资源的选择和采集是图书馆所有业务工作的起点，也是图书馆工作的重点。李美针对高校图书馆的文献采访工作进行了研究，论证了文献资源建设在高校重点学科建设中的地位和作用，并对如何做好重点学科文献资源建设提出了具体建议，包括从财力资源和人力资源两方面保障图书资料采访的支撑能力、制定明确的图书资料采访原则、拓宽采访渠道，建立“立体多维”的采访模式等。[31]谌叶飞分析了高校图书馆文献资源采集的新特点，对如何发展和创新文献采访工作提出了如下建议：从实际出发按需采集文献信息资源；科学采访与有效采访并举；构建新的采集模式，改进采集手段，提高文献资源采集的质量和效率；认真处理好馆藏实体资源和网络虚拟资源的关系；采购过程中实施有效的监管，确保文献资源的质量；提高文献资源采集工作者的素质和文化修养，抓好岗位培训，加强采访队伍的专业化建设。[32]

国家图书馆由于其地位和职能的特殊性，其信息资源建设值得特别关注。刘兹恒从国家图书馆的职能出发，强调国家图书馆作为国家总书库，在信息资源建设方面应不同于一般的公共图书馆，不追求较高的利用率，而要成为读者文献需求的最后保障，并对国家图书馆文献采集的重点、馆藏文献的数字化建设和网上虚拟资源开发等提出了建议。[33]

吴慰慈分析了“馆藏格”在馆藏建设中的重要应用，并结合公共图书馆的特点和美国同行的服务策略，建议我国公共图书馆在馆藏发展方面应立足本地用户、扬长避短、公开信息，并且尝试制定馆藏发展政策。[34]

蒲筱哥等则针对特色数字资源的建设进行了研究，通过分析当前特色数字信息资源建设过程中存在的投资国际化、数字信息资源内容国际化以及数字信息资源生产与联机服务跨国经营等发展趋势，提出应加强特色数字信息资源建设的标准化建设步伐、促进知识产权的合理解决、加强特色数字信息资源的产业化发展力度，并在数字信息资源产品的市场开发中引入深层次营销思想，以尽可能地使数字信息资源产品的价值得到最大限度的发挥。[35]

数据库的建设是信息资源建设的重要方面。覃燕梅研究了我国高校图书馆视音频资源数据库建设的现状以及建设的必要性,探讨了当前高校图书馆视音频资源数据库建设中的知识产权问题,指出在图书馆视音频资源数据库建设中要有知识产权保护意识,要从技术上实现和保障视音频资源数据库建设的标准、原则和方向。[36]

国外的信息资源建设历史悠久、经验丰富,研究国外的信息资源采集理论能够为我国的信息资源采集工作提供良好的参考和借鉴。付光宇阐述了包括全采集、选择性采集、联合采集及基于呈缴本制度的采集在内的网络资源采集策略,分析了其在国际上的代表性项目,为我国网络信息资源采集提出了以下建议:第一,建立以国家图书馆为中心的分布式采集机制;第二,加快推进网络资源采集的立法工作;第三,加快推进网络资源采集标准的制定;第四,采用科学有效的网络资源采集策略。[37]

4. 信息资源的共建共享

信息资源的共建共享是信息资源建设研究的重要领域之一,因此得到了众多学者的广泛关注和探讨。在这一领域的研究主要集中在信息资源共建共享的理论、模式、机制、成本收益/绩效评估和可持续发展等方面。

在信息资源共建共享的理论和模式研究方面,袁曦临通过比较国内外主要的信息资源共建模式(馆藏地域协作模式、馆藏内容协作模式、组织协作模式、采购协作模式和 Wiki 共建模式),对现有各种共建模式的不足进行了分析,并借鉴费孝通先生提出的“文化自觉论”,从理论和实践两方面论证了“文化自觉论”作为网络环境下信息资源共建理论基础的必要性和可行性。[38]

在信息资源共建共享的机制研究方面,龙丽等对利益平衡机制进行了深入研究,他们针对信息资源共享中的利益平衡问题,在分析信息资源共享的合理性及其利益冲突实质的基础上,将 CC 模式

（非正式许可协议或知识共享协议）作为一种利益平衡机制应用于信息资源共享的利益平衡处理中。他们对 CC 的产生与发展、CC 平衡功能的体现及国内外对 CC 的应用进行了介绍，以期使 CC 模式在信息资源共建共享研究与实践中得到关注和推广。[39] 而肖勇则利用经济学中的产权制度分析了网络信息资源共享中的利益平衡问题，指出网络信息资源共享的实质是网络信息资源的有效配置，网络信息资源的效率实质是网络信息资源优化配置的效率问题。认为网络信息资源的稀缺性、信息市场失灵、网络信息资源的分布失衡、网络信息空间的无序性这四个影响因素阻碍着效率的提升。在此基础上，他从对宏观配置效率的提升（包括对市场配置效率的提升和对非市场配置效率的提升）和对投入产出效率及 X 效率的提升两个方面具体分析了产权提升网络信息资源效率的内在机理，并探讨了网络信息资源产权机制的构建。[40]

在信息资源共建共享的成本收益/绩效评估方面，金胜勇等认为，信息资源共建共享目的在于提高信息资源保障率，以最大限度地满足用户的信息需求；同时，信息资源共建共享是需要成本的，利用成本收益分析方法可以考察信息资源共建共享是否具有经济合理性。为此，他们构建了一个由包括信息资源成本、信息技术成本、管理成本、用户成本和外部成本在内的总成本和包括社会收益和经济收益在内的总收益共同构成的信息资源共建共享成本收益分析框架，旨在为信息资源共建共享效果评价提供参考和借鉴。[41]

在信息资源共建共享的可持续发展方面，CALIS、CASHL 和北京大学图书馆的相关人员率先进行了系统全面的研究工作。李晓东等通过对 Ohio LINK、OCLC、CDL、NSDL、JISC、NII 等 6 个不同国家、不同类型的共建共享组织进行调研分析，着重对影响共建共享组织可持续发展的关键因素（组织管理架构、运行管理机制、共建共享的资源与服务、政策和资金支持）进行了比较研究，为我国信息资源共建共享组织的可持续发展提供了借鉴。[42] 肖珑等以 CASHL 为案例，从组织结构、投入资金、运行机制、资源建设、服务创新等方面，总结了 CASHL 的特点和成就，分析了信息资源共建共享可持续发展的现状及问题。[43] 戴龙基等从运作机制、标准规范建设、共享资源建设、技术创新、服务绩效、法律法规保障以及人力资源建设等七个方面，对我国信息资源共建共享可持续发展进行了前瞻性的思考。[44] 刘彦丽等着重研究了服务绩效评估对信息资源共建共享体系可持续发展的促进作用。[45] 冯英等则通过对信息资源共建共享组织技术创新现状的调研，探讨了技术创新对信息资源共建共享可持续发展的推动作用。[46]

5. 古籍资源的保护和利用

2008 年，“中华古籍保护计划”的开展引起了广大学者对古籍保护的研究热潮。苏品红在对实施国家古籍保护计划中遇到的带有普遍性的有关问题，尤其是参加文化部督导组调研工作过程中发现的一些实际问题进行梳理、总结的基础上，提出了解决这些问题的具体建议，包括：加强对“计划”的宣讲，提高认知度；加大领导机构的工作力度，充分发挥各级联席会议的协调作用；尽快确定古籍普查范围，加快相关标准的制定；正确认识人才培养问题，扩大人才培养途径；加快研制古籍普查系统平台，提高普查工作效率；尽快制定相关经费来源及使用原则，确保“计划”顺利推进。[47] 同时她还从古籍的数量与质量、古籍的生存空间与环境、古籍的管理与保护和专项保护经费四个方面对全国古籍重点保护单位的评选标准进行了具体的分析与解读。[48]

刘家真等通过对 126 个古籍收藏单位递交的“全国古籍重点保护单位申报书”进行的分析，发现我国古籍的传世保存还存在着古籍损坏速度加快、程度加剧，古籍保护环境较差等众多问题，认为造成这些问题的原因是多方面的，包括古籍保护意识不强、相关知识薄弱、管理不善等。他们提出，要解决这些问题，需要从人才培养、经费投入、调研督导等多方面来综合考虑。[49]

郑春汛等认为,古籍联合目录既能够实现资源共享、方便读者,又有利于古籍保护和学术发展,但现有的古籍联合目录收录数量与我国的古籍总量不成正比,质量也参差不齐,因此在网络环境下,古籍联合目录的编撰需要提高效率,在种类、数量、质量上都应进一步增强。由于原有的、通行的古籍联合目录编目运作模式存在周期长、效率低等弊端,上述目标很难实现,因此需要在认真分析造成旧模式弊端的根本原因的基础上,有针对性地提出新的解决方案,以建立高效的古籍联合目录运作模式。[50]

古籍数字化是解决古籍保护与利用之间矛盾的有效方法,因此也赢得了众多学者的关注。涂湘波认为古籍文献数字化的人文意义在于它关系到敬畏图书馆制度、维护图书馆权利、对弱势群体关怀及坚持图书馆职业精神等诸多方面。古籍文献数字化体现了信息技术与人文精神的融合;图书馆人文精神需要信息技术支撑,信息技术要发展,应更加关注人文因素;古籍文献数字化要克服技术至上思想,大力弘扬人文精神,只有这样才能使古籍资源更好地为广大读者所用。[51] 何贤英等在分析国内外古籍数字化现状的基础上,阐述了我国古籍数字化过程中存在的数据格式不统一、缺乏统一规范与合理规划、技术不完善、专门人才匮乏等问题,提出了我国古籍数字化研究的发展方向,即古籍文献元数据标准的规范统一、智能识别技术的应用、数字古籍传播网络化。[52] 肖爱斌针对目前古籍善本保存、管理和利用的不足以及电子化建设中存在的问题,在充分考虑电子化存储、整理、检索等特点的基础上,综合应用图像处理、分析和识别等技术以及分布数据库的复制和同步技术,设计并实现了集数字化采集、图像去噪、存储、处理、浏览和数字加密等功能的一套古籍善本电子化管理系统,为古籍善本的保存、保护、抢救、共享和再利用提供了方法和手段。[53]

三、信息组织研究

信息组织是通过对信息资源有效的整序，使其条理化、有序化与优质化，以方便用户对信息的有效获取与利用。网络环境下的信息组织研究主要包括编目研究、分类研究、主题研究、元数据及其他相关技术的研究。

1. 关于编目的研究

自2003年起，国际图联（IFLA）编目组组织并筹备了一系列国际编目规则专家会议，对1961年的“巴黎原则”进行确认、更新和扩充，出版了《国际编目原则声明（草案）》，并将其翻译成21种文字。经过若干次会议征求意见后，在2008年形成了新的《国际编目原则》（ICP）。这个新的编目原则涉及书目记录的著录、检索和主题编目，将成为编目规则制定者更高层次上的规则。此外，AACR2的修订版《资源描述和检索》（RDA）也于2008年完成，它采用FRBR的思想，力求制订一套适于网络环境使用的规则，可描述印刷文字资料、图像、地图、电影、录音资料等各种信息资源，并可与其他资源著录与检索标准兼容，适用于世界范围的图书馆、艺术馆、档案馆、博物馆及其他信息机构。顾犇认为，RDA很有可能成为国际性的编目标准，为此，我们应密切跟踪其发展，努力实现中国编目规则的国际化。[54]

曾伟忠在研究中发现，FRBR给编目带来的影响主要有：（1）重新定义了原有书目概念，将模型中术语用于记录库的结构和显示界面上。（2）对资源元数据结构进行了探讨和实验。它提供了一种聚集书目单元，改变了传统的书目记录结构，使之更加立体化、网络化。（3）改变了联机目录的显示方式。在同一界面下集中了同一作品的多种内容表达、多个版本和相关著作，便于读者快捷地从众多记录中找到自己的需求。(4)扩展到了规范领域的研究。[55] 孙更新等也总结了近年来我国有关 FRBR 的研究，概述了我国对 FRBR 研究的主要内容、研究成果、存在的问题和发展的方向，提出今后我们需深化 FRBR 的理论研究，加强 FRBR 的应用研究，融合其他科技成果，创新编目理念。[56]

由于编目一直被图书馆视为核心的技术工作，因而很多学者目前仍十分关注网络环境下编目工作的未来。胡小菁认为在网络时代，编目工作已经显现了四大发展趋势，即编目格式简单化、编目外包普遍化、数据来源多样化及联合目录本地化。未来的联合目录不但是套录数据的来源，还可能成为图书的垂直搜索引擎，因而需要在编目政策方面具有前瞻性，以吸引更多的图书馆参与。而随着用户对一站式检索的依赖，联合目录本地化或者通过联合目录检索本地馆藏，甚至直接通过 Google 等搜索引擎检索本地馆藏也会成为一种不可避免的趋势，图书馆应当对此有充分的准备，提前规划自己未来的书目服务方向。[57] 文榕生则根据我国文献编目理论研究与实践情况，提出目前图书馆的编目正在发生编目对象由单一的图书向各种实体文献再向虚拟文献的多类型转变、编目格式呈现大同小异的多样化、编目成果由单一的图书馆转向多用途、编目过程由后控规范趋向前移等变化，因此编目工作必须强调科学性与实事求是。[58]

2. 关于分类法的研究

《中国图书馆图书分类法》(简称《中图法》)几经修改，但目前仍然存在许多问题，难以完全适应各学科各门类文献分类的实际要求，为此一些学者结合本学科文献出版情况以及数据库分类检索实践中发现的问题，对《中图法》提出了相应的修改建议。如卜书庆指出，《中图法》不仅需要及时修订以完善学科分类体系，而且要基于知识服务平台网络化进行修订，要充分考虑《中图法》的网络化构建、动态维护及服务机制。[59]欧阳宁等则对《中图法》的可视化问题进行了相关研究，提出可视化系统主要采用树（Trees）、图（Graphs）、地图（Maps）及虚拟现实（Virtual Reality）等隐喻方式，其中知识的组织和描述是关键。他们还利用本体构建工具 Protégé 进行了《中图法》部分类目的可视化实践，证明实现《中图法》可视化是可行的。[60]

社会性书签（Tag）的发展促进了 Folksonomy（译为公众分类法、自由分类法或社会分类法）的出现。Folksonomy 的实质就是以词为类，但其类目是平面的、非等级的，是由网络信息用户自发为某类信息定义一组标签，并最终根据标签被使用的频次选用高频标签作为该类信息类名的一种为网络信息分类的方法。因此，关于 Folksonomy 的研究成为了 2008 年关于网络分类研究的一个热点。陈洁等介绍了 Folksonomy 的产生背景、概念及其形式，分析了 Folksonomy 的特点及应用实例，认为它在揭示微内容以及由用户自己组织与利用信息上具有较强优势。在 Web2.0 环境下，随着普通用户参与组织互联网信息成为可能，这种新的分类法将是一个发展趋势。[61]而 Web2.0 环境下流行的分众分类法能够为本体的建立和演化提供丰富语料库和概念语义信息，从而为本体的建立提供强大支持。唐晓波利用社会网络分析的理论和方法，采用“浮出语义”的思路，分析了基于分众分类的“标引者—标签概念—实例”三部图模型发掘概念间语义信息、建立本体的方法和过程。[62]

3. 关于主题法的研究

随着用户检索行为和检索方式的变化，用于组织和检索用的主题法已超出了人工检索语言的范畴，其研究内容不断拓新；而随着计算机技术的应用和网络技术的普及，主题语言的应用也有了新的平台。[63]

《中国分类主题词表》是我国分类标引和主题标引一体化的文献标引工具，毛慧结合工作实际，从对其修订的必要性着眼，指出了其修订前后的变化以及存在的一些问题，并就文献标引人员如何使用该主题表提出了建议。[64]

韩永青等对国内外主题图发展概况进行了简要回顾，侧重介绍了国内外主题图应用研究的相关成果，包括叙词表改进与知识库建构、知识组织与检索、知识建构、网络门户导航与知识导航、语义网应用和学科管理几个方面，指出国内在该领域研究中还存在未能形成系统性、规模化研究，研究方法手段比较单一，主题图应用范围领域偏窄等问题。他们认为，今后国内主题图研究的可能走向是，相关研究机构、情报所、高校、企业等联合起来，实现产学研相结合；建立主题图专门研究机构，开发本土化的研究工具；侧重本土化的数字化知识组织技术研究；从多个维度对主题图应用研究进行深入拓展等。[65]

孙凤梅从网络环境下信息资源的特点入手，分析了目前主题组织法性能上的优势和不足，认为主题语言尤其是关键词法，虽然由于其独具的优点在网络信息组织中得到广泛的应用，但是它检准率低的缺点，也使其在网络信息检索中很难得到令人满意的效果。使用后控制词表可以改善关键词法的性能，而分类主题一体化是网络信息组织的发展趋势，将会促进网络信息资源的有效存取和检索。[66]

侯汉清等提出，传统手工编制叙词表的方法已不再适用于网络环境，所以如果要编制一部性能优越且容易应用的词表，可考虑将计算机自动编制和传统手工编制两种方式结合起来，在计算机自动构建的基础上适当加以人工干预，即参照已有的一些词表，对生成的词间关系进行挑选、调整，这样编制出来的词表将具有较好的性能和应用的价值。[67]

4. 关于元数据的研究

信息组织离不开元数据，元数据是数字图书馆和网络化信息资源组织的“法宝”，元数据的标准化与规范化建设更是信息资源组织的关键与核心。王松林在对实体信息资源和网络信息资源组织所用的各种元数据标准进行梳理后，提出了各种元数据标准并存的理由及进行互操作的重要性，以供包括图书馆在内的各类信息机构参考。他认为，对实体信息资源进行组织所用的元数据标准大致可以分为三类，即著录型元数据标准、编目型元数据标准和编码型元数据标准；而根据 METS(元数据编码与传输标准)，网络信息资源组织所用的元数据标准则分为描述性元数据标准、结构性元数据标准和管理性元数据标准，其中管理性元数据是对信息资源的管理政策与机制进行描述，是元数据在信息资源管理层面上的拓展。[68] 郑巧英等也对数字图书馆中基础管理性元数据框架做了深入的研究，认为管理性元数据对信息资源采集、加工、利用过程的管理信息加以规范化、开放性的揭示，有助于用户或第三方系统方便地、无障碍地共享本系统的信息资源，有助于各个信息系统在安全机制保障下，通过管理性元数据有效地交流管理政策与机制，促进不同信息系统之间的互操作性。但与描述性元数据相比，我国对管理性元数据的研究尚处于起步阶段。[69]

在分面元数据研究方面，郭世星等介绍了与分面元数据相关的技术，如分面图(FACETMAP)、分面元数据的描述语言(XFML、DTD、RDF 等)等的发展情况；总结了分面元数据系统的两个共同特性：即搜索与浏览界面相结合，对图片检索具有更好的效果。他们认为，分面元数据方法是基于分面分类理论，采用元数据进行描述的一种网络信息组织方法，但目前国内有关这方面的研究还比较薄弱。[70]

罗庭芝对 MARC 和 DC 二者的产生发展、结构特点和实际应用进行了全面的比较分析,指出在网络时代 MARC 与 DC 并存是网络信息资源组织的发展趋势。MARC 格式目前仍然是图书馆描述文献最合适的著录格式,但面对瞬息万变的网络信息资源,编目员如果继续沿用 MARC 格式,就会远远落后于网络信息资源增长的速度,因此用 DC 元数据来组织网络信息资源是大势所趋。但 DC 也存在许多不完善的地方,不能完全取代 MARC。[71] 由于目前图书馆广泛存在的 MARC 数据格式是经过严格限定和检验的数据流格式,无法通过 Internet 浏览和检索,严重制约了这些数据的利用。张靖提出采用基于 XML/RDF 技术的 MARC 元数据描述方法,使现有大量存在的 MARC 书目数据库与 Internet 上其他非书目数据库的信息集成成为可能,解决了专用的 MARC 书目数据向机器可理解的通用的元数据转换的问题。[72]

MODS (元数据对象描述模式)是美国国会图书馆于 2002 年 6 月开发出的,它是继 MARC 之后的第二种以 MARC 为基础的文献编目元数据。MODS 的元素来自 MARC21 的字段,是 MARC21 的一个子集,它采用 XML 作为编码语言,是 MARC21 的 XML 简略版,具有其他很多元数据无可比拟的优越性。王小平通过将 MODS 和 MARC、DC 进行比较,总结出 MODS 的主要优点,并结合国外的应用情况,归纳出 MODS 目前的主要应用模式,提出了其在国内图书馆应用的建议。[73]

5. 网络环境下其他信息资源组织方式、方法及理论

KOS(知识组织系统)是目前国内外研究的热点。KOS 是各种对人类知识结构进行表达和有组织的阐述的语义工具的统称,既包括传统图书馆建立的在文献单元基础上的分类法、标题表、叙词表以及更泛指的情报检索语言、标引语言,也包括网络时代建立在概念单元或只是单元基础上的概念地图、语义网、概念本体等。王曰芬等认为,从以文献单元、数据单元为基础的知识组织系统发展到

以本体为基础的语义网知识组织系统，KOS研究的方法与技术在不断提高，应用范围也在不断扩展。[74]

随着互联网的蓬勃发展，网络信息资源以指数方式增长，为解决网络信息资源的有序组织、有效传播的问题，许多元数据格式也就随之产生：DC元数据简单易用，已被广泛应用，并成为其他元数据格式的基础；而基于XML的内容聚合元数据RSS规范和ATOM规范目前被广泛应用于网络新闻、博客等网络信息的组织和传播，已成为Web2.0中不可缺少的要素。曹树金等因此认为，目前RSS和ATOM是两种主要的内容聚合元数据。[75]

谷建新在对网络信息组织的相关问题进行研究时指出，信息组织的发展趋势将是：使用分类主题一体化方法组织网络信息；实现自然语言与人工语言的结合；建立虚拟图书馆；实现网络资源联合编目；建立网络信息组织的统一标准；强化网络信息组织技术研究；通过立法手段解决网络信息组织中的知识产权保护问题等。[76]

四、图书馆管理与服务研究

图书馆管理与服务是图书馆学研究中极为活跃的论题。2008年，我国图书馆管理研究继续在以往的基础上稳步前进，研究内容主要集中于图书馆的危机管理、图书馆的人力资源管理等方面；而图书馆服务研究，则由于《图书馆服务宣言》的颁布引发了研究的高潮，研究内容主要集中于图书馆服务体系的构建和图书馆服务新模式的探讨等。

1. 图书馆危机管理

居安思危是智者应对千变万化的社会突发事件的一种高明的态度。2008年，我国经历了特大的自然灾害，如南方雪灾和汶川大地震。此时探讨和研究图书馆危机管理既是适宜的,也是必要的。在这些研究中,比较突出的是刘兹恒和他的研究团队。这个研究团队在国家社科基金和教育部社科基金的资助下,完成了一系列图书馆危机管理的论文。2008 年,他们进一步对国内外图书馆危机管理做了系统的研究述评:从危机管理的发展源流,到具体的危机案例,揭示出图书馆危机管理的必要性;从图书馆危机的含义和分类,到图书馆危机的成因和应对,廓清了图书馆危机管理的基本问题;从国内外研究情况的介绍和比较,到今后相关研究的建议,明确了我国图书馆危机管理研究的方向。[77]刘兹恒认为,图书馆的危机管理可以分成三类:一是日常危机管理,二是突发事件危机管理,三是危机管理基础工作。目前国内的研究对危机管理基础工作关注不够,为此应注意改进。他提出,要做好危机管理的基础工作,需要进行沟通管理、媒体管理,建立图书馆危机管理组织机构,组建危机管理协作网络以及营造图书馆危机管理文化等。[78]

2. 图书馆人力资源管理

2008 年的图书馆人力资源管理研究,主要集中在图书馆的"精英阶层"上,如对学科馆员、馆长和核心员工等的研究。

由于 2008 年是我国学科馆员制度建立 10 周年,率先实行学科馆员制的清华大学图书馆举办了"学科服务创新与深化"的高级论坛。[79]在论坛上,初景利等在分析图书馆员学科化的背景基础上,提出了第二代学科馆员的概念,他们从服务地点、服务的逻辑起点、服务深度、服务内容、服务的责任、角色定位和服务手段等方面加以区分,指出第二代学科馆员是第一代学科馆员的延伸和深化。他们还以中国科学院文献情报中心为例,详细地介绍了该中心学科化服务的战略目标、战略任务和措施、学科馆员服务要求、管理保障和服务效果等,指出新一代学科馆员服务的重要意义在于体现泛在图书馆、图书馆 2.0 和服务的泛在化的新的服务模式和机制。[80]同在这个论坛上，范爱红等推介了清华大学图书馆学科馆员工作的新思路和新举措，如明确学科馆员队伍的目标与职责、组建学科服务组、构建立体化的院系联络体系、发挥分馆优势以及提供多种增值学科服务等，并从中引发出了关于学科馆员工作的若干思考，即合理定位、应需而动、以人为本、发挥创造性并科学发展。[81]此外冯东对中美大学图书馆学科馆员设置所做的比较研究，则通过全面比较美国哈佛大学、耶鲁大学、加州大学等世界名校与中国大学的图书馆学科馆员设置情况，从学科划分、人员、数量、分布等方面，说明我国学科馆员的研究与实践仍处于初级阶段。[82]

关于图书馆人力资源管理研究，徐建华和他的研究团队取得的成果比较有特色。他们一直关注图书馆员的“快乐指数”，2008 年他们将图书馆员“快乐指数”研究的对象转到了馆长和图书馆核心员工。他们从调查数据中得知，在主观幸福感和工作满意度两项指标中，馆长们的满意度高于总体水平；在对组织承诺水平的测评中，馆长们的情感承诺高于总体水平，而继续承诺明显低于总体水平。由此得出的结论是，馆长群体存在三个问题：一是高学历馆长缺乏，二是工作量大，三是高工作满意度和低继续承诺水平的矛盾。为此，他们提出“馆长是图书馆的生命线”这一观点，希望能有更多的人能够关注这个群体的现状。[83]同时，他们还开展了图书馆核心员工离职对图书馆创新能力影响的研究，通过分析图书馆核心员工的构成、核心员工对图书馆的作用与影响、核心员工主动离职的原因等，借鉴管理学中的工作嵌入理论，提出了图书馆保持核心员工的策略。[84]

随着 2008 年国家图书馆二期工程完工并投入运行，詹福瑞等及时总结了国家图书馆的人力资源开发与管理问题。他们列举了近年来国家图书馆人力资源管理所采取的战略措施和取得的成果，分析了存在的问题，并在此基础上对国家图书馆的未来人才发展战略做了思考。[85]他们的研究成果不仅对国家图书馆建设世界强馆的人才保障有重要意义，对其他图书馆的人力资源管理也有一定的参考价值。

3. 对《图书馆服务宣言》的研究

2008 年，我国图书馆界向社会公开发布了《图书馆服务宣言》（简称《宣言》）。随着《宣言》的发布，围绕图书馆服务这一主题的研究达到了高潮。范并思认为，我国《图书馆服务宣言》的发布，实际上是现代图书馆理念艰难重建的成果。这些现代图书馆理念是：图书馆对全社会的普遍开放、维护读者权利、平等服务、对弱势人群人文关怀和消弭数字鸿沟等。这些理念在 IFLA 的各种文件中多有表述，而作为后进的中国图书馆事业，经过了百年的发展，才逐渐地接受并弘扬这些理念。这个过程虽然充满了艰辛和曲折，然而结果终究是让人感到欣慰的。[86]李超平也认为，该《宣言》的诞生实际上是中国图书馆核心价值观的形成和演变过程。她追溯历史，概述了中国图书馆职业核心价值观的三次确立过程，指出基于现代图书馆核心价值观的确立是图书馆界自主选择的结果，不再是行政主导、不再是迎合，而是自觉主动的大突破。这样的自主选择不但得到了图书馆界的普遍认同，也与主流意识形态趋于合流，一切都显得是那么适宜。[87]

在对《宣言》的解读中，图书馆学研究者普遍对其给予了很高的评价。吴建中认为，《宣言》的发布有助于树立新的职业形象，开拓新的事业领域。其意义在于倡导执著的职业精神、弘扬自觉的服务意识、追求卓越的核心能力；胡越则分析了高校图书馆与《宣言》之间的关系，认为该《宣言》是对图书馆崇高理念的弘扬和宣示，值得我们去实践并予以探索；[88]而信舒利则更关注如何把《宣言》的精神贯彻到图书馆工作实践中去，尤其是中小型图书馆和偏远地区的图书馆。[89]

4. 图书馆服务新模式的研究

随着“泛在计算”、“泛在学习”等新名词的出现，“泛在图书馆”、“图书馆的泛在服务”等概念也被图书馆学研究者们提出来了。初景利等分析了泛在图书馆和图书馆服务泛在化的概念，指出不仅图书馆服务范围和服务对象在泛在化，而且服务内容和服务功能、服务场所和服务空间，以及服务手段和服务机制都在泛在化。图书馆服务的泛在化，实质上是一种以用户为中心重构图书馆服务的模式，它将是一种发展趋势。[90]

2008 年 4 月，深圳图书馆的“城市街区 24 小时自助图书馆系统”初步研制成功并正式投入使用。这种被称为“第三代图书馆”的新事物的出现，引起了许多图书馆学研究者的关注。吴晞连续发表了多篇论文，介绍该馆这一图书馆服务的创新模式。他分析了“道”与“器”的关系，介绍了深圳图书馆“开放、平等、免费”等先进服务理念和 RFID 文献智能管理系统，对图书馆服务传统与现代无缝接轨的“第三代图书馆”大加赞扬，认为它是人文关怀与现代科技的完美结合。[91]

由图书馆 2.0 工作室编的《图书馆 2.0：升级你的服务》一书，[92]作者是一群来自五湖四海的图书馆员以 Web2.0 的方式共笔完成的。全书分为三部分：第一部分从总体上论述 Web2.0 与图书馆 2.0 的基本思想，以及作者对于 Web2.0 和图书馆 2.0 的思考。第二部分分别论述了 RSS、Blog、Wiki、Tag 和 SNS 在图书馆的应用，它们是图书馆 2.0 的主体内容。第三部分 Web2.0 技术与理念在图书馆服务中的综合性应用，比如 Web2.0 在参考咨询、个性化服务、OPAC 和图书馆员中的应用，这些内容是 Web2.0 技术与理念综合应用于图书馆服务的直接体现。本书可以看做是近年来图书馆 2.0 研究成果的集中展示。

5. 公共图书馆服务体系建设

由于良芝等承担的中国图书馆学会研究课题“图书馆网络构建研究”，是近年来我国公共图书馆服务体系研究的集大成者。在研究中他们分析了“普遍均等服务”、“公共图书馆服务体系”、“区域性服务网络”、“总分馆体系”等关键概念，追溯了公共图书馆普遍均等服务进入政府工作议事日程的过程，缕清了构建覆盖全社会的公共图书馆服务体系的主要工作与思路。他们具体探讨了基层图书馆建设、总分馆建设、区域性服务网络建设，逐一分析了各自的运作模式，指出了当前存在的主要问题，并给出了相应的对策建议。[93]

詹福瑞也在对我国公共图书馆服务体系建设进展的总结中指出：各地因地制宜地积极探索构建公共图书馆服务体系的实现方式，涌现出了以“苏州模式”、“嘉兴模式”、“佛山禅城区模式”等为代表的总分馆体制，涌现出了深圳“图书馆之城”、杭州“一证通”、广东“流动图书馆”、佛山“联合图书馆”、东莞“图书馆集群”、天津“图书馆延伸服务”、北京“社区乡镇图书馆建设”等形式多样的中心图书馆延伸服务的创新举措。他认为，目前我国公共图书馆服务体系建设的特点是：管理主体上移、网点布局下延、资源共享提高、服务规范统一、服务效益改善。[94]

王世伟在研究中提出，公共图书馆服务体系构建需要破解结构布局难题，并应处理好均等发展与率先发展、均等化与平均数等问题，实行反鸿沟战略，建设公共图书馆服务体系的“层、网、群、圈、带、线”，发展城市图书馆纵向统筹的两级总分馆制，最终体现社会的人文关怀。[95]

在公共文化服务体系建设的研究中，许多图书馆学研究者也意识到，对各种服务模式需要进行客观而理性的分析，盲目地跟风、攀比，只会成为另一种形式的“大跃进”，极易在建设潮流中迷失方向。为此，石丽珍等就对创建吉林省公共图书馆服务体系从必要性、可行性、建设步骤等多方面一一做了理性分析，[96]体现出一种负责任的态度；李俊玲在对北京市公共图书馆服务体系的现状进行分析后，提出公共图书馆服务体系建设应符合实际，在建设模式、管理模式、服务模式方面应该多元化，即要因地制宜；[97]张慧丽则对东莞图书馆的总分馆模式进行了分析，肯定了该模式中中心馆对分馆的引领和支撑作用，但也客观地指出了在这种模式下中心馆面临的难题，并给出了自己的解决思路。[98]

五、数字图书馆研究

数字图书馆的理论与实践在世界范围内成为图书馆学研究热点之后，我国图书馆学研究者也把数字图书馆作为了图书馆学研究的重要领域。2008 年人们继续保持了对数字图书馆研究的关注，研究的焦点主要集中在数字图书馆理论、数字图书馆服务、数字图书馆资源建设、数字图书馆的知识产权和数字图书馆技术等方面。

1. 关于数字图书馆理论的研究

蔡秀芳在研究数字图书馆的作用与前景时提出，数字图书馆在开放社会中起着搭建网络信息资源共享平台，去伪存真、整合网络资源，为网络信息用户导航，净化网络信息资源环境，开发智力资源、进行网络资源利用教育的作用。数字图书馆的发展前景将是与传统图书馆共存互补、共同发展，成为人们获取信息最可靠的中心或基地，[99]因此有必要加速建设数字图书馆。

栾芳芳等将“长尾理论”应用于数字图书馆理论研究中，对“长尾理论”在数字图书馆中的含义及其意义进行了分析，将著名的阮冈纳赞“图书馆学五定律”用“长尾理论”进行了新的解读，阐述了数字图书馆的长尾驱动力，并探讨了如何应用“长尾理论”来指导数字图书馆建设实践。[100]邱诚则对数字图书馆的长尾建设进行了探讨。她认为,如果数字图书馆系统实现了长尾效应,将会提升图书馆馆藏和服务的实用价值并降低服务成本。她着重论述了如何把Web2.0技术,如Blog、Tag、RSS、SNS、Wiki等应用软件应用于数字图书馆的建设中,并提出这些技术的应用将极大丰富数字图书馆的表现形式,还带来一种全新的服务方式——自我服务,这种服务就是在众多的利基信息中进行个性化信息控制。而这些技术的运用体现了长尾理论的力量:生产普及、传播普及和供应相连。[101]

杨霞针对数字图书馆的"柠檬"问题进行了研究。她认为"柠檬"问题就是信息不对称的具体表现,并分析了数字图书馆中"柠檬"现象产生的原因是网络虚拟性、产品因素和技术因素。这些问题可能会引起数字图书馆减少、信用危机、投资环境恶化、败德行为引发等严重后果。因此,为了减少和消除数字图书馆中的"柠檬"现象,要从产品销售、数字图书馆生产者和数字图书馆用户来解决"柠檬"问题,也就是信息不对称问题。[102]

毕志蓉对数字图书馆行业的发展趋势做了研究。她认为数字图书馆的发展呈现以下趋势:从资源类型上说,电子书会被免费使用,并提供有检索服务,电子期刊的使用也会逐渐形成搜索的使用模式,学术资源的视频可能会沿袭网络电影的发展路子;从资源格式来说,世界性的趋同是可能也是合理的;从资源的使用时间来说,电子资源的使用时间是受到限制的;从技术来说,检索的有效性和检索入口的统一性将被普遍重视,而服务提供商也重视对技术的研究,其标准和相关法规将进入规范行业的角色;从发展时间来说,最近的三到五年是数字图书馆将要进入规范行业的关键时期。在这个时期,一些行业性的标准将会逐渐被强制执行,甚至新的版权法规会真正产生和应用。[103]

彭奇志等以江南大学图书馆为例,研究了基于学科建设的高校数字图书馆发展模型。他们认为高校数字图书馆的发展要为学科建设服务，因此提出了基于学科建设的数字图书馆发展模型，并介绍了江南大学数字图书馆的总体结构、信息基础设施、信息发布与检索、信息推送与咨询服务以及数字资源采购与加工等功能，为高校数字图书馆建设的规划和建设提供了参考。[104]

基于 Web2.0 的数字图书馆的人文关怀问题是倪丽萍研究的主题。她认为，以 Web2.0 为代表的信息技术（如 RSS、Wiki、Blog、Tag 等）是数字图书馆人文建设的基础，图书馆 2.0 的发展过程就是数字图书馆人文价值不断得以再现的过程。她从用户、经济、法律的角度分析了数字图书馆建设中的若干人文问题。她指出数字图书馆只有充分了解用户的需求，才能为用户提供充满人文色彩的个性化服务，缩小“数字鸿沟”，扩大知识共享。在数字图书馆建设中有必要把经济学中的成本——收益理论引入，努力寻找数字图书馆发展中投资和收益的最佳结合点，使数字图书馆能以最小的成本获得最大的收益。她认为数字图书馆建设的知识产权问题，主要涉及“进口”和“出口”两大问题。“进口”指资源库建设时的信息采集，主要是著作权的保护问题；“出口”指信息的网络传播。知识产权问题主要解决两大方面的问题，即对享有著作权的作品要获得著作权人的信息网络传播权；对具有自主知识产权的作品，要保护好自身的信息网络传播权。她的结论是，在 Web2.0 环境下，数字图书馆如果能妥善解决知识产权问题，就能做到既保护著作权人的权益，又保护社会公众广泛获取知识信息的权益，使数字图书馆取得最大的社会效益，从而充分体现数字图书馆的人文价值。[105]

赵蓉英等在对数字图书馆与知识网络的关系研究中，认为数字图书馆功能的进化和概念的泛化催生了知识网络，数字图书馆是知识数字化载体的中级阶段，而知识网络则是知识数字化载体的高级阶段，是数字图书馆发展的一个目标。[106] 陈敬文等也从认知科学的角度研究了数字图书馆的应用。他们认为图书情报领域对认知科学的关注源于对信息查寻的研究，信息查寻早期的研究在许多方面存在局限性,它们往往只在信息系统的框架内调查用户行为,更多地关注系统需求而不是用户需求。因此,他们提出从认知的角度来探讨数字图书馆的发展,并分析了认知科学与数字图书馆的关系。他们指出,数字图书馆的研究达到认知阶段,意味着学术界开始关注个体的认知、情感、动机等所有参与信息交互的变量的固有的心理过程,此外还涉及系统周围的社会环境等。这样一来,数字图书馆系统就会变得相当复杂,各类行动者的认知结构发生交互,影响着数字图书馆信息服务开展的过程。无论用户所掌握的主题知识的深浅,无论用户对于数字图书馆系统结构了解的程度如何,数字图书馆系统的设计都必须要努力适应这些认知结构。[107]

焦玉英等在基于情景模型的数字图书馆个性化服务研究中提出,由于 Web 环境下用户的个性化需求具有易变性、动态性和情景敏感性等特征,个性化服务的提供越来越需要情景模型的支持。为此,他们构建了情景模型下的数字图书馆个性化检索服务和情景模型下的数字图书馆个性化推荐服务,认为将情景模型运用于数字图书馆个性化服务,需要注意和解决用户情景捕捉的准确性、服务提供的适用性、用户安全与隐私、用户模型与情景模型的结合以及数字图书馆各种资源的整合与集成等问题。[108]

藏可莉研究了基于 E-Knowledge 机制下的知识服务型数字图书馆的构建,指出 E-Konwledge 是一种数字化知识化的服务机制,是应用环境和应用群体的知识化服务。是一种基于开放性、个性化、动态的服务机制,本质上是个性化服务。E-Konwledge 的实现目标是在任何时候、任何地方、任何人都可以获得所需要的任何知识。她还围绕 E-Knowledge 的机制,介绍了鲁东大学图书馆构建知识型数字图书馆服务模式的情况。她认为 E-Knowledge 是一个跨越信息形态、机构、应用领域和传统信息系统的新的信息服务机制。[109]

于秀芬等研究了知识构建理论对数字图书馆平台构建的影响,认为知识构建理论是数字图书馆知识平台构建的理论基础。她们从总结知识构建的核心要素以及知识构建对知识管理的影响为基础，提出了数字图书馆知识构建的基本原理，阐述了数字图书馆知识构建的流程，以期为数字图书馆知识服务提供一个和谐的知识生态环境。[110]

吴晶晶等的研究，将着眼点放在利用开放存取建立个人数字图书馆。她们从开放存取与个人数字图书馆的关系出发，分析了个人数字图书馆开源软件的选择、个人数字图书馆中开放存取资源的采集、自建数字资源的整合，并对如何利用个人数字图书馆及其中的开放资源服务于个人提出了相关的建议。[111]

李枫林等在对“电子服务质量评价及其在数字图书馆中的应用”这一课题的研究中，对国外具有代表性的电子服务质量评价模型进行了综合介绍，并对其使用领域和不足做了深入分析。在比较了各种电子服务质量评价模型及数字图书馆服务的特点后，他们认为环境质量、过程质量及结果质量是数字图书馆服务质量评价的三个维度。以此为基础，他们尝试提出了适用于数字图书馆服务质量评价的框架。[112]

李广建在论述小型专业图书馆的数字图书馆建设时指出，小型专业图书馆的建设定位应是建设复合图书馆，主要建设内容包括门户网站系统、资源数字化加工系统、信息资源检索系统、跨库检索系统、馆际互借与原文传递系统和网络参考咨询系统。他指出在建设小型专业数字图书馆中要注意争取多方面的支持，集中建设和分阶段建设相结合，购买现成系统和自建系统相互补充，充分利用开放源码软件的开放性和先进性等。[113]

郭强等对数字图书馆的成本进行了研究，他们以系统和发展的观点，按照数字图书馆的构成定性地对其成本进行了分类，分析了各部分成本的内容，讨论了各部分成本之间的关系。但他们同时也指出，数字图书馆的成本构成中包括很多因素，像管理成本和各部分成本之间的关系等仍是难以被量化的。对数字图书馆成本分析的最终目的是为了数字图书馆的成本最优化以及数字图书馆的可持续发展。[114]

数字图书馆评价的理论和方法研究在 2008 年也出现了许多成果,如王居平在综述现有文献的基础上,对数字图书馆的评价理论、评价模型和评价方法进行了全面的论述。她认为,我国数字图书馆的评价研究相对滞后于数字图书馆的建设实践和发展水平,造成这种滞后的原因主要是国内的数字图书馆评价研究存在缺乏实证性研究和研究深化程度不够等问题。[115] 而王启云对高校数字图书馆建设评估指标体系的研究,则通过对国内外高校数字图书馆建设相关标准规范和实践的考察,在调研国内外数字图书馆评估研究的基础上,针对高校数字图书馆建设的现状,采用定性分析与定量分析相结合的方法,以传统图书馆的评估方法和指标体系作为参考坐标,提出了一套适用于复合型图书馆进行数字图书馆建设和服务评估的综合指标体系。该参考指标体系可以满足管理评估、用户评估、自我评估等需求,用户可以根据这个评估指标体系框架自行选择指标,规定测度,制定评价模型和实施指南,形成符合自身特定目的和需要的评估指标体系。[116]

黄世芳等研究了数字图书馆的市场营销策略,对数字图书馆的营销环境、产品特点、产品定位进行了分析,对数字图书馆的目标市场选择和市场定位进行了探讨,指出数字图书馆的营销策略包括产品策略、价格策略和促销策略。[117] 而龙鳕则提出,数字图书馆可以企业化运营,认为数字图书馆企业化运营具有三个特点:以知识管理为指导,即管理的重点由过去单纯对产销管理转向对技术和知识资源的管理,由过去资金运筹转向对“知本”的运筹;间接地转化生产力,即间接地把科学技术转化为生产力,满足社会成员在科研、学习、生产、娱乐中对文献信息和知识的需求;知识型综合企业,即数字图书馆实现了真正意义上的信息资源共享,从而做到了收藏数字化、操作电脑化、传递网络化、结构连接化和资源共享化。[118]

王芬对环太平洋数字图书馆联盟的研究，系统介绍了该联盟的产生背景、宗旨、组织和管理、主要合作项目等，认为我国数字图书馆联盟的建设与发展，可以借鉴该联盟的经验，在加强联盟管理、建立联盟的标准规范、资金来源多元化、合理分布数字资源、积极开展成员之间的合作交流、注重培育联盟组织文化等方面下工夫。[119]

2. 关于数字图书馆技术的研究

数字图书馆的建设和发展离不开信息技术的应用。2008 年数字图书馆研究涉及最多的的技术，主要有三类：第一类是与数字图书馆的服务相关的技术，如界面设计技术 HCI、P2P 分布式检索技术、OntoDoc 查询技术、fedora 语音识别技术、EDI 信息获取技术、信息可视化技术等；第二类是与数字资源的存储压缩为主的技术，如存储技术 SAN、IPSAN；第三类是涉及数字图书馆安全的技术，如 UML 用户登录技术、SAML 控制信息访问技术、IPSec 移动 IP 用户访问控制技术以及版权保护的数字水印技术等。

董慧在其新著《本体与数字图书馆》中，从数字图书馆和本体的定义出发，概述了数字图书馆和本体，详细介绍了数字图书馆工程中应用的主要技术和本体应用所使用的关键技术。针对应用本体技术解决问题时遇到的困难，他提出了本体分子理论，并通过对本体分子理论详细的解析和应用实践，证明该理论具有可行性、可操作性和科学性。他还以基于本体数字图书馆检索模型为例，指出了本体应用实现的关键技术细节和步骤。[120]

邓启辉对 RIA 技术在数字图书馆中的应用进行了研究，指出当前 RIA 技术是被广泛认可的提高用户体验的有效途径。他认为，RIA 可以继续使用现有的应用程序模型（包括 J2EE 和. NET），因而无需大规模替换现有的 Web 应用程序。通过 Rich Client 技术，可以轻松构建更为直观、易于使用、反应更迅速并且可以脱机使用的应用程序。根据现有的数字图书馆应用系统现状和现有的 Rich Client 技术,在数字图书馆中整合应用 RIA 技术在技术上是可行的。他最后指出在数字图书馆中使用 RIA 技术可以更好地整合数字资源,提高系统运行速度,提高检索效率,丰富客户端表现,提高用户体验。[121]

李昕在数字图书馆数据存储技术的研究中,对 DAS、NAS、SAN 三种数据存储技术进行了分析比较,指出三种存储模式从体系架构的逻辑上看有明显的区别。一般的存储系统对性能、安全性、扩展性、易用性、整体拥有成本、服务等几方面都会提出不同的要求。各单位存储系统的构建也并不是一蹴而就的事情,都会经历从单机迈向网络化存储的过程,因此就存在 DAS、NAS 和 SAN 三种存储方案的选择问题。所以应结合数字图书馆建设的需求,制定切实可行的数据存储方案。[122]

张利平在对数字图书馆版权保护技术的研究中,介绍并分析了多种版权保护技术,如密码技术、信息隐藏技术、隐写技术以及数字水印技术,比较了这几种技术的优缺点,并认为数字水印技术以其安全性、可证明性和不可感知性被看成是数字图书馆实现知识产权保护的最有效的方法。阐述了数字水印技术在数字图书馆中的应用,主要在数字产品的知识产权保护、使用控制、保护标示信息、篡改保护提示和完整性验证、保护网页信息等方面。[123]

孔凡晶等对数字图书馆的安全保障体系进行了全面的研究,他们认为数字图书馆安全保障是个系统问题,不仅涉及技术问题,还涉及管理、社会环境和法律等因素。数字图书馆应该具有一套完整的安全保障体系,才能更好地为读者服务。为此,他们从数字图书馆的物理环境、软件系统安全、网络安全等方面对数字图书馆的安全一一进行了剖析。[124] 陈鍊在数字图书馆信息系统安全评估的研究中,在介绍有关数字图书馆信息系统安全评估概念和有关评估标准的基础上,提出一种基于灰色系统的信息系统安全评估方法,以该方法为软件算法模型，以《信息安全管理实用规则》作为评估标准指标体系开发的信息系统安全灰色综合评判软件工具，有效地解决了信息系统安全评估。他指出该评估方法适用于多因素且难以确定因素等级的评估对象，例如信息系统的安全评估、图书馆达标评估等。[125]李欣荣则专门研究了 FreeS/WAN IPSec 安全技术在数字图书馆虚拟专用网控制信息访问中的实现，认为 IPSec 提供了一种标准的、健壮的以及内容广泛的机制，利用 IPSec 架构安全 VPN 可以使数字图书馆在不影响原有应用的前提下，提供可互操作的、高质量的、基于加密的安全服务。[126]

六、图书馆法治建设研究

2008 年在关于图书馆法治建设的研究中，研究者们涉及最多的问题包括图书馆立法研究、公共图书馆与政府信息公开研究、图书馆信息服务中的知识产权研究、图书馆职业道德规范与职业资格认证制度研究等。

1. 图书馆立法研究

有关图书馆立法的研究主要从国家立法和地方立法两个层面展开。在国家立法层面，彭美芳等基于我国图书馆立法的重要意义，提出图书馆法应对图书馆事业的法律地位、图书馆的公益性方向、公民的阅读权利和义务、行业准入制度和队伍建设、图书馆信息资源共享以及知识产权等方面内容进行规范。[127]于良芝等则对公共图书馆总分馆建设的法律保障问题进行了研究，对我国公共图书馆建设的主体进行了探讨，建议将总分馆建设纳入到图书馆立法的视野中去。[128]李军从司法实践角度对图书馆法的制定进行了审视，认为图书馆立法应重视图书馆实践与司法实践相结合，应针对核心问题起诉政府无作为、针对难点问题起诉不按照规定呈缴样本者、针对读者权利纠纷图书馆不怕当被告以及针对司法案例研究立法对策等,力图寻求司法与图书馆实践的互动,以司法需要推动国家立法。[129]而作为我国首次编制的主要服务于政府决策的公益性文化设施建设的规范性文件《公共图书馆建设标准》于 2008 年公布施行,被李国新认为是近年来我国图书馆法制建设的标志性成果,[130]必将对我国图书馆立法起到极大的推进作用。

在地方性图书馆立法研究方面,朱荀等对我国地方性图书馆立法现状进行了分析,并对其立法内容与效果进行了揭示,提出了图书馆地方性立法对全国性图书馆立法应有的借鉴作用,包括通过规定新购资源量间接规范购书费以及全国性的图书馆法应规范各级各类图书馆两个方面。[131]陈培刚则分析了长三角区域公共图书馆立法冲突的现状与原因,提出了清理现有法规冲突、建立立法协调对策和创新办馆模式等相应的协调机制,以有效解决长三角区域现有图书馆法规政策之间的冲突。[132]

2. 政府信息公开服务研究

随着《中华人民共和国政府信息公开条例》的颁布实施,公共图书馆如何为政府信息公开提供相应的服务成为了 2008 年图书馆学研究者关注的另一个重要议题。李国新认为,在保障公民平等的信息获取权利上,公共图书馆和政府信息公开有天然的联系,指出公共图书馆在政府信息公开体系中的主要作用是:参与基本标准的制定,对政府信息资源的组织、整合与揭示,将政府信息“服务”送到老百姓身边,政府信息的长期保存和永久利用以及降低政府信息公开的成本等方面。[133]高文华也指出,政府信息公开服务是公共图书馆必须肩负的责任与义务。他认为图书馆应通过主动争取政府支持,采取多种措施,积极建设“政府信息公开服务平台”,将政府信息公开服务延伸到社会的各个层面。他还根据自己的研究,提出了解决政府信息公开服务中经费、人员、认识及宣传等方面困难的对策。[134]

此外，尹思琪等将系统论的一些方法应用于政府信息公开机制的研究中，认为系统方法为处理政府信息公开机制的复杂问题提供了新的工具和良好的方法，且为政府信息公开机制各要素综合平衡提供了科学手段。[135]范并思通过论述基于信息获取权利的政府信息公开立法，对信息生产者或拥有者的权利信息以及信息使用者的权利信息进行了分析，并对公共图书馆与政府信息公开的相互作用与影响做了深入的阐述。[136]蒋永福较详细的阐明了政府信息公开制度的法律基础，并对政府信息公开的民主价值、宪政价值和自由价值等进行了论证，[137]对政府信息资源开发利用的核心目标与遵循的原则、责任主体与实施主体以及公私合资合作制、委托制、政府采购制等政府信息资源开发利用的市场化、社会化的方式及其局限性进行了有益的探讨。[138]

3. 知识产权研究

秦珂基于传统版权政策对学术信息交流的制约，认为构建开放存取环境中的版权政策应坚持利益平衡理念、赋予许可协议法律地位、制定版权政策指导原则、开发版权政策指引工具，且政府应在版权政策调整中起促进作用；[139]他还提出，在构建自存档版权制度中应尊重作者的自存档权利、满足期刊社的合理要求、完善自存档实现模式、开发自存档政策指引工具以及协调期刊社和自存档系统之间的版权政策。牛晓宏等则对开放存取的国家宏观政策体系建设进行了研究，从数字信息资源开放存取政策体系的结构和内容两个方面论述了我国数字信息资源开放存取的国家宏观政策体系的构建，以促进网络环境下数字信息资源的广泛传播与共享。[140]

康云萍等的研究对数字图书馆著作权评估的重要性进行了分析，对传统著作权评估方法进行了比较，选用基于收益法基础上产生的收益提成率法评估了数字图书馆著作权的价值,并通过构建一个指标体系而系统、全面、综合地衡量了数字图书馆著作权的价值,对提高数字图书馆知识产权保护的意识有积极的意义。[141]王小会则认为,在现行的版权保护体制下,数字出版商与图书馆应携起手来,在扩大服务对象群体覆盖面的前提下,以需求拉动并拓展市场,共同推进版权保护法规建设的历史进程。[142]王清等人还以中美两国版权法及相关法律规定为依据,从应请求行为、主动行为和侵权赔偿责任三个方面,对公益性图书馆的豁免情形进行了比较,证明我国公益性图书馆承担了过重责任,为进一步研究我国版权豁免的相关问题提供了参考。[143]

庄善洁借用权利弱化和利益分享的理论,提出只有在利益平衡制度完善上和利益平衡的实现上体现"权利弱化"思想,才能重构信息网络传播权与图书馆信息共享的利益平衡。[144]宗诚等也在研究中从我国网络信息政策法规建设及实施过程中的不足入手,提出了要从加强网络信息政策的导向作用、设置专门机构及立法定规模式进行政策法规协调、强化网络信息立法、建立网络信息政策法规实施的监督机制、实行第三方评估运作机制、优化网络信息政策法规的质量以及提升网络信息政策法规实施过程的公众及行业领域参与程度等几个方面,来提高我国网络信息政策法规的实施效率。[145]刘开国等则分析了《信息网络传播权保护条例》(简称《条例》)对图书馆资源数字化建设的影响,提出了将起草制定关于数字资源建设的制度性文件、充分利用社会共有信息、充分利用合理使用的权利豁免、充分利用法定许可、签订采购协议,且在现有基础上研发或引进合法的高水平的技术保护体系等作为图书馆面对《条例》规定而加快数字化建设的应对策略。[146]

另外,陈传夫等对学位论文的知识产权管理也进行了深入的研究,他们对欧美高校学位论文开发利用的版权政策进行了调研与分析,在此基础上探讨了欧美高校学位论文开发利用的版权政策对我国的启示，包括完善学位论文缴送制度、发挥国务院学位办的政策引导作用、制定高校学位论文开发利用版权政策及建立合作授权机制等；[147]他们还在调查我国学位论文开发利用现状的基础上，分析了学位论文开发利用过程中的知识产权风险及其产生的原因，并针对学位论文服务的实际，提出保证学位论文的产权清晰、签订合同、开发机构应尽到注意的义务、恰当运用合理使用条款等一系列规避相关知识产权风险的对策。[148]

4. 图书馆职业道德及职业资格认证制度研究

关于图书馆职业道德和职业资格认证制度在2008年仍有不少研究成果。其中，张爱芳以评估为前提，阐述了高校图书馆员职业道德的含义及重要性，提出了加强图书馆员职业道德建设的途径应包括加强图书馆职业道德教育、加强职业道德管理、加强职业道德监督以及倡导自我修养等。[149]王芳等则运用信息经济学中的逆向选择和道德风险原理，对图书馆人才招聘及馆员管理过程中可能存在的信息不对称问题进行了分析，提出图书馆可以通过教育信号来选择具有较高能力的求职者，且图书馆对人才的引进应通过扩大图书馆为人才定价的自主权、重视职业精神教育、加强监督与管理等，以提升图书馆员的职业精神。[150]

张维真等从国外建立实施图书馆职业资格认证制度的经验和做法入手，阐述了我国建立并实施图书馆职业资格认证制度的现实意义，指出我国建立实施图书馆职业资格认证制度应着重解决好几个问题，即结合实际、因地制宜和突出重点等。[151]王青通过对美、日图书馆职业资格认证制度的分析，提出了我国图书馆职业教育创新的途径应为体系创新、模式创新与考核创新。[152]另外，由段明莲负责审阅的介绍韩国图书馆司书公务员制度以及韩国司书培养体系和资格制度的译文，对韩国司书及其资格制度的变迁过程以及司书资格条件及制度的实施效果进行了详细介绍，并针对该制度中存在的问题提出了相应的解决方案。这些研究对了解国外图书馆职业资格制度以及建立并完善我国的相关制度有着积极的意义。

5. 有关图书馆法治的其他相关研究

随着现代图书馆理念的传播和公众权利意识的觉醒,图书馆权利问题引起了研究者们越来越多的关注。蒋永福通过分析美国图书馆协会和日本图书馆协会发布的宣言,认为维护知识自由是图书馆权利的基本目的,并提出我国图书馆权利研究有必要从理论维度和实践维度入手,将研究推向深入。[153] 汪琼论证了图书馆权利的公共性与知识产权的专有性之间存在天然的冲突,指出只有保证知识产权与图书馆权利协调的利益平衡,把知识产权公有性与专有性的合理配置作为协调的具体要求,将立法协调作为基本方法,才能实现它们之间的最优配置。[154] 杨敏群等则分析了图书馆权利冲突的内涵与外延,提出重视信息素质的培养可有效解决公民信息素质参差不齐引起的图书馆权利冲突,注重服务与人文关怀、热爱图书并倡导阅读可以防止图书馆人文精神的缺失,从读者需要出发建设数字图书馆工程可以避免正在发展中的相关法律尚存的不完善的矛盾与冲突;同时,各级各类图书馆增加开放程度、开展各种活动、鼓励民办或企业办图书馆,可以缓解图书馆与社会的矛盾与冲突,打造真正意义上的知识自由空间。[155]

关于读者权利的研究,周标龙提出,图书馆读者权利的三种形态应为应然权利、法定权利和实然权利,认为读者权利需要法律化,成为法定权利,图书馆应以保障读者权利为目标,明确规定读者的各项权利和政府对图书馆的财政责任,从而达到切实保障读者权益,保障图书馆事业健康发展的目的。[156] 韩宇通过网络调查了美国几所著名大学图书馆读者权利管理的理念与方法,得出了几点有益的启示,包括大学图书馆是学校的也是社会的、读者的图书馆权利是"privilege"而非"right"、图书馆权利设置既是管理手段更是服务方式等，[157]为图书馆读者权利的研究提供了新的思路。

（参加本课题研究的成员有：北京大学信息管理系博士研究生周余娇、冯佳、左平熙、曹海霞；硕士研究生王一帆、白珊珊）

参考文献

[1]吴慰慈.图书馆学基础理论研究的走向.图书馆,2008(1)

[2]黄宗忠.《现代图书馆学理论》与10年来的图书馆学研究.图书馆,2008(6)

[3]范并思.图书馆学基础理论的四个时期.国家图书馆学刊,2008(1)

[4]杨文祥,周慧.对我国图书馆学基础理论研究的反思与展望——历届全国图书馆学基础理论会议回顾与21世纪图书馆学理论研究思考.大学图书馆学报,2008(2)

[5]李林华,金明生.理性与我国科学图书馆学的构建.中国图书馆学报,2008(4)

[6]邱五芳.中国图书馆学应进一步弘扬实证研究.中国图书馆学报,2008(1)

[7]杨文祥.功能图书馆学理论思辨.图书馆,2008(3)

[8]李超平.中国公共图书馆核心价值观的形成与演变.中国图书馆学报,2008(6)

[9]蒋永福.图书馆核心价值及其中国语境表述.国家图书馆学刊,2008(2)

[10]傅荣贤.中国古代图书馆史研究的叙述模式.山东图书馆季刊,2008(2)

[11]柯平.图书馆学概念衍进二百年之思考.大学图书馆学报,2008(4)

[12]程焕文.周连宽先生生平事迹与学术贡献——《周连宽教授论文集》前言.图书情报知识,2008(1)

[13]于良芝.走进普遍均等服务时代:近年来我国公共图书馆服务体系构建研究.中国图书馆学报,2008(3)

[14]于良芝.公共图书馆总分馆建设的法律保障:法定建设主体及相关问题.图书情报工作,2008(7)

[15]李国新.公共文化服务体系建议中的图书馆.图书情报论坛,2008(4)

[16]李国新.总分馆建设的最大障碍是体制障碍——《覆盖全社会的公共图书

馆服务体系:模式、技术支撑与方案》读后. 图书馆建设,2008(9)
[17]沈生进. 网络环境下信息资源建设与服务的融合. 农业图书情报学刊,2008(5)
[18]赵立杰. 论网络文献传递对信息资源建设的特殊意义. 图书馆工作与研究,2008(6)
[19]解登峰. 文献资源建设工作中的信息不对称问题及其对策. 图书馆界,2008(1)
[20]张新鹤,肖希明. 国内外信息资源建设政策的比较与思考. 图书与情报,2008(6)
[21]肖希明,张璇. 我国信息资源建设政策体系的构建. 图书情报工作,2008(12)
[22]裴成发. 对信息资源规划研究的理性思考. 情报理论与实践,2008(2)
[23]宗诚,马海群. 数字信息资源开发利用的宏观战略与规划研究. 情报资料工作,2008(4)
[24]董燕萍. 图书馆信息资源规划研究. 情报杂志,2008(4)
[25]陆萍. 面向用户的图书馆信息资源建设模式构建. 现代情报,2008(8)
[26]马启花. 面向用户的图书馆信息资源建设模式保障措施. 情报理论与实践,2008(6)
[27]肖希明,李卓卓. 开放式馆藏资源整合层次分析和体系设计. 中国图书馆学报,2008(6)
[28]张建勇等. 文献资源整合化建设的思路和实践. 图书情报工作,2008(9)
[29]叶宏伟等. 图书馆信息集群研究. 中国图书馆学报,2008(1)
[30]廉立军等. 高校图书馆信息资源建设质量评价指标体系研究. 现代情报,2008(4)
[31]李美. 新形势下图书采访与重点学科文献资源建设. 图书馆界,2008(4)
[32]谌叶飞. 高校图书馆文献资源采集的创新与发展. 图书情报工作,2008(S1)
[33]刘兹恒. 对国家图书馆信息资源建设的一些思考. 国家图书馆学刊,2008(3)
[34]吴慰慈. 公共图书馆馆藏发展的特点与策略. 图书馆工作与研究,2008(7)
[35]蒲筱哥,张敏. 特色数字信息资源建设的相关问题研究. 现代情报,2008

(2)
[36]覃燕梅.高校图书馆视音频资源数据库的建设及其知识产权问题.图书馆学刊,2008(2)
[37]付光宇.国外网络信息资源采集研究及其启示.科技情报开发与经济,2008(31)
[38]袁曦临.信息资源共建共享模式及其理论基础研究.图书情报工作,2008(9)
[39]龙丽,刘青.信息资源共享利益平衡机制之CC模式探讨.图书情报工作,2008(5)
[40]肖勇.网络信息资源共享中的产权机制研究.图书情报工作,2008(7)
[41]金胜勇等.图书馆信息资源共建共享成本收益分析框架.图书馆工作与研究,2008(10)
[42]李晓东,肖珑.国外信息资源共建共享可持续发展的比较研究.图书情报工作,2008(5)
[43]肖珑,关志英.为人文社会科学研究提供可持续发展的信息资源共享服务.图书情报工作,2008(5)
[44]姚晓霞等.对我国信息资源共建共享可持续发展的思考和启示.图书情报工作,2008(5)
[45]刘彦丽,梁南燕.服务绩效评估促进信息资源共建共享的可持续发展.图书情报工作,2008(5)
[46]冯英,陈凌.技术创新对信息资源共建共享可持续发展的推动力.图书情报工作,2008(5)
[47]苏品红.实施古籍保护计划若干问题的思考.图书馆工作与研究,2008(2)
[48]苏品红.解读全国古籍重点保护单位评选标准.图书馆工作与研究,2008(5)
[49]刘家真,程万高.中国古籍保护的问题分析与战略研究.中国图书馆学报,2008(4)
[50]郑春汛,赵伯兴.古籍联合目录编目运作模式研究.图书馆建设,2008(9)
[51]涂湘波.古籍文献数字化中的图书馆人文精神.中国图书馆学报,2008(4)
[52]何贤英,李秀娟.中文古籍数字化浅析.科技情报开发与经济,2008(1)
[53]肖爱斌.古籍善本电子化管理系统的设计与实现.图书情报工作,2008

(11)
[54]顾犇. 文献编目领域中的机遇和挑战. 图书馆建设,2008(4)
[55]曾伟忠.《书目功能需求》(FRBR)的研究进展及对我国编目工作的启迪. 图书馆理论与实践,2008(5)
[56]孙更新,陈琦. 我国《书目记录的功能需求》(FRBR)研究述略. 图书情报知识,2008(3)
[57]胡小菁. 编目的未来. 大学图书馆学报,2008(5)
[58]文榕生. 文献编目的发展趋势. 图书馆论坛,2008(6)
[59]卜书庆. 信息组织系统的发展与《中图法》的修订. 图书馆论坛,2008(6)
[60]欧阳广,包平. 基于本体《中国图书馆分类法》的可视化实现. 图书馆杂志,2008(1)
[61]陈洁,司莉. 社会分类法(Folksonomy)特点及其应用研究. 图书与情报,2008(3)
[62]唐晓波,全莉莉. 基于分众分类的本体构建分析. 情报理论与实践,2008(6)
[63]张燕飞,傅晓燕. 近五年来国内主题法研究综述. 高校图书馆工作,2008(2)
[64]毛慧.《中国分类主题词表》(第二版)的变化及使用. 图书馆工作与研究,2008(10)
[65]韩永青等. 国内外主题图应用研究述评. 图书情报知识,2008(6)
[66]孙风梅. 主题语言在网络信息资源组织中的应用. 图书馆工作与研究,2008(2)
[67]仲云云,侯汉清等. 电子政务主题词表自动构建研究. 中国图书馆学报,2008(3)
[68]王松林. 信息组织工具论. 山东图书馆季刊,2008(4)
[69]郑巧英等. 数字图书馆中基础管理性元数据框架研究. 图书馆杂志,2008(6)
[70]郭世星,刘磊. 分面元数据及其技术探讨. 大学图书馆学报,2008(3)
[71]罗庭芝. MARC 与 DC 并存是网络信息资源组织的发展趋势. 图书馆,2008(6)
[72]张靖. XML/RDF 在图书馆元数据 MARC 中的应用描述. 微计算机信息,

2008(53)

[73]王小平.浅析 MODS 元数据.图书馆论坛,2008(5)

[74]王曰芬,吴鹏.国外几种典型的知识组织系统及应用.情报理论与实践,2008(3)

[75]曹树金,司徒俊峰.论 RSS / ATOM 内容聚合元数据.图书馆论坛,2008(6)

[76]谷建新.网络信息组织的问题与发展趋势.图书馆,2008(5)

[77]刘兹恒,刘雅琼.国内外图书馆危机管理研究述评.图书馆工作与研究,2008(9)

[78]刘兹恒.图书馆危机管理基础工作策略.图书馆论坛,2008(6)

[79]初景利,李超平.打造泛在服务,创新服务模式.中国图书馆学报,2009(3)

[80]初景利,张冬荣.第二代学科馆员与学科化服务.图书情报工作,2008(2)

[81]范爱红,邵敏.清华大学图书馆学科馆员工作的新思路和新举措.大学图书馆学报,2008(1)

[82]冯东.中美大学图书馆学科馆员设置比较研究.图书情报知识,2008(3)

[83]李超等.图书馆馆长群体现状的实证研究.中国图书馆学报,2008(4)

[84]徐建华,柳金石.图书馆核心员工离职行为对图书馆的创新能力影响研究.图书与情报,2008(3)

[85]詹福瑞等.国家图书馆人力资源开发与管理.国家图书馆学刊,2008(3)

[86]范并思.现代图书馆理念的艰难重建——写在《图书馆服务宣言》发布之际.中国图书馆学报,2008(6)

[87]李超平.中国公共图书馆核心价值观的形成和演变.中国图书馆学报,2008(6)

[88]吴建中等.《图书馆服务宣言》专家笔谈.中国图书馆学报,2008(6)

[89]信舒利.解析《图书馆服务宣言》.图书馆建设,2008(10)

[90]初景利,吴冬曼.论图书馆服务的泛在化——以用户为中心重构图书馆服务模式.图书馆建设,2008(4)

[91]吴晞,王林.人文关怀、现代科技、自助图书馆——深圳图书馆“城市街区自助图书馆系统”介绍.中国图书馆学报,2008(4)

[92]图书馆 2.0 工作室编.图书馆 2.0:升级你的服务.北京:北京图书馆出版社,2008

[93]于良芝等.走进普遍均等服务时代:近年来我国公共图书馆服务体系建构

研究. 中国图书馆学报,2008(3)
[94]詹福瑞. 公共服务突破性进展,基层建设受到高度关注——中国图书馆事业不平凡的 2007. 中国文化报,2008-01-20(1)
[95]王世伟. 关于加强图书馆公共文化服务体系结构与布局的若干思考. 图书馆,2008(2)
[96]石丽珍,仲维华. 关于创建吉林省图书馆联盟的几点思考. 图书馆学研究,2008(9)
[97]李俊玲. 城市图书馆在公共文化服务体系中的多元化建设. 图书馆建设,2008(10)
[98]张慧丽. 东莞城市中心图书馆的引领作用及面临问题探析. 图书馆建设,2008(11)
[99]蔡秀芳. 浅谈数字图书馆在开放社会中的作用与前景. 现代情报,2008(9)
[100]栾芳芳,韩全惜. 数字图书馆的"长尾理论"——网络环境下图书馆学五定律的新解析. 图书馆,2008(1)
[101]邱诚. 数字图书馆的长尾建设. 现代情报,2008(2)
[102]杨霞. 数字图书馆的"柠檬"问题研究. 现代情报,2008(7)
[103]毕志蓉. 数字图书馆行业的发展趋势. 科技信息,2008(1)
[104]彭奇志等. 基于学科建设的数字图书馆发展模型研究——以江南大学图书馆为例. 图书情报工作,2008(7)
[105]倪丽萍. 基于 Web2.0 的数字图书馆的人文关怀思考. 现代情报,2008(10)
[106]赵蓉英,谷丽娜. 数字图书馆与知识网络的关系分析. 情报科学,2008(6)
[107]陈敬文等. 认知科学在数字图书馆中的应用研究. 图书馆杂志,2008(12)
[108]焦玉英,袁静. 基于情景模型的数字图书馆个性化服务研究. 中国图书馆学报,2008(6)
[109]藏可莉. 基于 E-Knowledge 机制下的知识服务型数字图书馆的构建. 图书馆学研究,2008(5)
[110]于秀芬,席冬那. 知识构建理论对数字图书馆平台构建的影响研究. 现代情报,2008(10)
[111]吴晶晶,黄如花. 利用开放存取建立个人数字图书馆. 图书情报工作,2008(12)

[112]李枫林,李娜.电子服务质量评价及其在数字图书馆中的应用.图书情报工作,2008(9)
[113]李广建.小型专业图书馆的数字图书馆建设.图书情报工作,2008(1)
[114]郭强等.数字图书馆的成本分析.现代情报,2008(6)
[115]王居平.数字图书馆评价的理论和方法.合肥.安徽大学出版社,2008
[116]王启云.高校数字图书馆建设评估指标体系研究.大学图书馆学报,2008(5)
[117]黄世芳,郝素贞.数字图书馆市场营销策略的确定与实现.中国市场,2008(26)
[118]龙鳕.浅议数字图书馆的企业化运营.辽宁行政学院学报,2008(2)
[119]王芬.环太平洋数字图书馆联盟简析.图书馆学研究,2008(6)
[120]董慧.本体与数字图书馆.武汉:武汉大学出版社,2008
[121]邓启辉,赵英.RIA技术在数字图书馆中的应用.图书馆学研究,2008(6)
[122]李昕.数字图书馆数据存储技术研究.牡丹江教育学院学报,2008(1)
[123]张利平.关于数字图书馆中的版权保护技术的研究.农业图书情报学刊,2008(1)
[124]孔凡晶等.数字图书馆安全保障体系研究.现代情报,2008(12)
[125]陈鍊.数字图书馆信息系统安全评估.图书情报工作,2008(2)
[126]李欣荣.FreeS/WAN IPSec安全技术在数字图书馆虚拟专用网控制信息访问中的实现.现代情报,2008(6)
[127]彭美芳,王瑞菊.我国图书馆立法的几个问题.图书馆工作与研究,2008(7)
[128]于良芝,陆香萍等.公共图书馆总分馆建设的法律保障:法定建设主体及相关问题.图书情报工作,2008(7)
[129]李军.以司法实践审视图书馆法的制定.图书馆论坛,2008(4)
[130]李国新.图书馆法治:宏观微观并举,理论实践同进.中国图书馆学报,2008(3)
[131]朱荀,魏成刚.我国地方性图书馆立法内容与效果研究.图书馆建设,2008(7)
[132]陈培刚.长三角区域公共图书馆立法冲突及其协调.图书馆建设,2008(12)

[133]李国新.公共图书馆在政府信息公开体系中的地位和作用.情报资料工作,2008(4)

[134]高文华.黑龙江省图书馆的政府信息公开服务.情报资料工作,2008(4)

[135]尹思琪,马海群.论系统方法对政府信息公开机制研究的作用.情报科学,2008(4)

[136]范并思.信息获取权利:政府信息公开的法理基础.图书情报工作,2008(6)

[137]蒋永福.获取政府信息权与政府信息公开.图书·情报·知识,2008(7)

[138]蒋永福.政府信息资源开发利用若干重大问题研究.图书与情报,2008(2)

[139]秦珂.开放存取的版权政策及其构建.图书馆工作与研究,2008(1)

[140]牛晓宏,马海群.开放存取的国家宏观政策体系建设研究.出版发行研究,2008(4)

[141]康云萍,张文德.利用收益提成率法评估数字图书馆著作权的价值.图书情报工作,2008(7)

[142]王小会.版权与合同:图书馆数字资源采购中的博弈与制衡.图书情报工作,2008(8)

[143]王清,陈凌云.中美版权法之公益图书馆豁免制度比较.图书馆杂志,2008(9)

[144]庄善洁.权力弱化与利益分享:重构信息网络传播权与图书馆信息共享利益平衡新理论.图书与情报,2008(5)

[145]宗诚,马海群.我国网络信息政策法规实施状况及效率分析.图书·情报·知识,2008(7)

[146]刘开国,邓映红.信息网络传播权与图书馆数字资源建设.四川图书馆学报,2008(5)

[147]陈传夫,吴钢等.欧美高校学位论文开发利用版权政策调研及启示.学位与研究生教育,2008(12)

[148]陈传夫,刘靖等.学位论文开发利用中的知识产权风险与对策.图书与情报,2008(4)

[149]张爱芳.加强高校图书馆员的职业道德建设——如何做好图书馆的评估工作.山西财经大学学报(高等教育版),2008(4)

[150]王芳,慎金花等.图书馆职业的逆向选择与道德风险分析.图书与情报,2008(3)

[151]张维真,党春.论图书馆职业资格认证制度的建立.高校图书馆工作,2008(2)

[152]王青.图书馆职业资格认证制度与图书馆员职业教育的创新.情报探索,2008(10)

[153]蒋永福."图书馆权利"研究反思.图书馆建设,2008(4)

[154]汪琼.冲突与协调——对知识产权与图书馆权利的现实思考.图书情报工作,2008(6)

[155]杨敏群,陈爱民等.浅谈图书馆权利冲突.图书情报工作,2008(1)

[156]周标龙.图书馆读者权利的法学分析.图书馆工作与研究,2008(4)

[157]韩宇.美国若干所著名大学图书馆的读者权利管理.大学图书馆学报,2008(2)

分报告八：中国图书馆学会

中国图书馆学会是由全国图书馆及相关行业或机构科技工作者自愿结合成立的全国性、公益性、学术性、非营利性的群众团体，是党和政府联系图书馆工作者的桥梁和纽带，负有孕育创新思想、激发创造活力的重要功能，承担着促进学科发展和人才成长、推进自主创新、传播科学文化、规范学术行为、促进学术生态建设、提供服务和反映诉求等重要职责，因此，中国图书馆学会是我国图书馆事业发展中不可或缺的、发挥独特作用的一支重要力量。

2008 年中国图书馆学会在七届理事会的领导下，全面贯彻十七大精神，深入落实科学发展观；围绕构建公共文化服务体系的中心工作，丰富理论研究，加强科学指导，积极投身实践；倡导资源共享、联合协作，服务大局，深入基层，务求实效；认真履行自身责任，积极应对突发事件，圆满完成了各项工作任务，为促进图书馆事业科学发展、和谐进步做出了积极贡献。

一、提高学术交流的质量和实效，增强学术活动的参与度和影响力，营造有利于创新的环境

2008 年 10 月 27 日—31 日，中国图书馆学会年会在重庆召开，800 余名国内外代表出席会议。年会共收到 1668 人提交的 1314 篇论文，经 65 位业界专家评审，686 篇论文获奖。大会发言和 10 个分会场的交流，从理论、实践和技术等多个层面深入探讨了图书馆学术和事业发展的思路与方法。本届年会主题是“图书馆服务：全民

共享”，首次提出将图书馆的使命和职责延伸到全民共享图书馆服务的层面，体现了图书馆事业与时俱进、科学发展的前进轨迹。中国图书馆界第一个行业宣言——《中国图书馆学会·图书馆服务宣言》的发布，对推动行业自律，促进事业发展，改善图书馆法制环境起到重要作用。国际图联主席首次应邀出席年会并作精彩演讲。大会特设“汶川地震后的图书馆：公众文化权益保障机制的重建”专题，回顾了图书馆界的抗震救灾工作，从社会保障机制重建的层面进行了理性思考和探讨。学会与文化部全国信息资源建设管理中心合作，首次通过网络视频对开幕式和大会进行直播，使全国乃至世界图书馆界共享本次会议盛况。

年会上举行了2007年度“全民阅读”活动、2006—2008年“志愿者行动”和2008年度韦棣华奖学金颁奖仪式；与《新华书目报》合作，募集11家出版社的40万码洋新书，赠送给重庆地区基层图书馆；同时举办有30家公司和出版社参展的“2008年中国图书馆应用技术与专业设备展览会”，以及“大震不屈　大爱无疆——赈灾重建：图书馆在行动”和“图书馆与奥运”图片展。

7月1日—5日，第四届青年学术论坛在上海召开。会议由中国图书馆学会主办，上海市图书馆学会、上海市长宁区文化局和长宁区图书馆承办，80余位青年代表、16位专家学者和60余位观摩代表参会。论坛以“图书馆公共形象：研究、策划与设计”为主题，采取专家报告、案例研讨和礼仪演示、专家点评相结合的形式进行，设有图书馆的公共关系、图书馆活动的组织、图书馆文明礼仪和图书馆服务用语4个分主题。论坛汇聚专家和青年图书馆人的智慧，形式新颖、气氛活跃，思考深入，推动了对图书馆公共关系的关注与研究。

4月15日—18日，由中国图书馆学会、嘉兴市人民政府主办，浙江省图书馆学会协办，嘉兴市文化广电新闻出版局承办的“构建公共图书馆服务体系嘉兴高层论坛”在浙江嘉兴举行。40余位代表共商“构建公共图书馆服务体系：总分馆建设”问题，就典型模式以及重大理论与实践问题进行深入研讨，提出若干建设性意见与建议，就发展方向达成共识，对于构建具有中国特色的公共图书馆服务体系起到积极的推动作用和理论指导作用。

4 月 13 日，学会学术研究委员会工作会议在杭州召开，50 余名代表到会。会议旨在建立和加强全国学会学术委员会与省市学会、各分支机构学术委员会之间的沟通、联系与配合，共同促进中国图书馆学术研究的发展。会议总结前段工作，制定未来规划；提倡求真务实的学风，规范学术道德与行为；把握方向，将学术研究的内容与图书馆工作中的实际问题结合起来，有效促进事业发展。

党校委员会与中央党校图书馆在重庆市委党校联合举办“全国党校数字资源共建共享工作现场会”；专业分会在扬州举办“知识化服务进程中的专业图书馆：技术、方法和服务”年会，与广东省科技图书馆联合举办“图书馆服务转型：研究与实践”学术研讨会；高校分会与 BALIS 北京高校网络图书馆、首都师范大学图书馆联合主办“图书馆：学科化、个性化服务的发展”国际学术研讨会，与北京大学联合举办“CALIS 建设十年回顾暨数字环境下文献资源建设研讨会”；医院图书馆委员会在杭州召开第五次会员代表大会；军队委员会召开联席会成立 20 周年纪念会暨联席会第 20 次会议。

图书馆史研究专业委员会在温州召开“第二届图书馆史学术研讨会”；资源建设与共享专业委员会在北京召开“新信息环境下图书馆联盟发展研讨会暨资源共享合作洽谈会”；图书馆学教育与培训专业委员会在武汉举办“第九届海峡两岸图书资讯学术研讨会”和学会年会“图书馆学专业教育与职业竞争力”分会场；少年儿童图书馆专业委员会在上海举办“2008 年全国少年儿童图书馆研讨会”，在长春召开“第七届海峡两岸儿童图书馆与中小学图书馆学术研讨会”；地方文献研究专业委员会在长春召开“2008 年全国地方文献工作学术研讨会”；科普与阅读指导委员会在东莞召开“2008 全民阅读论坛暨阅读促进发展研讨会”；民族专业委员会在银川召开“第十次全国民族地区图书馆学术研讨会”；古籍整理与文献保护专业委员会在天津召开“全国图书馆古籍工作会议”；社区乡镇图书馆专业委员会在南宁召开“第七届中国社区乡镇图书馆发展战略研讨会暨全国中小型公共图书馆联合会2008年年会”。

二、加强决策咨询工作，积极建言献策，宣传推广行业标准规范，努力为图书馆工作提供科学指导

1月9日—11日，由中国图书馆学会主办，山东省图书馆、山东省图书馆学会承办的“中国图书馆学会2008新年峰会”在济南召开，30余位代表参会。旨在深入探讨构建覆盖全社会的公共文化服务体系过程中图书馆界的理论、制度准备。议题有：总分馆制、省级公共图书馆的功能定位、图书馆法、《图书馆服务宣言》、志愿者行动制度化建设与推广、《政府信息公开条例》的落实等。峰会既有老议题的延伸，也有新议题的启动，显示出良好的运行机制。

受文化部委托，学会承担主编的《公共图书馆建设标准》经国家相关部门审批通过，11月1日正式颁行。我会承担的中国科协《公共图书馆建设标准》宣传推广项目进展顺利，完成6篇专题研究报告，举办《公共图书馆建设标准》培训班两次，邀请德国图书馆建设标准专家来华培训与交流。

5月30日，与中欧信息社会项目共同主办“公共图书馆政府信息服务研讨会”，国务院法制办、欧盟专家和来自全国省、地、市、县级公共图书馆的代表40余人参会，就《政府信息公开条例》实施后，图书馆在开展相关服务中遇到的问题进行了广泛深入的探讨与交流。本次会议是学会参与推动公共图书馆政府信息服务的开始，今后公共图书馆将在政府信息公开中扮演重要角色，学会将在其中发挥桥梁和纽带作用，协调关系、搭建平台、整合资源、推广传播，这也

是政府、社会公众以及图书馆界对学会的信任与期盼。

三、积极搭建平台，促进资源共享，服务业界和会员需求，支持西部和基层图书馆建设

7 月 6 日—21 日，“志愿者行动——基层图书馆馆长培训”在安徽、贵州、河南、湖北、吉林和山东 6 省实施，708 名基层图书馆馆长参加了培训。培训内容是：公共文化服务体系建设中的基层图书馆、馆长实务、资源建设与服务、自动化网络化建设与共享工程和宣传推介 5 个专题。本次活动首次纳入“国家图书馆基层图书馆服务行动”和中国科协“继续教育示范项目”，6 个承办省的文化厅也提供了人力和物力保障，使“志愿者行动”得以顺利进行，影响日益扩大。

2008 年度专项资金总额 10.9 万元人民币（含韦棣华奖学金 5.9 万元），经专项资金评委会评审，王子舟的《社会力量资助图书馆事业发展的政策与模式》、刘兹恒的《〈中国图书馆学研究学术规范〉研究》、肖燕的《图书馆管理服务相关的知识产权法律与实务研究》获得通过，每项获 1 万元资助。2008 年度韦棣华奖学金评审委员会对 23 所院校申报的 35 名申请人进行审核评定，29 名学生获奖学金 52 000元人民币。

学会举办“图书馆文献采购工作规范”、“图书馆公共安全和应急机制”、《公共图书馆建设标准》培训班，140 余人参加了研讨与培训。受中国科协信息中心的委托，8 月 27 日—31 日承办《中国科协年鉴》编撰培训班。受郑州市图书馆委托，协助完成“共享工程”培训班两期。

我会向中国科协申报的继续教育研究课题——“美德日继续教育比较研究”获批后，先后 3 次在科协相关会议上汇报了课题研究

的框架结构和研究思路，中期进展、总报告和研究思路。在北京大学、武汉大学和南京大学相关院系的协助下，相继完成了17.3万字的课题分报告、总报告和结题报告。

协助文化部举办“全国数字图书馆建设与服务联席会议”四次，对数字图书馆应用规范与开放合作、已建数字资源情况及所采用的标准规范、数字图书馆标准规范推荐机制和数字图书馆服务政策等共同关注的焦点问题作了深入探讨，联席会议成员单位签署了多个双边或多边合作协议，对全国数字图书馆的共建共享起到积极的推动作用。

四、继续巩固中国图书馆界的国际地位，拓展民间交流渠道

8月10日—14日，第74届国际图联大会暨理事会在加拿大魁北克召开，主题为：“图书馆无国界：迈向全球共识”。来自100多个国家的4000余名代表参会，其中中国大陆和港、澳、台地区代表约100名。我会组织了30余人参会并负责实施中文工作语言，包括9名志愿者的招募、培训、联络和经费筹措等。共翻译《国际图联快报》7期，印制国际图联快报1000份。大会在23个分会场及主要会场设立了同声传译服务。学会积极推动中国代表参与国际图联征文，在学会网站上开辟了2008国际图联征文专栏，转载国际图联专业部组征文通知21则，点击量达2476人次。

11月16日，受文化部委托，中国图书馆学会与伊利诺依大学厄本那香槟校区图书馆、美国华人图书馆员协会签订了《中美图书馆员专业交流项目协议书》，并作为承办单位负责项目的实施。

五、提升对科普与阅读工作的认识，抓住中宣部推动“全民阅读”活动的契机，形成行业特色和规模效应

组织开展阅读宣传活动。3 月发出《关于开展 2008 年全民阅读活动的通知》，明确活动主题“图书馆：公民讲堂”，业界纷纷响应，开展多种形式的读书、讲座和展览活动。学会主办了“第一届中国建筑图书奖颁奖暨奥林匹克场馆建筑文化展”、“天津·和平全国‘读书’漫画大赛”，邀请德国专家在北京、哈尔滨、长春、南京和武汉五地的图书馆举办推广阅读系列讲座。

发布《中国阅读报告》，策划、编辑《书与阅读文库》丛书（第二辑）。由科普阅读指导委员会编辑的中国阅读报告丛书已出版发行。分别是《中国阅读报告·爱书人的世界》《中国阅读报告·书香社会》《中国阅读报告·耕读传家》。

举办科普展览。在科协年会举办地郑州举办“节能减排科普展览”和“保护生态，保护环境展览”，并在全国巡展，发放网上阅读卡 1000 张。举办“平安奥运——地球灾害防治科普展”，全国巡展。

六、提高专业期刊质量，促进鼓励学术创新，加强学会历史性文献的编纂出版，服务学科建设、学术研究和事业发展

编辑出版发行《中国图书馆学报》。开展全国图书馆专业期刊优秀编辑评选工作。全年较好完成 6 期学报的编辑出版发行工作，在文化部审读报告中得到书面表扬。组织发表 2007 年国内和国外图书馆学研究综述和美国学者的 2 篇约稿。规范编辑部内部工作管

理,建立三审三校制度、双盲专家外审制度和编辑部例会制度。召开编委会一次。建立编辑部网站,开通远程稿件处理系统。完成学报篇名、提要网上数据库回溯工作。

编译出版工作取得新进展。与国家图书馆研究院年鉴编辑部工作交接,参与主持《中国图书馆年鉴》的编辑,完成 2007 年卷《中国图书馆年鉴》编纂。组织编纂《中国图书馆学会史》,完成 1925—1949 中华图书馆协会部分。组织编纂《中国图书馆事业年度报告》,2007 年卷于 2008 年出版,2008 年卷完成初稿。策划编写《基层图书馆实务丛书》,选定作者,编写大纲,签订出版合同,分批、陆续推进。编辑出版《中国图书馆学会年会论文集》2008 年卷,收入获一等奖的论文。受中国科协委托,完成《中国科协年鉴》索引的编制工作。

七、发挥网站和会员通讯的阵地作用,增强凝聚力,加强媒体合作,营造良好的公关氛围

完善学会网站,及时收集发布学会及业内的各类信息,加强信息的整合与分析。学会网站为业界信息的沟通、发布提供了畅通的信息交流渠道。汶川地震后,会同图书馆界同仁及时了解、收集灾情信息,将相关图文稿件于第一时间上网发布,密切跟踪救援进展,开辟“赈灾重建”频道,分“震区消息”、“捐助信息”、“图书馆在行动”、“建言献策”、“慰问及感言”、“防灾知识”及英文简讯 7 个专栏,被业界同仁称为收录受灾图书馆相关信息最全面的网站。

向中国科协上报《中国图书馆学会信息化建设情况汇报》。目前,学会网站已成为全面展示学会与业界各项工作、发布各种信息、会员交流的窗口与平台。网站对学会年会、青年论坛和志愿者行动跟踪报道,图文数量大幅增加,业界对网站的关注度明显提升。学会网站现已建立并随时更新的有 14 个频道、180 个栏目、2300 余个

网页、1500 余幅图片，2008 年浏览量超过 14 万次，比去年增加 40%。

编辑出版发送《中国图书馆学会工作通讯》。完成 1—6 期的编辑出版发行工作。除自然来稿外，分别组织了关于减免收费、全民阅读、抗震救灾、少儿特色服务、图书馆与奥运的专题或特别报道，增设业内新书选介、国际动态与特色馆藏等板块，为业内业务与学术交流服务。

加强与《中国文化报》、《光明日报》、人民网和《新华书目报》等新闻和网络媒体的深度合作，及时发布相关信息。通过学会、国家图书馆与文化部宣传网络平台全面传递学会信息，与多家媒体密切合作，深入宣传、报道学会重要活动，逐步建立重点媒体宣传网络。特别是《中国文化报》发表了“构建公共图书馆服务体系嘉兴论坛”和“图书馆服务宣言”专版，对学会的相关报道多达 130 篇；《新华书目报·图书馆专刊》连续 3 期对学会年会作了专题报道，全年对我会活动的报道约 15 万字。网络媒体对中国图书馆学会的关注度也不断增强，对中图学会举办会议活动的相关报道有 500 余篇。

八、完善组织建设，提高依法办会、民主办会能力，为学会科学发展提供必要保障

召开常务理事会、理事会和秘书长联席会议。七届六次常务理事会暨七届四次理事会审议通过了《图书馆服务宣言》、青年人才奖评选办法。

发展会员并启用“中国科协所属学会个人会员管理系统”。全年发展个人会员 946 人，发展事业团体会员 36 个，发展企业团体会员 10 个。学生会员试点工作陆续开展。5 月正式启用“中国科协个人会员管理系统”，开展咨询、培训，制定相关规则、指导日常使用，

保证正常运转，已有14个所属学会使用该“系统”发展会员。

开展网上“会员论坛”、“会员读书会”等形式的会员服务。4月在学会网站上开设“2008年会员论坛”栏目，发出征文通知，主题为“和谐、服务、创新、发展”，分主题有“我与读者”、“我与图书馆”、“我与学会”、“我与社会”、“我看世界”、“读书有感”。会员读书会设有专门栏目，本年度推荐了7本书。2008会员论坛有18篇文章在学会网站发布；2007会员论坛的7篇文章在《新华书目报·图书馆专刊》上发表。

九、应对突发事件，向汶川地震灾区图书馆和馆员提供行业援助

“5·12”地震后，学会较早向常务理事们发出《征集赈灾救助建议函》，向各分支机构、各地方图书馆学会及全体会员和图书馆同仁发出《抗震救灾 重建家园》倡议书。成立由理事长领衔的抗震救灾领导小组，领导小组办公室设在学会秘书处，负责募集款物，征集重建良策，筹划、实施援助方案，沟通、发布相关信息等工作。还向全球同行发起了为受灾图书馆及图书馆员捐助的倡议，得到了海内外图书馆人的积极呼应。截至9月3日，募集捐助款项175 942元人民币，3723.56美元，30 000日元，先后慰问、救助灾区馆员，向97位馆员发放了慰问款；受美国华人图书馆员协会（CALA）委托，向32位馆员发放了慰问款10 000美元。医院图书馆委员会在汶川震后24小时编印了《汶川震后疾病防治知识专辑》，38小时送到抗震救灾一线，受到高度赞扬。学会会同图书馆专家，在对灾区图书馆受灾情况作出科学分析基础上，根据《公共图书馆建设标准》，向文化部递交了灾后重建的建议。同时，与中国地震学会等合办“地球灾害防治科普展”，向公众介绍防灾知识。通过学会网站多角度、全方位地

关注抗震救灾中的图书馆行动。在年会期间组织了“赈灾重建”专题报告,并与国家图书馆联合举办了“大震不屈 大爱无疆——赈灾重建:图书馆在行动”的专题展览并组织巡展。

十、经验与前瞻

(一)图书馆事业的科学发展,需要行业的共识和凝聚力

图书馆界酝酿多年的第一个宣言——《图书馆服务宣言》,在 2008 年年会公布,体现了图书馆行业的共识。2008 是抗震年,又是奥运年,我们和全国人民一道,经历了大悲大喜。灾难面前,全国图书馆界纷纷向灾区同行给予了无私的援助和支持,共同探讨灾区图书馆公众文化权益保障机制的重建,表现了图书馆人的团结和力量。在举世瞩目的奥运盛会上,图书馆界不但有自己的火炬手、裁判员和志愿者,而且为普及奥运知识、传播奥运文化,共享奥运精神提供了良好平台。如果说抗震救灾体现了图书馆人的意志,奥运平台展示了图书馆人的风貌,那么“志愿者行动”凝聚起的则是图书馆人自强互助的精神。在图书馆领域实践科学发展观,必须将图书馆工作纳入法制化、规范化的轨道。《公共图书馆用地指标》《公共图书馆建设标准》是建国以来首批文化设施建设标准,其制定和颁行对保障图书馆科学发展有着至关重要的作用。我们深切地体会到,行业的共识和凝聚力是图书馆事业科学发展不可缺少的动力。

(二)服务业界,赢得政府支持,促进图书馆专业交流取得新突破

鉴于 2006—2007“志愿者行动”获得基层特别是中西部图书馆的热烈欢迎,并获突出成效,2008 年首次被纳入“国家图书馆基层图书馆服务行动”和中国科协“继续教育示范项目”,获得来自中央财

政的支持，各承办省地方财政也纷纷投入，为可持续发展提供了重要保障。我会策划的中美项目旨在为全国特别是中西部地区图书馆员提供国际交流的机会，得到了两国政府的肯定和支持，并作为国家级项目，由我会与伊利诺伊大学图书馆、美国华人图书馆员协会共同承办，在 2009、2010 年间共同推进中美图书馆员专业交流项目的实施。美国是图书馆大国，也是图书馆强国。特别是其成熟的管理手段、服务理念和成功经验对我国图书馆事业的发展具有重要启示和借鉴作用。中美图书馆员专业交流项目是图书馆引进国外智力的重要组成部分，也是加强图书馆高层次人才队伍建设的有效措施；对于增强中美图书馆之间的相互了解，沟通国内外图书馆的信息，促进国际交流与合作，推动图书馆事业的发展，具有重要意义。

（三）服务公众，赢得社会认同，争取更大发展空间

近年来，党和政府对文化事业日益重视，图书馆事业发展的社会环境、政策环境、保障制度不断改善，进入历史上最好发展时期。各地图书馆纷纷抓住这一机遇，积极构建适合本地实际状况和发展需求的公共图书馆服务网络，拓宽了图书馆公益服务的路子和发展空间。图书馆开始大规模、快速迈入免费时代，服务的门槛普遍降低，让读者平等、无障碍地享用图书馆的梦想正在逐步实现。学会 2008 年年会主题“图书馆服务：全民共享”就反映了党的十七大报告中提出的“人民是文化建设的主体，要让全体人民共享文化发展成果”的要求，提出了图书馆在新的历史发展时期面临的急需探讨和解决的问题。图书馆正在通过各种实践活动规范图书馆行为，拓宽服务领域，服务公众，赢得社会认同，争取更大发展空间。

2009 年是图书馆行业贯彻落实科学发展观，进一步推动图书馆事业走向科学化、法治化、规范化的重要年份。在建国 60 周年、国家图书馆和一批省级公共图书馆喜庆百年华诞之际，中国图书馆学会

迎来成立 30 周年纪念日，学会要以胡锦涛总书记《在纪念中国科协成立 50 周年大会上的讲话》精神为指导，召开第八次全国会员代表大会，完成换届选举工作，推动学会事业迈上新台阶；努力发挥桥梁和纽带作用，参与和推进图书馆立法以及图书馆建设、服务、技术等标准规范的制定、宣传和贯彻工作；拓展国际交流和科普阅读工作新领域，竭诚为业界服务，推进图书馆事业和谐发展。